子どもの
発達障害・適応障害と
メンタルヘルス

安藤美華代・加戸陽子・眞田 敏 編著

ミネルヴァ書房

はしがき

　2002（平成14）年に文部科学省が調査研究会に委嘱して「通常の学級に在籍する特別な支援を必要とする児童生徒に関する全国実態調査」が行われましたが，その結果，学習面で著しい困難を示す子どもの割合が4.5％，行動面で著しい困難を示す子どもの割合が2.9％，学習面行動面ともに著しい困難を示す子どもの割合が1.2％であり，知的発達に遅れはないものの，学習面や行動面で著しい困難を示す子どもの割合は合計で6.3％であることが明らかにされました。これらは学習障害，注意欠陥/多動性障害や自閉症などの広汎性発達障害をもつ児童・生徒の割合を厳密に示すものではないものの，統計上把握された「特別な教育的支援を必要とする子ども」の数は近年増加傾向にあります。また，不登校児童生徒の割合は約85人に1人と依然高水準にあり，いじめの認知件数は年間で10万件を超え，さらに暴力行為の発生件数は年々増加し続け年間5万件を超えています。さらに近年，「疲れやすい」「眠れない」「イライラする」「集中できない」といった心身の不調を訴える児童生徒の増加も目立ち，児童期・青年期の不安障害やうつ病性障害もけっして希な病態ではないとされるようになっています。子どもの発達障害，適応障害やメンタルヘルスの問題は，憂慮すべき状況にあり，学校現場における問題はさらに複雑化しています。複雑な状況に対処していくために，個々の児童生徒を適切に理解し，個々の児童生徒や状況に合った多様で柔軟な支援を行うことが，今後さらに必要となってくると思われます。

　本書は，大別して2部から成っています。まず第Ⅰ部は，「発達障害・適応障害への理解と支援」としてまとめられ，全11章から構成されています。広範性発達障害（1章，2章），注意欠陥/多動性障害（3章，4章），学習障害（5章，6章），適応障害（7章），不登校（8章），いじめ（9章），不安・抑うつ（10章），学業不振児（11章）といった学校現場で出会うことが多い子どもの状

態について，医学的・心理学的視点から基本的な状態や支援のあり方を理解するとともに，最新の知見が深められるように工夫がなされています。第Ⅱ部は「学校現場における支援の実際」としてまとめられ，全7章から構成されています。教職員やスクールカウンセラーが，学校現場で出会った発達障害，適応障害を抱え，学校生活が困難になった児童生徒とのかかわりについて，記述しています。具体的には，学校長の視点から「中3不登校生徒の情緒障害学級から通常の学級に向けた指導」，担任の視点から「学習障害・注意欠陥/多動性障害をともなう中1生徒とのかかわり」，通常学級の特別支援教育コーディネーターの視点から「言語性学習障害のある児童とのかかわり」，特別支援学校の特別支援教育コーディネーターの視点から「特別支援学校における地域支援（教育相談）の取り組み」，小学校養護教諭の視点から「集団生活不適応児童への理解と組織的支援」，中学校養護教諭の視点から「不適応生徒の理解と組織的かかわり」，スクールカウンセラーの視点から「不登校を契機に支援を開始した特定不能の広汎性発達障害の生徒とのかかわり」について，記述されています。どの記述も，子どもや教職員の苦悩や葛藤，教職員の子どもや保護者へのかかわりに関する試行錯誤や心がけ，子どもの成長の過程が，いきいきと描かれています。それにより，これらの問題について理解し，多様な個性をもつ個々の子どもたちへのかかわりについて，子どもの個性に応じた対応や心がけのあり方等を知り，実際に支援を行う際に役立つように工夫がなされています。

　本書は，子どもの支援を目指す大学生や大学院生，学校教職員，養育関係者，臨床心理士やスクールカウンセラー等に向けて，児童期・青年期の子どもの発達障害・適応障害について，医学や心理学の専門家，学校現場のさまざまな立場から，現状と支援について執筆されました。本書を通して，メンタルヘルスに向けたアプローチの実際について研鑽できることを目的としています。子どもたちにかかわる多くの方に幅広く読まれ，活用されることを切に願っています。

　最後に，ご多忙の中，本書の執筆をお引き受け下さった諸先生方，ならびに

はしがき

　本書の企画から出版に至るまで暖かくご支援くださったミネルヴァ書房編集部の吉岡昌俊氏に，厚くお礼を申し上げるとともに，心から感謝致します。

　　平成22年3月

編集者一同

目　次

はしがき

第Ⅰ部　発達障害・適応障害への理解と支援

第1章　広汎性発達障害の医学 ………………………眞田　敏…3
1　はじめに……3
2　歴史的背景……3
3　疫学的研究……5
4　原因，症状および治療に関する医学的研究……6
5　診断および臨床像……19
6　併存障害と二次的な問題……22

第2章　広汎性発達障害の心理学的理解と支援………加戸陽子…30
1　はじめに……30
2　広汎性発達障害の心理学的理解……30
3　広汎性発達障害の教育的支援……40

第3章　注意欠陥/多動性障害の医学 ………………岡　牧郎…50
1　はじめに……50
2　歴史的背景……50
3　病状・診断……52
4　予　後……53
5　併存障害……53
6　病態生理……54
7　検査と診察の流れ……56

8　治療および支援……56
　　　9　薬物療法……57
　　　10　おわりに……61

第4章　注意欠陥/多動性障害の心理学的理解と支援…加戸陽子…63
　　　1　はじめに……63
　　　2　注意欠陥/多動性障害の心理学的理解……63
　　　3　注意欠陥/多動性障害の教育的支援……66

第5章　学習障害の医学 ……………………………………荻野竜也…75
　　　1　学習障害とは……75
　　　2　計算の障害……77
　　　3　読字と書字の障害……80
　　　4　診断・評価……85
　　　5　おわりに……87

第6章　学習障害の心理学的理解と支援 ………………柳原正文…91
　　　1　学習障害の概念……91
　　　2　学習障害のアセスメント……95
　　　3　学習障害の支援の考え方と方法……100

第7章　適応障害の医学──心身症を中心に ………岡田あゆみ…105
　　　1　はじめに……105
　　　2　適応障害の理解……106
　　　3　適応障害の医学的支援……120

第8章　不登校の心理学的理解と支援 …………………藤後悦子…127
　1　不登校とは……127
　2　不登校に関連する要因……130
　3　不登校の子どもと親の心理的変容……135
　4　不登校の子どもへの支援……137

第9章　いじめの心理学的理解と予防・解決に向けた支援
　　　　…………………………………………………………安藤美華代…142
　1　いじめとは……142
　2　いじめの心理……144
　3　いじめ問題解決へのアプローチ……149
　4　いじめを予防する心理教育的アプローチ……150

第10章　不安・抑うつの心理学的理解と支援 ………中田行重…161
　1　はじめに……161
　2　不安の障害……162
　3　抑うつの障害……167
　4　相談機関の連携……168

第11章　学業不振児の心理学的理解と支援……………串崎真志…171
　1　学業不振児とは……171
　2　自己調整学習……172
　3　環境要因による情緒的問題……173

第II部　学校現場における支援の実際

第1章　中3不登校生徒の情緒障害学級から通常の学級に向けた指導——校長による支援の実際 ………菊山直幸…183

1　はじめに……183
2　事　　例……184
3　考　　察……190
4　おわりに——本事例を振り返って……192

第2章　学習障害・注意欠陥/多動性障害をともなう中1生徒とのかかわり——担任による校内支援体制づくりにもとづく支援
　　　　……………………………………………平野雅仁…193

1　はじめに……193
2　事　例 1……195
3　事　例 2……199
4　おわりに……202

第3章　言語性学習障害のある児童とのかかわり——特別支援教育校内委員会と特別支援教育コーディネーター
　　　　………………………………………………北　和人…206

1　はじめに——特別支援教育校内委員会とは……206
2　事　　例……208
3　おわりに……215

第4章　特別支援学校における地域支援（教育相談）の取り組み——特別支援教育コーディネーターによる支援の実際
　　　　………………………………内田直美・仲矢明孝…217

1　はじめに……217

- 2 2つの事例——教育相談の進め方……218
- 3 事例 1……218
- 4 事例 2……224
- 5 おわりに……229

第5章 集団生活不適応児童への理解と組織的支援
——養護教諭のコーディネーター的活動
……………………………………岡﨑由美子・安藤美華代…231

- 1 はじめに……231
- 2 事 例……231
- 3 おわりに……241

第6章 不適応生徒の理解と組織的かかわり
——養護教諭による支援の実際 …冨岡淑子・安藤美華代…243

- 1 はじめに……243
- 2 事例 1……243
- 3 事例 2……248
- 4 考 察……252
- 5 おわりに……253

第7章 不登校を契機に支援を開始した特定不能の広汎性発達障害の生徒とのかかわり
——スクールカウンセラーによる支援の実際…植山起佐子…254

- 1 はじめに……254
- 2 事 例……254
- 3 スクールカウンセラーによる発達障害支援のポイント……263

索 引

第Ⅰ部　発達障害・適応障害への理解と支援

第1章　広汎性発達障害の医学

眞田　敏

1　はじめに

　広汎性発達障害（pervasive developmental disorders：PDD）は「社会性の質的な問題」，「コミュニケーションの問題」，「興味・関心の狭さやこだわり，常同的かつ反復的な行動」の3つをおもな特徴とし，そのサブタイプには自閉症，レット障害，小児期崩壊性障害，アスペルガー障害および特定不能のPDDがある。本章ではPDDのサブタイプのうちおもに自閉症の医学的知見について述べる。

2　歴史的背景

　自閉症は1943年に米国メリーランド州ボルチモアにあるジョンズ・ホプキンス病院のKannerによって『情緒的接触に関する自閉的障害』という論文（Kanner, 1943）で最初に発表された。その中で，「1938年以来，私たちはこれまでみたことのない特異な行動を示す子どもたちに遭遇した。この子たちは，一人ひとり詳細な検討に値する特性をもっている」と記述している。一方，ウィーン大学のAspergerは1944年に『小児期の自閉的精神病質』を発表（Asperger, 1944）し，現在，広汎性発達障害のサブタイプの一つであるアスペルガー障害について小児科治療教育部で観察した4症例の詳細な記述を行った。これに6年さかのぼる1938年に，Aspergerはウィーンの週刊医学雑誌 *Wiener Klinische Wochenschrift* にその前駆的論文（Asperger, 1938）を投稿

しており，その中で自閉的精神病質について，①周囲の環境への適応障害，②重要な場面における学習能力の欠如を特徴としてあげ，社会性の予後は不良になると記述している。ところが，これらの論文はいずれもドイツ語で書かれており，刊行も第二次大戦前や大戦中だったためか，英語圏ではあまり注目されていなかった。その後1981年に，Wing（1981）が『アスペルガー症候群：臨床記録』を出版したのちAspergerの1944年の論文が注目されるようになった。ここで，自閉的（autistic, autistisch）という言葉を偶然両者が用いているように思われるが，この表現はすでに20世紀初頭にスイスの精神医学者Bleulerが統合失調症の症候の中で「人と外界との関係の狭まり」という状態に用いていた。Kannerはドイツのベルリン大学で教育を受けたのちに米国に移住した人であり，ウィーンのAspergerと同様，ドイツ語圏のBleulerの用語の影響を受けたと思われる。さらに，Kannerがもともとドイツ語圏の人であり，上述のように「1938年以来，特異な行動を示す子どもたちに遭遇した」としていることから，彼がAspergerの1938年の論文を読みヒントを得たとも推測（Lyons & Fitzgerald, 2007）されている。

　ところで，話題としてよくとりあげられる自閉症とアスペルガー障害の違いについて，定義上アスペルガー障害には幼児期の言語の遅れのないことがあげられるが，年齢がすすむと，知的レベルが高い高機能自閉症との違いはあまりないと思われている（Gilchrist et al., 2001）。

　自閉症やアスペルガー障害の障害概念の形成が1940年前後に始まったとして，その歴史は約70年であり，これをてんかんのそれと比較すると対照的である。つまり，てんかんは，すでに古代バビロニア時代に楔形文字による記述がなされ，ギリシャ時代にはヒポクラテスによって脳に起源をもつ疾患であると記載され，新約聖書にはキリストに治療をもとめる話が登場している。しかし，ロンドン大学のFrith（フリス，2009）は自閉症について解説した自書の中で，「過去の人々も，間違いなく自閉症と出会って，それとの共存を図ってきた」と記述しており，13世紀に記された『聖フランチェスコの小さき花』に登場する修道士ジネプロの話をとりあげている。ジネプロは言葉の理解が字義どおり

であることから失敗をくり返すが，それにもかかわらず，フランシスコ修道会の精神の純粋な体現者と認められ評価されたことを紹介し，彼がまったく私心のない自閉的障害の人であったと推測している。このように自閉症の障害概念としての歴史は浅いが，自閉症をもつ人は昔から存在したと考えられている。

さて，自閉症をもつ人がどのくらい存在するのか，またその人々の数が増加しているかどうかといった実態はいまだ十分に明らかにされていないが，それらに関する疫学的研究をつぎに紹介する。

3　疫学的研究

Lotter（1966）が8～10歳の学童のうち10,000人に2.0人が自閉症であり，非定型例もあわせて10,000人に4.5人が自閉症圏の子どもであると報告して以来，これらの数値が広く受け入れられ，比較的まれな障害と考えられていた。しかし，Fombonne（2005）による自閉症の疫学的研究のレビューでは，1966～1993年の期間に報告された18の論文における有病率の中央値は，10,000人あたり4.7人であったが，1994～2004年の期間に報告された18の論文では10,000人あたり12.7人であり，増加傾向にあることが示されている。また，Fombonne（2003）は別の総説で，1987年以降の28の論文から10,000人あたり自閉症が13人，特定不能の広汎性発達障害が21人と推測し，さらに最新の疫学調査からは，すべての自閉症圏の子どもを含む自閉症スペクトラム障害（autism spectrum disorders：ASD）の有病率は10,000人あたり60人に近いと推測している。また，Nicholasら（2008）は南カリフォルニアの8歳児の調査から，ASDが10,000人あたり62人であったとし，上記のFombonne（2003）の推測値とほぼ同等の有病率を報告している。わが国でもHondaら（1996）の調査によると，自閉症の有病率は10,000人あたり21.1人であり，かつて認識されていたよりも多いことが示されている。

自閉症の疫学調査の際，調査母集団の大きさ，用いられた診断基準の違い，調査スタッフの理解度など診断精度にかかわる問題や，自閉症に対する親の意

識の変化などのさまざまな要因が影響を与えることが指摘（Fombonne，2003；Fombonne，2005）されているが，Hondaら（1996）は高機能自閉症の検出感度が高くなったことが自閉症有病率の上昇の一因になっていると推測している。しかし，Blaxill（2004）は，診断基準の変更や症例確認過程での改善だけでは最近の自閉症有病率の増加は説明できないとし，自閉症発症率の増加の原因を早急に解明することが社会問題としても重要であると指摘している。このように現時点において，自閉症が増加傾向にあるのかどうかについての結論はでていない。

4　原因，症状および治療に関する医学的研究

　Kannerの初期の論文（Kanner，1944）では家庭環境の細部についてもふれられており，母親の育児に対する不安が窺われる記述も多く，また離婚歴や不安定な親族に関する情報も記載されている。このような論文の影響からか，自閉症は当初，情緒的なかかわりが欠如した結果生じる育児法の問題と考えられ，治療として受容的心理療法が試みられていた。その後，1964年にRimlandは著書『小児自閉症』（Rimland，1964）の中で自閉症は脳障害に基づくものであると報告し，1967年にRutterらは自閉症児の臨床像を長期間追跡した研究から，不適切な養育の結果生じたのではないとし，言語・認知機能の障害を伴う出生前の問題を強調した（Rutter et al.，1967）。その後も脳の器質的障害の関与を示唆する研究が数多く報告されている。

　周産期障害に関する研究で，ColemanとRimland（1976）は妊娠中の母体性器出血の頻度が高いことを示し，星野ら（1980）は妊娠中の薬物服用，早期破水，鉗子・吸引分娩，仮死出生などの項目を調査し，重度の周産期障害が60.6％であったと報告している。

　病理所見として小脳プルキンエ細胞の減少を認めた症例の報告（William et al.，1980；Bauman & Kemper，1985；Ritvo et al.，1986；Bailey et al.，1998）が多く，その他，脳幹，辺縁系，前頭葉，側頭葉などの萎縮や形成異常の報告

(William et al., 1980；Bauman & Kemper, 1985；Rodier et al., 1996；橋本，1996) も少なくない。そこで橋本 (1996) は，出生前から周産期にかけての遺伝的または環境的要因によりこれらの領域に非進行性障害が生じたと推測し，中でも小脳は解剖学的に前頭部，辺縁系，注意・覚醒機構，言語機構，脳幹，視床など脳の多くの機構と線維連絡をもつ調節機構であることから，小脳の障害によって他の部位の発達障害が生じると推測している。

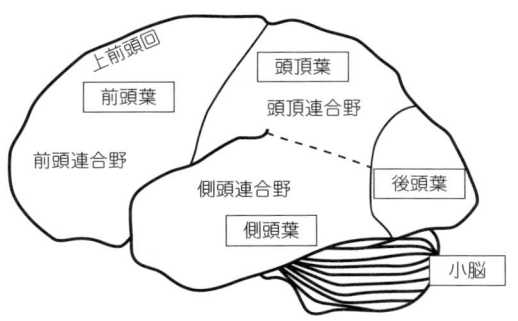

図1　大脳外側面と小脳

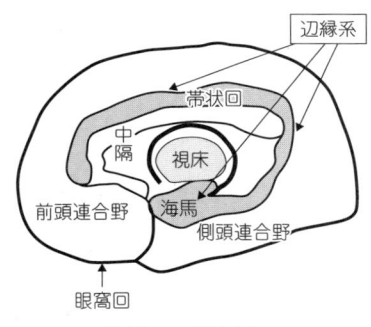

図2　大脳内側面

脳波異常やてんかん発作に関し，橋本ら (2000) は86例中37例 (43％) に脳波上てんかん性発作波を認め，その焦点は76.6％が前頭部，2.1％が側頭部，14.1％が中心・頭頂部，6.4％が後頭部であったと記載している。彼等はさらに，もっとも多かった前頭部焦点は大半が正中線上にあり，さらに詳細な分析で前頭部正中線上深部であったとしている。この前頭部焦点について，川崎ら (2001) は脳磁図と磁気共鳴画像法 (magnetic resonance imaging：MRI) の組み合わせによる検討を行い，左右の帯状回前部，上前頭回，眼窩回が発生源で，その結果，『前頭―辺縁系』に機能異常部位が推測されるとしている。

また，精神遅滞が自閉症の75％に認められること (Simonoff et al., 1996) やアミノ酸代謝異常症であるフェニールケトン尿症や，胎児期感染症の先天風疹症候群でも自閉症の合併が多く，結節性硬化症では40％ (Smalley, 1998) の高率に自閉症が認められることから種々のタイプの脳障害が自閉症の原因に

また，自閉症の遺伝的要因を示唆する知見も少なくない。長年，自閉症の有病率は前述のように10,000人に2人とされていた（Lotter, 1966）が，その後1999年にGillbergとWing（1999）は1,000人に1人と報告している。この一般人口における頻度は，同胞発症例の頻度として報告（Augst et al., 1981；Piven et al., 1990；Bolton et al., 1994）されている約3％に比べると約30分の1であり，両群間における頻度の違いは遺伝的要因を強く示唆するものである。さらに後述のように，分子生物学的研究により種々の染色体上の遺伝子の異常が指摘され，セロトニンなどの神経伝達物質との関連が注目されている。

　以上のように，自閉症の原因に関する研究は多岐にわたっているが，いまでは初期の心因説からはなれ，遺伝的要因および脳損傷などの器質的要因の2要因による重複障害説が支持されている（メジボブ，2002）。自閉症の病態は多様であり，個々の症例における上記2要因の関与の比率も症例によって異なり，ほぼ100％遺伝的要因による例から，逆にほぼ100％器質的要因にもとづく例まであると思われるが，その比率の違いが臨床像や薬物療法の効果の違いなどにもつながることが推測される。そこでつぎに，分子遺伝学的研究および器質的要因に関する研究の動向について紹介し，あわせて自閉症の特異的症状との関連や薬物の作用機序などについて解説する。

（1）分子遺伝学的研究

　自閉症の発症要因として双生児における発症の一致率が高いことから遺伝的要因の関与が指摘されている（Grice & Buxbaum, 2006）。自閉症の遺伝子研究では，レット症候群や結節性硬化症などの自閉症状を示す疾患の原因遺伝子との関連についての検討，罹患家系を対象とした連鎖解析，染色体異常や候補遺伝子解析による検討が進められ，多数の遺伝子の関与が報告されている。なお，一卵性双生児における一致率が100％ではないことから，環境要因の影響も考えられ，複数の病因遺伝子が複雑に関与する多因子遺伝が推測されている（Grice & Buxbaum, 2006）。自閉症の臨床症状との関連が報告された遺伝子に

表1　自閉症の臨床症状との関連が指摘される候補遺伝子

染色体	染色体領域	遺伝子	臨床症状/機能との関連	出典
3番	3p24-26	OXTR	良好な対人関係の形成	Jacob et al. (2007) Ylisaukko-oja et al. (2006) Yrigollen et al. (2008)
5番	5p13	PRLR	良好な対人関係の形成	Yrigollen et al. (2008)
6番	6p22	PRL	良好な対人関係の形成	Yrigollen et al. (2008)
7番	7q35-36	CNTNAP2	初語年齢，反復・常同行動	Alarcón et al. (2002)
	7q22	RELN	中枢神経系の発達	Serajee et al. (2006)
15番	15q11-13	GABRB3	同一性保持	Shao et al. (2003)
17番	17q11.2	SLC6A4	常同・反復行動，攻撃性，強迫的行動，非言語性コミュニケーション使用の困難	Brune et al. (2006) Sutcliffe et al. (2005)

（出所）眞田ら，2008一部改変

関する研究の知見を表1に示す。

　3番染色体では，3p24-26にあるオキシトシン受容体遺伝子（OXTR）が候補遺伝子として検討されている（Jacob et al., 2007；Ylisaukko-oja et al., 2006；Yrigollen et al., 2008）。オキシトシンは女性特有のホルモンとして発見されたが，男性にも存在し性行動を調節し，社会的行動にも関与する神経ペプチドで，自閉症での血漿中のオキシトシン濃度が健常児よりも低く，また，発達的変化も認められなかったことが記載されている（Modahl et al., 1998）。また，オキシトシンの投与による情緒的な話し言葉の理解に関する課題成績の検討から，自閉症者の社会的情報処理が促進されたとの報告もなされている（Hollander et al., 2007）。また，5p13のプロラクチンは乳腺の発達や乳汁分泌作用で知られるが，受容体遺伝子（PRLR）や6p22のプロラクチン遺伝子（PRL）もオキシトシンと同様に，社会的行動への関与を指摘されている（Yrigollen et al., 2008）。

　7番染色体では7q35-36において，言語発達や反復・常同行動（Alarcón et al., 2002）との関連に関する研究が多く，7q22では大脳皮質や海馬，小脳などの層構造の発達に中心的役割をなすRELN遺伝子との関与が報告されている

(Serajee et al., 2006)。

　15番染色体では，Angelman症候群やPrader-Willi症候群に関わる領域としても知られる15q11-13が注目されている。この領域には中枢神経系の抑制性神経伝達物質GABAの受容体遺伝子が複数存在し，中でも同一性保持との関連性が示されたGABRB3が注目されている（Shao et al., 2003）。

　17番染色体では，17q11.2にセロトニントランスポーター遺伝子（SLC6A4）が局在し，後述する選択的セロトニン再取り込み阻害薬（SSRI）やセロトニン-ドーパミン拮抗薬（serotonin-dopamine antagonist, SDA）の有効性との関連からも注目されている。このSLC6A4に関する詳細な検討で，常同・反復行動および攻撃性や社会的相互作用を調整する非言語性コミュニケーション使用の困難との関連が報告された（Brune et al., 2006）。また，同領域では強迫的行動との関連も報告されている（Sutcliffe et al., 2005）。しかしその一方で，これらの成績を否定する報告もなされている（Koishi et al., 2006）。その他にも11p（The Autism Genome Project Consortium, 2007）や16p（Barnby et al., 2005）に関する指摘がなされている。

（2）　薬物療法と作用機序

　自閉症における神経伝達物質に関する研究には目ざましい進歩がみられるが，日常診療では，個々の症例における同物質の測定は不可能であり，前述の染色体における遺伝子情報も望めない。そこで，臨床症状から薬物の選択をすることになる。たとえば，不安，抑うつやそれらに基づく強迫的・反復的行動にはセロトニンによる症状改善が期待される，抗うつ薬に位置づけられているSSRIが候補にあげられる。また，多動，攻撃性，癇癪などの抑制にはセロトニンとドーパミンの両方を抑制する（McCracken et al., 2002）とされるSDAが選択薬の一つとして考えられる。

　そこで，これらの薬物の作用機序について図3のシナプス伝達に基づいて解説する。図のニューロンがセロトニン系の場合，細胞体からのインパルスは軸索を通過してシナプス部に到達すると，シナプス小胞内の神経伝達物質が放出

第1章　広汎性発達障害の医学

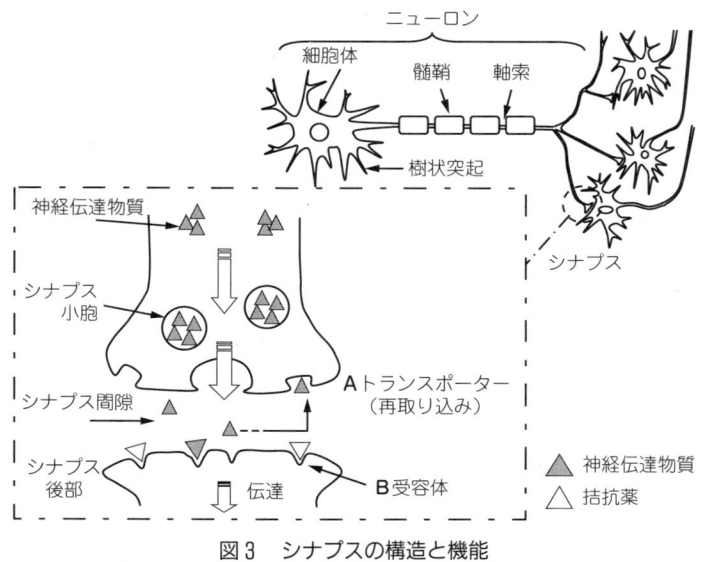

図3　シナプスの構造と機能

されるが、その物質はセロトニンである。放出されたセロトニンの一部がシナプス後部の受容体に結合して伝達が完了し、セロトニン系ニューロンの働きが活性化される。その後、シナプス間隙に留まっていたセロトニンは図中Aで示したトランスポーターによってシナプス前部に再取り込みされるが、このトランスポーターの働きが亢進しているとシナプス間隙に留まる時間が短縮し、シナプス結合の可能性が低下するためセロトニン系の働きは低下する。

そこで、SSRIによりセロトニンの再取り込みを阻害すれば、シナプス間隙に留まる時間が長くなり、セロトニン系の働きが活性化されることになる。ここで、SSRIの「選択的」の意味はドーパミンなどその他の神経伝達物質に影響を与えず、セロトニンに選択的に働くということであり副作用のリスクが低いことが特徴としてあげられる。一方、SDAは図中Bの本来セロトニンが結合する受容体に拮抗的に結合すると考えられ、その結果セロトニン系ニューロンの働きが低下すると考えられている。この薬物はドーパミン系の働きも同時に抑制する作用がある。

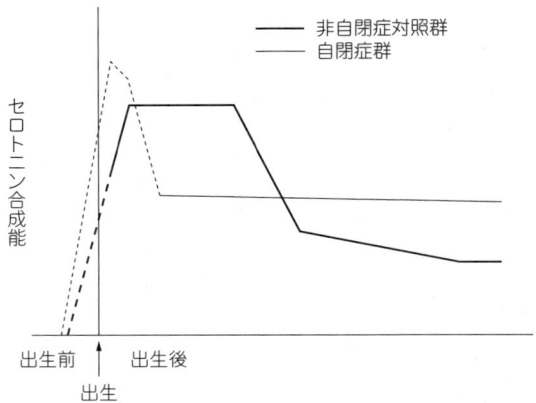

図4　定型発達および自閉症児・者におけるセロトニン合成能の発達的変化
（出所）　Chandana et al., 2005

　以上のように，SSRIやSDAなどによりセロトニン系ニューロンの活性化レベルの調整が可能であるが，セロトニンには少なくとも14のサブタイプがあることが知られており，サブタイプにより不安，抑うつ，多幸感，攻撃性などの気分や情動にかかわり，その他，睡眠，食欲，常同行動などにも関係することが知られている。

　さて上述のように薬物選択は臨床症状に基づくことになるが，その際医療従事者による観察のみでは不十分である。つまり大人のみの診察室における子どもは，同輩との集団生活の場で問題となる情動および行動を見せないため，保護者の報告が重要になる。薬物投与によりセロトニンやドーパミンのレベルが変動し，行動や情動が突然変わることがある。たとえば，多動で気分も躁状態のいわゆるハイテンションの子どもが，投薬後，動きが乏しく，抑うつ的・回避的になり教室に入ることを拒むようになることがある。これはもともと期待していた薬効が過剰に発現したためと思われる。そこで薬物療法を行う場合は学校への連絡は必須であり，集団生活の場における様子が正確な情報として主治医に伝わることが，薬物療法の成績向上と副作用回避のためには重要である。

　自閉症における体内のセロトニンレベルに関する研究は多いが，見解の一致

は得られていなかった。しかし近年Chandanaら（2005）は，PETを用いて脳内セロトニン合成能を測定し，その発達的変化を明らかにした。それによると，図4のようにセロトニンは非自閉症対照群では幼児期にピーク値を示したのち思春期に減少し成人レベルまで低下するが，自閉症群では幼児期には低値で，その後思春期になってからの減少がみられないため成人期には逆に非自閉症対照群より高値であることがわかる。この結果は，自閉症では①セロトニンが適性レベルにはないこと，②幼児期には低すぎること，③成人期には高すぎることが示されており，今後，薬物療法の参考にするべきものと思われる。

(3) 器質的要因に関する研究

　MRIによる研究は，1980年代後半以降多くされているが成績には不一致な点が数多い。小脳に関し，Courchesneら（1988）やHashimotoら（1995）は低形成を認めると報告したが，Pivenら（1992）はそれを認めなかったとしており，また，海馬について，Aylwardら（1999）は容積減少，Haznedarら（2000）は異常なし，Sparksら（2002）は容積増大と報告している。Amaralら（2008）は，大脳全体，灰白質および白質の容積についての既報研究を分析し，小児期においていずれも大きい傾向を認めるとしている。さて，前述の成績の不一致の原因として，装置の解像度や設定条件の違い，自閉症の病態の多様性や併存障害の影響などが推測されるが，Amaralら（2008）の報告から年齢による影響を考慮することも重要と思われる。

　ポジトロン断層撮影法（positron emission tomography：PET；放射性同位元素を用いて脳の活動に関連した代謝の変化を視覚化する装置）や機能的磁気共鳴画像法（functional magnetic resonance imaging：fMRI；脳の活動に関連した血液変化を視覚化する装置）のような機能的画像技術の出現により，脳機能を解明する道が開かれた。これらにより課題遂行中の測定も可能であることから，脳機能を画像として把握することができる。PETを用いた課題のない安息時の測定で，脳全体の代謝が多かったという報告（Rumsey et al., 1985），上側頭回および上側頭溝（Boddaert et al., 2002），両側側頭部（Zilbovicius et al., 2000），

さらに視床における低灌流が認められたという報告（Starkstein et al., 2000）や局所的な異常はみられなかったとの報告（Herlod et al., 1988）など結果はさまざまである。

　課題遂行中の脳の賦活についての研究では，Müllerら（1999）はPETを用いて，高機能広汎性発達障害を対象に，文を聴く，同じ文を何度も繰り返して言う，文を作る，などの課題遂行中の測定を行い，聴覚皮質の賦活レベル低下と『優位脳の逆転』を報告している。fMRIを用いた検討で，Critchleyら（2000）は高機能広汎性発達障害を対象とした顔の表情課題で，左中側頭回での賦活レベルの低下を報告。また，Baron-Cohenら（1999）も高機能広汎性発達障害を対象とした目の表情課題で，前頭側頭領域が賦活され，辺縁系の扁桃体には賦活がみられないことを報告し，これが感情理解困難の一因と推測している。また，前頭連合野を中心とした思考，プランニング，反応抑制，計画遂行などの実行機能に関し，Wisconsin card sorting test（WCST）などの神経心理学的検査による検討（加戸ら，2005；加戸ら，2007）が行われているが（第Ⅰ部第2章参照），Shafritzら（2008）は高機能広汎性発達障害を対象にして行ったWCSTに類似した標的検出課題で新たな標的への変換や維持の困難が認められ，前頭，線条体，頭頂領域での賦活レベルが低かったことから，これらが関連していると記述している。

（4）　予想される障害部位と臨床症状の関連

　自閉症において予想される障害の局在や機能システムについて，上記の諸研究で明らかにされた成績を参考に，前頭連合野，辺縁系および半球優位性に焦点をあてて考察し，併せて臨床症状との関連について解説する。

前頭連合野

　連合野は大脳皮質運動野と感覚野の間に介在する高次脳機能にかかわる部位で，前頭葉，頭頂葉，側頭葉，後頭葉に広く存在する。これらは中心溝を境に前頭連合野と後連合野に分けられ，前者は「外界に向かって行動する」ことに関連，後者は「外界からの情報を処理する」ことに関連している。前頭連合野

表2　前頭葉損傷の臨床症状

・ぶっきらぼう	・不機嫌で不満	・短気
・節度の乏しい行動	・抑制欠如	・幼稚な態度
・無感動	・怒りの爆発	・注意力減弱
・無関心	・社交上の礼儀欠落	・忘れっぽさ
・浅薄な印象	・不適切な性的逸脱	・注意散漫
・自発性欠如	・みだらな会話	・落ち着きのなさ
・ふざけ症	・性的脱抑制	・易刺激性
・大げさ	・卑猥な行為	・美的感覚の喪失
・多動	・上機嫌	・保続
・寡動	・気まぐれ	・計画能力の乏しさ
・粗雑	・衝動性	・未来への関心の乏しさ

（出所）　Benson，1996一部抜粋

の機能としてプランニング，評価・判断，反応基準の切り替え，抑制およびワーキングメモリーがあるが，外傷や腫瘍など多数の脳損傷例の臨床観察から同部の障害によって出現する症状が表2にまとめられている。

そこで前頭連合野の機能不全にもとづく実行機能の障害と自閉症症状との関連性について，表2にあげられた臨床症状をもとに以下のように考えることができる。

①プランニング

問題解決のための方法や手順について分析し計画を立て，目的へ向けて自分の立てた計画に沿って行動しながらその過程をフィードバックしてモニタリングしつつ計画の修正を随時行う能力であり，創造性や柔軟性に関連している。ここに問題が生ずれば，自閉症症状として『突然の予定変更など予期せぬ出来事への対応困難』の原因となりうる。

②評価・判断

物品の値段，物の大きさなどを正しく見積もる。また，ある物事について自分の考えをきめる能力である。この能力が発揮されない場合，周囲の状況判断にも影響がおよび『その場にそぐわない行動』につながることが考えられる。

③反応基準の切り替え

神経心理検査の一つであるWCSTの課題によって代表される実行機能で，

同検査では形，数，色などの分類基準を柔軟に切り替える能力が要求される。この能力の問題によって一つの課題や活動にこだわり，あらたな場面への切り替えが困難になる。自閉症における，『限定された物事への興味・関心』や『こだわり』につながることが考えられる。

④抑制

抑制はWCSTで不適切な反応の抑制として観察されるが，つぎにとりあげる辺縁系の機能としての情動および本能を適切に抑制する能力とも解釈できる。抑制が適切に行われる場合，適応的な集団生活が可能になると考えられる。抑制の不全によって衝動性，感情抑制困難や怒りの爆発などが生じるが，自閉症症状としての『衝動性』の抑制困難の一因とも思われる。

辺縁系

辺縁系は脳幹を取り巻く大脳半球の入口の周辺を縁どる皮質である帯状回と，これに関連する中隔，脳弓，海馬や扁桃体などの皮質下構造からなる。前者は大脳皮質の中でも発生の過程で早くから発達したところであり，古皮質とよぶ。辺縁系は哺乳類の脳に共通にみられ，個体および種族維持に不可欠な基本的な欲求，すなわち食欲，性欲および集団欲などの本能や情動の中枢である。

辺縁系の神経回路は周回構造を形成し，Papezの情動回路（図5）とよばれ，この回路が持続的に興奮することで情動が生まれるとされた。この説は古典的でかならずしも正しくないと考えられるようになっているが，同部を電気刺激すると刺激中の興奮性活動とその後数分間持続する後発射（after discharge）がみられ（図5），欲求がみたされないなどの不快刺激が加わった場合，情動反応が生じそれがすぐには鎮まらないことの理由としてあげられる。

自閉症では予期できないことへの不安や恐怖，思い通りにならないことの葛藤などで，自己制御が不能になり自我が瓦解に瀕する状態，いわゆる『パニック状態』に陥ることが少なくない。このパニック状態がしばらく続くことの説明として上記情動回路と後発射のメカニズムがあてはまるとすれば，この状態の頂点において鎮める有効な手段を見出すことは困難であり，不快刺激が何であったかを次章で詳述する応用行動分析などにより検討し，さらなる刺激が加

第1章　広汎性発達障害の医学

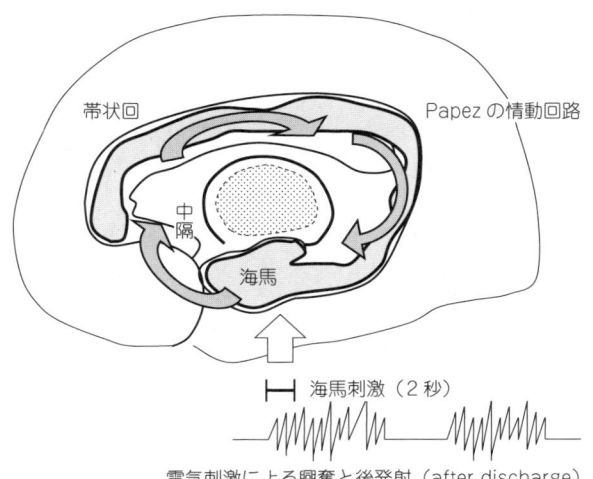

図5　Papezの情動回路と海馬刺激による後発射
（出所）　一部Sanada, 1978を図式化

わることの回避に向けた努力をすることが妥当と思われる。

半球優位性

　人の言語機能は左右の大脳半球のうちいずれか一方により多く依存しており，その半球を優位半球という。右利きの人は人類の91％を占め，その96％は左半球が優位半球である。一方，左利きの人の15％は右半球が優位半球で，15％では左右半球の分業が不明瞭，残りの70％では左半球が優位半球である。大多数の人では左半球には言語，理論的，数学的および分析的機能を中心とした機能が，右半球には，空間概念や顔の認識，直感などの機能が割り当てられている（図6）。

　右利きの場合，利き手は図6に示された左半球の運動野からの信号により動かされ，ほとんどの右利きにおいて，同側の左半球に言語中枢が存在することになる。しかし，左利きの場合，右半球の運動野からの信号で利き手が動かされ，左利きの大半は反対側の左半球に言語中枢が存在し，左右半球の役割分担の視点からは変異ととらえられるが，生活上支障はなく正常範囲内での変異といえる。

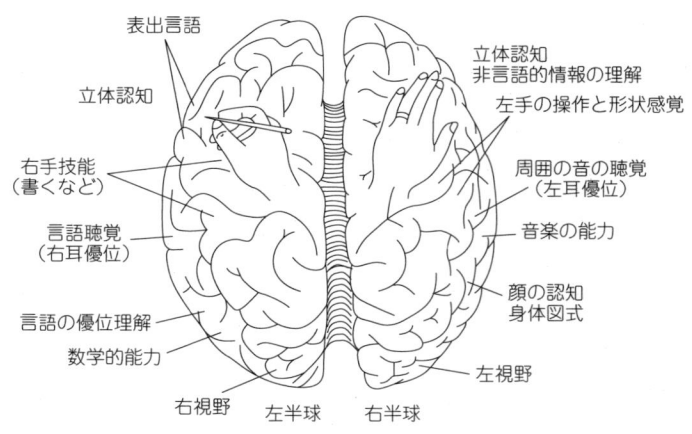

図6　脳の半球機能の局在（右利き）
（出所）　Fuchs & Phillips, 1989より一部改変

　自閉症には左利きの人が多いことから，以前より半球優位性の異常が指摘されている（メジボブ，2002）。これは一方でサヴァン能力にもつながる問題と思われる。サヴァン能力は，記憶，芸術，音楽，言語，計算，知覚，時間認知，空間認知などの領域において認められ，Treffertら（トレファート，2005）は自閉症の10人に1人，脳損傷または知的障害者の2,000人に1人の割合でサヴァン能力がみられると報告しており，自閉症において高い確率で出現することが注目される。さらにTreffertら（トレファート，2005）はサヴァン能力の背景として，左半球は対側より遅れて発達するため出生前の有害因子の影響を受ける期間が長くなること，また男児では男性ホルモンのテストステロンによる影響から左半球の発達が遅れ，それを補うために代償的に右半球が優位になることをあげている。その他，左脳損傷で後天的にサヴァン能力が出現する例も紹介し，この損傷が学習で覚えるタイプの意味記憶に障害をおよぼし，その結果，原始的な記憶系に依存しこれがサヴァンの記憶能力に繋がると推測している。
　以上のように，サヴァン能力発現の説明として障害に起因した仮説が提唱されているが，前述の利き手と言語中枢の関係から，障害の有無にかかわらず半球優位性には変異が生じやすいものと思われる。そこで，手の運動と言語機能

のみならず空間概念，顔の認識，非言語的コミュニケーション，音楽の能力，数学的・分析的機能などの領域においても，左右半球への割り当ての際の変異に伴い，量的不均衡が発生することも否定はできない。このような場合，量的超過の生じた半球では機能不全が生じ，これが顔の認識や非言語的コミュニケーションの領域なら自閉症の症状につながることになり，逆に負担の軽い半球ではさまざまな領域でのサヴァン能力を発揮することが推測される。今後，精度の高いPETやfMRIなどを用いた研究によるサヴァン能力の発現メカニズムの解明が期待される。

5　診断および臨床像

(1)　診　断

　Kanner (1944) は自閉症の臨床的特徴として，①人生の初期からの人や状況に対して通常の方法でかかわりを持つ能力の障害，②たとえ言語があっても意思を伝達するためには役立たないこと，③同一性の保持のための強迫的欲求，④物体との良好な関係，⑤良好な潜在的認知能力などをあげている。その後さまざまな議論ののち，1980年に米国精神医学会（American Psychiatric Association）によって発表された「精神疾患の診断のための手引き，第3版，Diagnostic and Statistical Manual for Mental Disorders, 3rd Edition：DSM-Ⅲ」では，①30か月以前の発症，②他の人間の働きかけに対する反応が全般的に欠けていること，③言語発達の重度の障害，④もし言語が存在するとすれば，独特の言語パターン，⑤環境に対する奇妙な反応，⑥統合失調症にみられるような妄想，幻覚，連合弛緩，滅裂思考が存在しないことなどが，診断基準の項目としてあげられた。その後，改訂が重ねられDSM-Ⅳ-TR（American Psychiatric Association, 2000/2004）が，現在もっともよく用いられる診断基準（表3）となっている。

　同じくDSM-Ⅳ-TRのアスペルガー障害の診断基準は，自閉症のそれと比べると（2）コミュニケーションの質的な障害の項目がなく，代わりに「臨床的

表3　自閉性障害の診断基準

A. (1), (2), (3)から合計6つ（またはそれ以上），うち少なくとも(1)から2つ，(2)と(3)から1つずつの項目を含む。
(1) 対人的相互反応における質的な障害で以下の少なくとも2つによって明らかになる。
  (a) 目と目で見つめ合う，顔の表情，体の姿勢，身振りなど，対人的相互反応を調節する多彩な非言語的行動の使用の著明な障害
  (b) 発達の水準に相応した仲間関係を作ることの失敗
  (c) 楽しみ，興味，達成感を他人と分かち合うことを自発的に求めることの欠如（例：興味のある物を見せる，持って来る，指差すことの欠如）
  (d) 対人的または情緒的相互性の欠如
(2) 以下のうち少なくとも1つによって示されるコミュニケーションの質的な障害：
  (a) 話し言葉の発達の遅れまたは完全な欠如（身振りや物まねのような代わりのコミュニケーションの仕方により補おうという努力を伴わない）
  (b) 十分会話のある者では，他人と会話を開始し継続する能力の著明な障害
  (c) 常同的で反復的な言語の使用または独特な言語
  (d) 発達水準に相応した，変化に富んだ自発的なごっこ遊びや社会性をもった物まね遊びの欠如
(3) 行動，興味，および活動の限定された反復的で常同的な様式で，以下の少なくとも1つによって明らかになる。
  (a) 強度または対象において異常なほど，常同的で限定された型の1つまたはいくつかの興味だけに熱中すること
  (b) 特定の機能的でない習慣や儀式にかたくなにこだわるのが明らかである。
  (c) 常同的で反復的な衒奇的運動（例：手や指をぱたぱたさせたりねじ曲げる，または複雑な全身の動き）
  (d) 物体の一部に持続的に熱中する。
B. 3歳以前に始まる，以下の領域の少なくとも1つにおける機能の遅れまたは異常：
  (1)対人的相互反応，(2)対人的コミュニケーションに用いられる言語，または(3)象徴的または想像的遊び
C. この障害はレット障害または小児期崩壊性障害ではうまく説明されない。

（出所）　American Psychiatric Association, 2000/2004

に著しい言葉の遅れがない（例：2歳までに単語を用い，3歳までにコミュニケーション的な句を用いる）」という項目が追加された点が大きな違いとしてあげられる。

　また，特定不能の広汎性発達障害は，非定型自閉症と位置づけられ，発症年齢が遅いこと，自閉性障害診断基準にあげられた症状が非定型的な場合などに診断される。

　早期診断について，Baron-Cohenら（1996）は，1歳半の時点において①興味を持った物への指さし，②目を合わせる，③物まね遊び，の3項目が重要で

あると報告しており，現在これを改訂しながら早期診断基準の作成がすすめられている。

（2） 臨床像

表3のDSM-IV-TRの診断基準としてあげられた項目以外にも，感覚・知覚の障害，偏食，睡眠障害，優れた認知能力・サヴァンなどの臨床的特徴があげられる。

感覚・知覚の障害

視覚では，視野の周辺で物を見る，目の前で手をひらひらさせて凝視するなど，聴覚では，赤ちゃんの泣き声，掃除機の音や花火の音などに過度に反応したり，腕時計の音に強く反応したりするが，呼びかけには反応が乏しいこと，体性感覚ではくすぐられることや流水に手をさらすことを好み，痛み刺激には反応が乏しいこと，平衡感覚では，回転する椅子にのることを好むこと，嗅覚では，さまざまなもののにおいをかぐことなどが知られている。これらの症状は，各種感覚の過敏または低下などのひずみにもとづくものと推測される。

偏食

偏食は，味覚，嗅覚，舌ざわりや温度などの感覚によって左右されると考えられるが，学校給食の場合は，食堂の雰囲気や対人的かかわりによることも考えられる。最近の著者らの調査では，24人のPDDの66.7％に，ある時期から急激に自閉症的特徴を示す折れ線型自閉症6人の83.3％に偏食が認められ，栄養摂取の観点からも憂慮すべき問題と思われる。

睡眠障害

睡眠障害は，なかなか寝つけない入眠障害，夜間の中途覚醒，早朝覚醒などさまざまである。背景にある病態メカニズムに，前述のセロトニン系の関与が推測され，毎年5～7月頃に症状が増強する場合には，日照時間の延長を反映していることが推測される。このような場合，夜間の室内の明度をさげ，朝日を遮光するカーテンを用い，昼間の屋外ではサンバイザーやサングラスを使用するなどの環境調整が奏功することがある。

優れた認知能力・サヴァン

　視覚認知や空間認知などにすぐれた認知能力を示すことがある。自動車のマークやアニメのキャラクターの識別，ジグソーパズルの優れた能力，いったん通った道順を忘れないなど，数多くの優れた能力が知られているが，これらがとくに優れている場合，前述のサヴァン能力になる。

てんかん

　神経細胞の過剰興奮に基づく神経疾患であり，学童期では1,000人のうち10〜12人（1％〜1.2％）がてんかんと診断される（岡，2002）が，自閉症におけるてんかんの合併率は高く，前述のように清水ら（1981）は13％と報告している。また10歳過ぎて初回発作が出現することが多いことから，思春期前に脳波検査を受けておくことが望ましい。脳波検査では睡眠記録が診断上必要であることから，記録中に入眠できることが重要であり，不安が強い子どもは，枕やぬいぐるみなどを持参するとよい場合がある。

6　併存障害と二次的な問題

　PDDは単独で発症することもあるが，注意欠陥/多動性障害（AD/HD），学習障害（LD）や発達性協調運動障害（developmental coordination disorder：DCD）などの併存も少なくないことが古くから知られている。Asperger（1944）が最初に報告した4症例のうち，2例にAD/HD，1例に書字障害，1例に算数障害，また3例にDCDと思われる症状の記載があり，学校での集団生活を困難にしていたことが窺われる。中でも，アスペルガー障害の特性にもとづく対人関係や行動面の問題のみならず，動作が緩慢でぎごちなく，とくにボール投げが拙劣であるなどのDCDの症状が失敗体験や屈辱体験に繋がる様子が詳細に記述されており，このような問題についても早期から対処しておくことが重要と思われる。また，Oginoら（2005）は，知的な遅れをともなわないPDDの37.5％がAD/HDの診断基準を満たしていたと報告しており，学校教育における指導上の留意点としてあげられる（第I部第2章参照）。

第1章　広汎性発達障害の医学

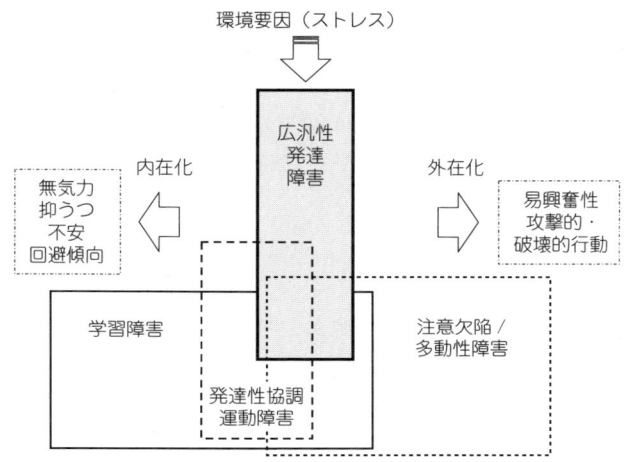

図7　広汎性発達障害の併存障害と二次的な問題

　さらに，発達障害や併存障害の諸症状に気付かず，適切な治療的教育を受ける機会が得られなかった場合，失敗体験や屈辱を味わい続け自尊心が低下する。学習への動機づけが低下して宿題を怠ったり，学校を嫌うようになる。欲求不満で怒りっぽくなり，攻撃的・破壊的行動を伴うような外在化した問題に発展することがある。一方で，孤独感，疎外感，絶望感を感じ，無気力，抑うつ，不安や人前に出ることを回避するなどの内在化した問題を生じる場合もある。これらの二次的な問題はいずれも学校生活への適応をいちじるしく困難にする。このような背景にもとづく引きこもりや不登校など，適応障害としての教育現場における今日的課題に対する早期からの適切な支援が望まれる（第Ⅰ部第7章，第8章，第9章，第10章，第Ⅱ部第5章，第6章，第7章参照）（図7）。

〈文献〉
Alarcón, M., Cantor, R. M., Liu, J., et al. 2002 Evidence for a language quantitative trait locus on chromosome 7q in multiplex autism families. *The American Journal of Human Genetics*, **70**, 60-71.
Amaral, D. G., Schumann, C. M., Nordahl, C. W. 2008 Neuroanatomy of autism. *Trends in Neurosciences*, **31**, 137-145.

American Psychiatric Association 1980 *Diagnostic and statistical manual of mental disorders* (3rd ed). Washington, D. C.：American Psychiatric Association.

American Psychiatric Association 2000 *Diagnostic and statistical manual of mental disorders* (4th ed. Text Revision). Washington, D. C.：American Psychiatric Association.（高橋三郎・大野　裕・染矢俊幸（訳）2004 DSM-IV-TR　精神疾患の診断・統計マニュアル　新訂版　医学書院）

Asperger, H. 1938 Das psychisch abnorme Kind. *Wiener Klinische Wochenschrift*, **49**, 1314-1317.

Asperger, H. 1944 Die autistischen Psychopathen Im Kindesalter. *Archiv für Psychiatrie und Nervenkrankheiten*, **117**, 76-136.

Augst, G. J., Stewart, M. A., Tsai, L. 1981 The incidence of cognitive disabilities in the siblings of autistic children. *British Journal of Psychiatry*, **138**, 416-422.

Aylward, E., Minshew, N., Goldstein, G., et al. 1999 MRI volumes of amygdale and hippocampus in non-mentally retarded autistic adolescents and adults. *Neurology*, **53**, 2145-2150.

Bailey, A., Luthert, P., Dean, A., et al. 1998 A clinicopathological study of autism. *Brain*, **121**, 889-905.

Barnby, G., Abbott, A., Sykes, N., et al. 2005 Candidate-gene screening and association analysis at the autism-susceptibility locus on chromosome 16p：Evidence of association at GRIN2A and ABAT. *The American Journal of Human Genetics*, **76**, 950-966.

Baron-Cohen, S., Cox, A., Baird, G. 1996 Psychological markers in the detection of autism in infancy in a large population. *The British Journal of Psychiatry*, **168**, 158-163.

Baron-Cohen, S., Ring, A. H., Wheelwright, S., et al. 1999 Social intelligence in the normal and autistic brain：An fMRI study. *European Journal of Neuroscience*, **11**, 1891-1898.

Bauman, M., Kemper, T. L. 1985 Histoanatomic observations of the brain in early infantile autism. *Neurology*, **35**, 866-874.

ベンソン，D. F.（著），近畿大学精神神経科神経心理研究グループ（訳）　1996　思考の神経心理学，金芳堂．

Blaxill, M. F. 2004 What's going on?：The question of time trends in autism. *Public Health Reports*, **119**, 536-551.

Boddaert, N., Chabane, N., Barthelemy, C., et al. 2002 Bitemporal lobe dysfunction in infantile autism：Positron emission tomography study.

Journal of Radiology, **83**, 1829-1833.

Bolton, P., Macdonald, H., Pickles, A., et al. 1994 A case-control family history of autism. *Journal of Child Psychology and Psychiatry*, **35**, 877-900.

Brune, C. W., Kim, S. J., Salt, J., et al. 2006 5-HTTLPR genotype-specific phenotype in children and adolescents with autism. *The American Journal of Psychiatry*, **163**, 2148-2156.

Chandana, S. R., Behen, M. E., Juhász, C., et al. 2005 A hypothetical model for deviation from the normal developmental trajectory of serotonin synthesis in autism. *International Journal of Developmental Neuroscience*, **23**, 171-182.

Coleman, M., Rimland, B. 1976 Familial autism. In M. Coleman (Ed.), *The autistic syndromes*. Amsterdam : North-Holland. pp. 175-182.

Courchesne, E., Yeung-Courchesne, R., Press, G., et al. 1988 Hypoplasia of cerebellar vermal lobules VI and VII in autism. *The New England Journal of Medicine*, **318**, 1349-1954.

Critchley, H. D., Daly, E. M., Bullmore, E. T., et al. 2000 The functional neuroanatomy of social behaviour changes in cerebral blood flow when people with autistic disorder process facial expressions. *Brain*, **123**, 2203-2212.

Fombonne, E. 2003 Epidemiological surveys of autism and other pervasive developmental disorders : An update. *Journal of Autism and Developmental Disorders*, **33**, 365-382.

Fombonne, E. 2005 The changing epidemiology of autism. *Journal of Applied Research in Intellectual Disabilities*, **18**, 281-294.

フリス, U.（著）, 冨田真紀・清水康夫・鈴木玲子（訳） 2009　新訂　自閉症の謎を解き明かす, 東京書籍.

Fuchs, A. F., Phillips, J. O. 1989 Association cortex. In H. D. Patton et al. *Textbook of physiology*, 21st ed. vol. 1. Philadelphia : WB Saunders.

Gilchrist, A., Green, J., Cox, A., et al. 2001 Development and current functioning in adolescents with Asperger syndrome : A comparative study. *Journal of Child Psychology and Psychiatry*, **42**, 227-240.

Gillberg, C., Wing, L. 1999 Autism : Not an extremely rare disorder. *Acta Psychiatrica Scandinavica*, **99**, 399-406.

Grice, D. E., Buxbaum, J. D. 2006 The genetic architecture of autism and related disorders. *Clinical Neuroscience Research*, **6**, 161-168.

橋本俊顕　1996　自閉症の脳内機序（最近の話題）. 発達障害医学の進歩, **8**,

10-19.

橋本俊顕・佐々木征行・須貝研司,ほか 2000 自閉症の脳波:てんかん性異常波の局在について. 臨床脳波, **42**, 657-663.

Hashimoto, T., Tayama, M., Murakawa, K., et al. 1995 Developmental of the brainstem and cerebellum in autistic patients. *Journal of Autism and Developmental Disorders*, **25**, 1-18.

Haznedar, M., Buchsbaum, M., Wei, T., et al. 2000 Limbic circuitry in patients with autism spectrum disorders studied with positron emission tomography and magnetic resonance imaging. *The American Journal of Psychiatry*, **157**, 1994-2001.

Herlod, S., Frackowiak, R., LeCouteur, A., et al. 1988 Cerebral blood flow and metabolism of oxygen and glucose in young autistic adults. *Psychological Medicine*, **18**, 823-831.

Hollander, E., Bartz, J., Chaplin, W., et al. 2007 Oxytocin increases retention of social cognition in autism. *Biological Psychiatry*, **61**, 498-503.

Honda, H., Shimizu, Y., Misumi, K., et al. 1996 Cumulative incidence and prevalence of childhood autism in children. *The British Journal of Psychiatry*, **169**, 228-235.

星野仁彦・熊代 永・八島祐子,ほか 1980 福島県下における自閉症の実態調査. 児精医誌, **21**, 111.

Jacob, S., Brune, C. W., Carter, C. S., et al. 2007 Association of the oxytocin receptor gene (OXTR) in Caucasian children and adolescents with autism. *Neurocience Letters*, **417**, 6-9.

加戸陽子・眞田 敏・柳原正文,ほか 2004 健常児・者におけるKeio版Wisconsin Card Sorting Testの発達的および加齢変化の検討. 脳と発達, **36**, 475-480.

加戸陽子・眞田 敏・柳原正文,ほか 2005 Keio 版 Wisconsin card sorting testによる注意欠陥/多動性障害の検討. 脳と発達, **37**, 380-385.

加戸陽子・眞田 敏・柳原正文,ほか 2007 広汎性発達障害へのKeio版Wisconsin card sorting testの臨床応用. 脳と発達, **39**, s296.

Kanner, L. 1943 Autistic disturbances of affective contact. *Nervous Child*, **2**, 217-250.

Kanner, L. 1944 Early infantile autism. *Journal of Pediatrics*, **25**, 211-217.

鹿島晴雄・加藤元一郎 1993 前頭葉機能検査:障害の形式と評価法. 神経研究の進歩, **37**, 93-110.

川崎葉子・四宮美恵子・湯本真人,ほか 2001 自閉症の脳磁図研究:発作性脳波異常の脳内部位の同定. 臨床神経生理, **29**, 262-268.

Koishi, S., Yamamoto, K., Matsumoto, H., et al. 2006 Serotonin transporter gene promoter polymorphism and autism : A family-based genetic association study in Japanese population. *Brain & Development*, 28, 257-260.

Lotter, V. 1966 Epidemiology of autistic conditions in young children : I. Prevalence. *Social Psychiatry*, 1, 124-137.

Lyons, V., Fitzgerald, M. 2007 Asperger (1906-1980) and Kanner (1894-1981), the two pioneers of autism. *Journal of Autism and Developmental Disorders*, 37, 2022-2023.

McCracken, J. T., McGough, J., Shah, B., et al. 2002 Risperidone in children with autism and serious behavioral problems. *New England Journal of Medicine*, 347, 314-321.

メジボブ, G. B., アダムズ, L. W., クリンガー, L. G. 佃 一郎・岩田まな (訳) 2002 自閉症の理解, 学苑社.

Modahl, C., Green, L., Fein, D., et al. 1998 Plasma oxytocin levels in autistic children. *Biological Psychiatry*, 43, 270-277.

Müller, R. A., Behen, M. E., Rothermel, R. D., et al. 1999 Brain mapping of language and auditory perception in high-functioning autistic adults : A PET study. *Journal of Autism and Developmental Disorders*, 29, 19-31.

Nicholas, J., Charles, J., Carpenter, L., et al. 2008 Prevalence and Characteristics of Children with Autism-Spectrum Disorders. *Annals of Epidemiology*, 18, 130-136.

Ogino, T., Hattori, J., Abiru, K., et al. 2005 Symptom related to ADHD observed in patients with pervasive developmental disorder. *Brain & Development*, 27, 345-348.

岡 鑠次 2002 岡山県における小児てんかんの実態:神経疫学調査. 脳と発達, 34, 95-102.

Piven, J., Gayle, J., Chase, G. A., et al. 1990 A family history study of neuropsychiatric disorders in the adult siblings of autistic individuals. *Journal of American Academy of Child and Adolescent Psychiatry*, 29, 177-183.

Piven, J., Nehme, E., Simon, J., et al. 1992 Magnetic resonance imaging in autism : Measurement of the cerebellum, pons, and fourth ventricle. *Biological Psychiatry*, 31, 491-504.

Rimland, B. 1964 *Infantile autism : The syndrome and its implications*. New York : Appleton-Century-Crofts.

Ritvo, E. R., Freeman, B. J., Scheibel, A. B., et al. 1986 Lower Purkinje cell counts in the cerebella of four autistic subjects : Initial findings of the

UCLA-NSAC autopsy research report. *American Journal of Psychiatry*, **143**, 862-866.

Rodier, P. M., Ingram, J. L., Tisdale, B., et al. 1996 Embryological origin for autism：Developmental anomalies of the cranial nerve motor nuclei. *Journal of Comparative Neurology*, **370**, 247-261.

Rumsey, J. M., Duara, R. D., Grady, C., et al. 1985 Brain metabolism in autism. *Archives of General Psychiatry*, **42**, 448-455.

Rutter, M., Greenfeld, D., Lockyer, L. 1967 A five to fifteen year follow-up study of infantile psychosis. II. Social and behavioural outcome. *British Journal of Psychiatry*, **113**, 1183-1199.

Sanada, S. 1978 Relation of electroencephalogram to changes in blood flow in response to brain stimulation. *Journal of the Kansai Medical University*, **30**, s12-56.

眞田　敏・加戸陽子　2008　発達障害の疫学および病態生理に関する研究動向．発達障害研究，**30**，227-238．

Serajee, F. J., Zhong, H., Mahbubul Huq, A. H. 2006 Association of reelin gene polymorphisms with autism. *Genomics*, **87**, 75-83.

Shafritz, K. M., Dichter, G. S., Baranek, G. T., et al. 2008 The neural circuitry mediating shifts in behavioral response and cognitive set in autism. *Biological Psychiatry*, **63**, 974-980.

Shao, Y., Cuccaro, M. L., Hauser, E. R., et al. 2003 Fine mapping of autistic disorder to chromosome 15q11-q13 by use of phenotypic subtypes. *The American Journal of Human Genetics*, **72**, 539-548.

Simonoff, E., Bolton, P., Rutter, M. 1996 Mental retardation：Genetic findings, clinical implications and research agenda. *Journal of Child Psychology and Psychiatry*, **37**, 259-280.

Smalley, S. L. 1998 Autism and tuberous sclerosis. *Journal of Autism and Developmental Disorders*, **28**, 407-414.

Sparks, B., Friedman, S., Shaw, D., et al. 2002 Brain structural abnormalities in young children with autism spectrum disorder. *Neurology*, **59**, 184-192.

Starkstein, S. E., Vazquez, S., Vrancic, D., et al. 2000 SPECT findings in mentally retarded autistic individuals. *Journal of Neuropsychiatry and Clinical Neurosciences*, **12**, 370-375.

Sutcliffe, J. S., Delahanty, R. J., Prasad, H. C., et al. 2005 Allelic heterogeneity at the serotonin transporter locus (SLC6A4) confers susceptibility to autism and rigid-compulsive behaviors. *The American Journal of Human Genetics*, **77**, 265-279.

The Autism Genome Project Consortium. 2007 Mapping autism risk loci using genetic linkage and chromosomal rearrangements. *Nature Genetics*, **39**, 319-328.

トレファート, D. A., ウォレス, G. L. 2005 右脳の天才 サヴァン症候群の謎. 別冊日経サイエンス150 脳から見た心の世界, 6-15.

William, R. S., Hauser, S. L., Purpura, D. P., et al. 1980 Autism and mental retardation : Neuropathologic studies performed in four retarded persons with autistic behavior. *Archives of Neurology*, **37**, 749-753.

Wing, L. 1981 Asperger syndrome : A clinical account. *Psychological Medicine*, **11**, 115-129.

Ylisaukko-oja, T., Alarcón, M., Cantor, R. M., et al. 2006 Search for autism loci by combined analysis of autism genetic resource exchange and finnish families. *Annals of Neurology*, **59**, 145-155.

Yrigollen, C. M., Han, S. S., Kochetkova, A., et al. 2008 Genes controlling affiliative behavior as candidate genes for autism. *Biological Psychiatry*, **63**, 911-916.

Zilbovicius, M., Boddaert, N., Belin, P., et al. 2000 Temporal lobe dysfunction in childhood autism : A PET study. *American Journal of Psychiatry*, **157**, 1988-1993.

第2章　広汎性発達障害の心理学的理解と支援

加戸　陽子

1　はじめに

　広汎性発達障害（pervasive developmental disorders：PDD）をともなう子どもの臨床特性および諸困難は，個人差が著しく多様であるため，適切な教育的支援の検討にはその多様性と個別の特性把握についての理解が不可欠である。本章ではまず，各種発達障害に関連するとされる認知機能およびその評価法について概説し，ついでPDDのサブタイプのうち，自閉症，アスペルガー障害，特定不能のPDDの心理学的理解と支援について述べる。

2　広汎性発達障害の心理学的理解

（1）　各種発達障害と認知機能

　各種発達障害では中枢神経系の器質的あるいは機能的異常による認知機能の問題が推測されている。PDDをはじめとする各種発達障害をともない通常学校に在籍している子ども一人ひとりの実態把握にはウェクスラー式知能検査（Wechsler Intelligence Scale for Children-Third Edition：WISC-Ⅲ）が適用される場合が多く，知能指数とともに言語理解や知覚統合などの群指数，言語性下位検査および動作性下位検査別のプロフィールによって個人の種々の認知特性に関する注目すべき情報が得られる。また，PDDや第Ⅰ部第3章および第4章で詳述する注意欠陥/多動性障害（AD/HD）ではとくに前頭葉が担う多様な高次脳機能の問題との関連が注目されており，この機能は既存の知能検査の

みでは十分に捉えられないことから，同機能を評価する各種神経心理学的検査の併用も必要となる。このことから，さまざまな神経心理学的検査の特性を把握することは，個々の子どもの抱える問題を捉え支援方法を検討する上で有用である（加戸ら，2009）。なお，アセスメント結果の解釈に際しては，子どもの高次脳機能については発達的変化がみられ，また，発達障害にともなう高次脳機能障害では脳の可塑性や発達にともなう症状の改善や変化（栗原，2006）の影響についても考慮する必要がある。

まずはじめに，各種神経心理学的検査のおもな評価機能について解説する。

ワーキングメモリー

認知心理学者Baddeley（1986，1992）が提唱した認知機能に関する用語で，短期記憶に類似するが短期記憶にはない特別な働きを有する特殊な記憶とされ，会話や文章の理解，暗算，判断，推論や思考など，さまざまな認知活動に関与しているとされる。同機能は，これらの認知活動において必要な情報を一時的に貯え，目的や作業過程に応じた操作を行って処理し，不必要となった情報を新たな情報へと置き換えるメカニズムであり，実行機能の中核的構成要素であるとされる（加戸，2008）。

プランニング

創造性や柔軟性に関連し，ある問題解決のための方法や手順などについて分析し，計画を立て，目的へ向けて自分の立てた計画に沿って行動しながらその過程をフィードバックしてモニタリングしつつ計画の修正を随時行うものである。具体的には突然の計画変更の事態に対し，替わりうるプランを立て，効率よく対応していくといったことがあげられる。

反応抑制

刺激によって生起しやすいが文脈に不必要な反応を遅らせたり，抑制する機能であり，実行機能を形成するための基礎となるものであるとされる。具体的にはお手つきといった衝動的反応や習慣的行動の抑制があげられる。

実行機能/遂行機能（executive function）

目的の達成に向けて計画を立て，効率よく，適切かつ柔軟に処理を進めてい

く機能とされ，単一の機能ではなく，下位の高次脳機能であるプランニングやワーキングメモリー，反応抑制などの諸機能を制御・統合する役割を担っている。具体的には「物事の優先順位を判断し，段取りよく処理していく」ことなどがあげられる。

心の理論（theory of mind）

自分や他者の信念や思考を含む心的状態や行動を理解したり，予測したりする知識や認知的枠組みのことをいう（日本発達障害学会，2008）。心の理論については，おもに課題状況や子ども自身の信念が変化した際に，それを知らない他者は，現在の状況ではなく，過去の状況や信念に基づいた誤信念をもっているということを子どもが理解できるかどうか（小川ら，2008）という点について，誤信念課題(1)による検討がなされている。心の理論では実行機能との関連性が検討されつつあり（郷右近ら，2007；小川ら，2008），中でもワーキングメモリーの役割が注目されている（小川ら，2008）。

（2） 各種神経心理学的検査

発達障害への支援検討における神経心理学的検査の意義は①学習の妨げとなっている要因の解明，②本人が困難に対応するための獲得スキルの検討，③周囲の困難に対する共通理解と支援の手立ての検討，④経年変化の客観的把握などにおいて，有用な情報を提供しうる点にあると考えられる（加戸ら，2007）。しかし，神経心理学的検査は数多くあるものの日本の子どもの標準値作成はいまだ十分ではない。本項では比較的よく用いられる手法を紹介する（表1）。

Keio version Wisconsin card sorting test（KWCST）

KWCST（鹿島ら，1993）は，従来のWisconsin card sorting testの手法に対して，反応カード枚数を大幅に削減し，課題の実施法を第1段階と第2段階の2段階に分け，第2段階の実施前にはヒントとしての教示を与える手法である。本検査は4枚の刺激カードと48枚の反応カードから構成され，各々のカードは色（赤・緑・黄・青），形（三角・星形・十字・丸），数（1・2・3・4）が異なる図形で印刷されている（図1）。手続きは被検者が反応カードを数・色・形

第2章　広汎性発達障害の心理学的理解と支援

表1　各種神経心理学的検査評価機能

検査	主な評価機能	所要時間	出典
Keio version Wisconsin card sorting test (KWCST)	概念の形成と転換 ワーキングメモリー	20～30分	鹿島ら（1993, 1995） 石合（2003）
Stroop Test	選択的注意 反応抑制	約5分	石合（2003） Spreen et al.（1998）
Trail Making Test	視覚探索 処理速度 ワーキングメモリー 注意の切り替え	約5分	石合（2003） Lezak（1995） Tombauch（2004）
Continuous Performance Test (CPT)	ヴィジランス 注意持続 衝動性の抑制	約14分	Spreen et al.（1998） Rosvold et al.（1956）
数唱（逆唱）	注意力 ワーキングメモリー	約5分	Lezak（1995）
Rey複雑図形	視空間構成能力 視空間記憶 プランニング	約45分 （*遅延再生実施までの時間を含む）	石合（2003） Spreen et al.（1998） Lezak（1995） Rey（1941） Osterrieth（1944）

（出所）　加戸，2008一部抜粋改変

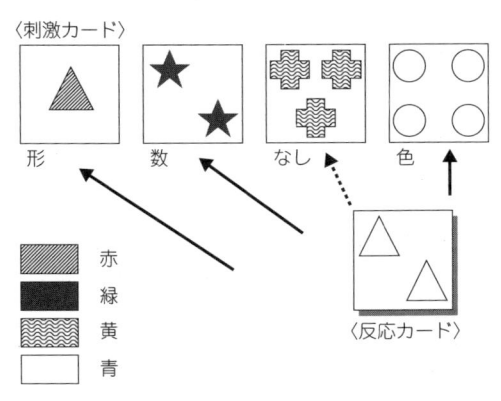

図1　KWCST

のいずれかのカテゴリーにもとづいて分類し、その直後の検査者からの「あっている」・「違っている」のフィードバックを手がかりとし、各カテゴリーを柔軟に切り替えることが求められる。

本検査では一定枚数の適切なカテゴリーへの分類反応の維持による達成回数や注意持続、新しいカテゴリーへの柔軟な切り替え、すでに有効でない不適切なカテゴリーに対する反応抑制などが評価され、第二段階では学習効果も反映される（加戸ら、2009）。このように多様な認知機能を必要とすることから、本検査は実行機能の包括的評価法とされる。

Stroop Test

Stroop Test（Stroop, 1935）は色名単語が表すそのものの意味と印刷された色名単語の色が異なる場合に生じる反応時間の遅延現象（Stroop効果）を捉えるものである。Stroop Testには種々の手法が考案されているが、ここでは発達障害をともなう低年齢の子どもへの適用も十分に可能な手法（平澤ら、2009）を紹介する。

赤・青・黄・緑の4色の丸印とそれに対応するひらがなの色名単語を課題刺激とし、検査用紙1枚あたりの刺激数は24個である。本法は黒インクで印刷された色名単語を読み上げる読字課題（Word Reading課題）、丸印の色名を呼称する色名呼称課題（Color Naming課題）、色名単語をその単語が表す色とは異なるインクの色で印刷した刺激に対し、その文字を読まずにインクの色を呼称する干渉課題（Incongruent Color Naming課題）の3条件から構成される（図2）。各条件ともに読み上げの所要時間とエラー数によって評価するものであり、平澤ら（2009）はさらに本課題の主要な評価機能であるStroop効果を詳細に検討する指標の臨床応用に向けた取り組みを行っている。本課題では干渉課題条件における色名単語の印刷文字色への注意を向ける選択的注意、文字を読むという優勢な反応を抑制しつつ色名単語の印刷文字色を呼称する反応抑制機能が評価される（加戸ら、2009）。

Trail Making Test

Trail Making Test（Army Individual Test Battery, 1944；Reitan, 1958）は、

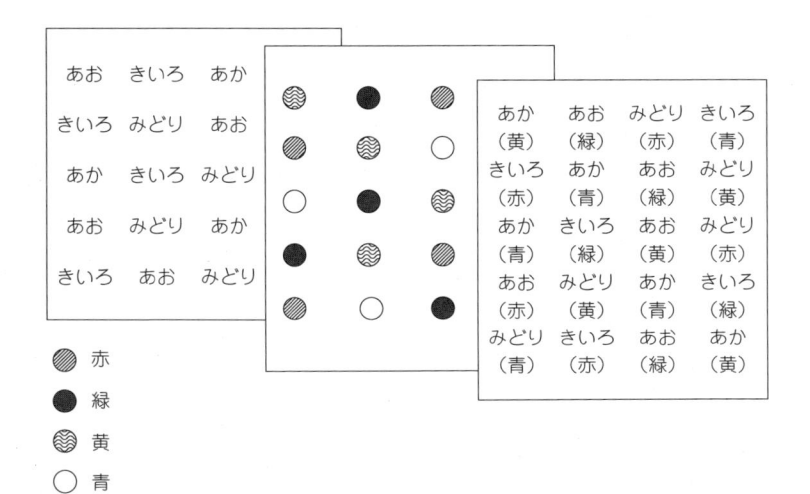

図2　Stroop Test

（注）　左からWR課題，CN課題，ICN課題の提示カードとなる。本来の実施課題内容を一部変更しており，また，干渉課題については刺激文字の実際の印刷色をカッコ書きで表示。
（出所）　加戸ら，2009

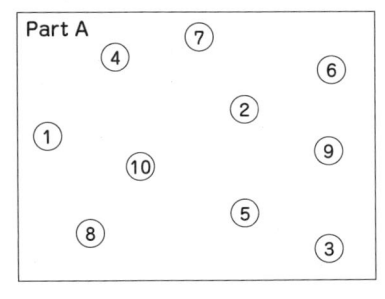

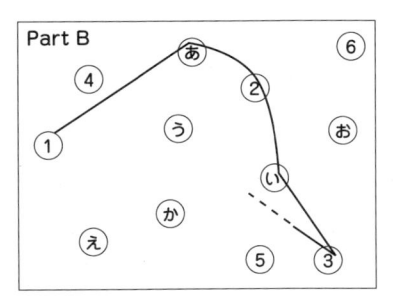

図3　Trail Making Test

（注）　本来の実施課題内容を一部変更している。

ランダムに配置された数字を1から順番に結んでいくPart A（1-2-3…）とランダムに配置された数字と文字とを交互に切り替えつつ順番に結んでいくPart B（1-あ-2-い-3…）の2段階から構成される（図3）。検査用紙から鉛筆を離さずに数や文字の刺激の順番を頭の中に留めつつ，なるべく速く最後ま

で結びつけていくことが求められる。本検査は課題の所要時間やエラー数によって評価を行い、視覚探索や処理速度、とくにPart Bではワーキングメモリーや柔軟な注意の切り替えが求められる。

Continuous Performance Test（CPT）

CPT（Conners et al., 2000）は持続的注意集中の評価法で、パソコンを用いて実施する。本検査にはさまざまな手法が考案されているが、基本的には画面中央に一つの文字または数字、図形が刺激として呈示され、このような呈示刺激に対し、マイクロスイッチやキーボードのスペースキーの操作により反応する。検査手法には次々に提示される刺激に対し、特定の文字または数字、図形、あるいはある先行刺激の後に続く特定の刺激が呈示された場合を標的刺激とみなしたり、もしくは特定の刺激以外のあらゆる刺激に反応する場合などさまざまなものがある。本検査ではヴィジランス（覚醒レベル）や注意の持続、衝動性の抑制などの要素が求められ、刺激の見逃しやお手つき反応などにより評価される（加戸ら、2009）。

数　唱

ウェクスラー式知能検査の下位検査として組み込まれている。検査者が口頭呈示するランダムな数の系列を聞き取った後に同じように表出する順唱と、系列を逆順に表出する逆唱の2つの課題から構成される。数の系列は2桁から開始し、徐々に増えていく。順唱では一旦記憶に留めた数値を順番どおりに正確に表出し、逆唱では系列を一旦記憶に留めると同時にそれらの系列を逆転させる操作を行った上での表出を求める注意やワーキングメモリーに関連する課題（Lezak, 1995）である。

Rey-Osterrieth Complex Figure Test（Rey複雑図形）

上述の諸検査に加え、複雑な視覚情報に対する構成力や注意記憶について評価を行うRey複雑図形（Rey, 1941；Osterrieth, 1944）があり、漢字がなかなかおぼえられない、図形問題が苦手といった困難を生じている場合の検討に用いられる。Rey複雑図形では、被検者の前方に置かれた複雑な幾何学図形（図4）を模写する「模写条件」、予告なく模写後すぐに見本図形を取り除き、記

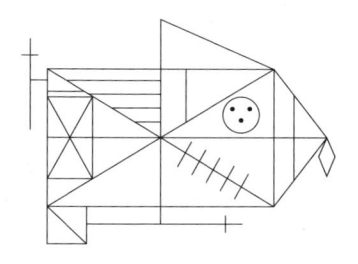

図4 Rey複雑図形
(出所) Osterrieth, 1944

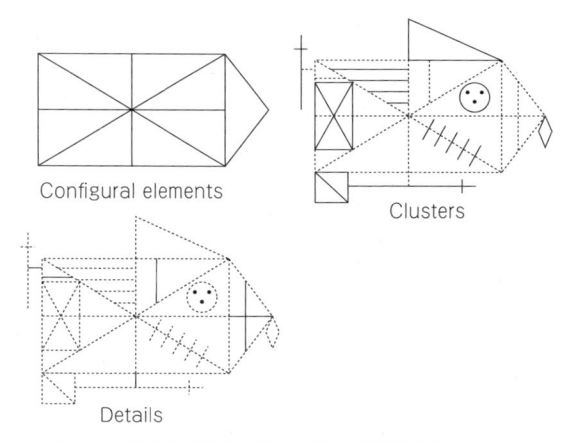

図5 BQSSによるRey複雑図形の評価別要素
(出所) Stern et al., 1999一部改変

憶をたよりにその図形を思い出して描くように求める「即時再生」，20〜30分後に再び描くように求める「遅延再生」の3条件から構成される。各条件ともに制限時間はない。検査者が被検者に色違いの複数のフェルトペンを順次手渡し，色を変更しつつ描いてもらうことにより，被検者の描く過程を捉えるものである。本検査に関しては包括的かつ定性的な方法であるThe Boston Qualitative Scoring System for Rey-Osterrieth Complex Figure Test (BQSS) (Stern et al., 1999) による評価法があり，見本図形について外郭を形作る大きな図形要素とその内外の周辺図形やさらに細かい要素の特徴に注目し，模写

条件ではプランニングや複雑な視覚情報に対する構成力，各再生条件では構成力とともに，視空間記憶についての評価を行う（図5）。

（3） 広汎性発達障害の心理学的問題

　柔軟性の欠如，反復的行動，変化に対する破局反応（解決困難な事柄や新規の事態に直面して生じる著しい情動の混乱）というPDDの臨床特性は後天性の前頭前野の損傷によって生じる症状（第Ⅰ部第1章参照）と類似しており，PDDの実行機能の問題が注目されている（Happé et al., 2006）。こうした点からPDDでは種々の神経心理学的検査による実行機能の検討がなされている。才野ら（2007）はIQ70以上のPDD児とAD/HD児を対象にCPT, Stroop Test, パソコン版WCSTによる比較検討を行った結果，PDDではWCSTはAD/HDに比して成績が有意に低下し，CPTおよびStroop Testの成績は両群ともに同等に低下していたことから，PDDの柔軟性の問題とともに，AD/HDと同等の持続的および選択的注意力，衝動抑制能力の問題を報告している。Shafritzら（2008）は知的な遅れをともなわない成人のPDDを対象にWCSTに類似した標的検出課題による検討を行った結果，標的刺激への認知の切り替えや維持が困難であり，また，こうした所見と常同・反復行動の症状の強さとの関連も示されたことから，行動面の問題が実行機能にかかわる神経回路の機能不全を反映したものであることを報告している。Kadoら（2009）は健常対照群および知的な遅れをともなわないPDD児とAD/HD児を対象にKWCSTによる年齢群別の比較検討を行った結果，両群ともに対照群に比して群間差を認め，PDD群では年少群，年長群ともに多くの指標で成績が低下していたことを報告していた。とくに，KWCSTの特徴の一つでもある第二段階においても両群ともに成績の低下を認めたことから，ヒントとしての情報や第一段階での試行錯誤の経験の有効な活用の問題や実行機能の成熟の遅れが推測された（Kado et al., 2009）。

　また，PDDの主症状にある社会性の障害について，心の理論との関連が検討されている。PDDをともなう子どもではその乳幼児期の発達過程において

みられる，視線の合いにくさ，他者に注意の共有を求める指さし，心の理論の発達的起源とされる他者の視線や行動から他者の注目している対象に注意を向ける共同注意（joint attention）の乏しさや，養育者との愛着形成の問題が，他者の心情理解や共感性の問題などの周囲との交流の難しさの兆候として考えられている。しかし，知的な遅れをともなわないPDDでは日常生活場面での困難は生じているにもかかわらず，誤信念課題を通過する場合が認められている。この点に関し，他者の心を推論する手がかりが明示される課題場面と，かならずしも手がかりがあるわけではない流動的な実生活の違いに注目し，PDDでは心の理論を獲得しても意識下の情動や身体記憶に依拠した直感的心理化に弱さをもち，他者の心を読むルールを状況に関係なく杓子定規に当てはめたりすることで，社会的に適切な振る舞いに失敗するものと考えられている（別府，2007）。

（4） 二次的障害の予防

　PDDではその障害にもとづく困難や臨床特性のために，人目を引いてしまうような場にそぐわない言動や挑発への過剰な反応などによってからかいやいじめ，周囲からの孤立といった辛い経験をすることが多い。いじめられていることを知られたくないという思いや，言語能力が高い場合であっても効果的な反論や周囲への助けを求めるなどの適切な対処法を知らないといったことから，発覚が遅れることもある（高橋，2004）。また，PDDの社会性の質的な問題やコミュニケーションの問題のために，人とかかわる際のタイミングや基本的なルール，暗黙の了解が分からないために，相手が応じられなかったり，あるいは相手の言葉がけを否定的な意味合いにとらえてしまうことで，いじめられたと誤解してしまう場合もある。このようなときは実際にはいじめではないために，適切な対応がなされにくいものであるが，本人がその体験をどのように認知し，どのような情緒的体験として受け取っているかが重要であり，本人へは誤解を解消し，周囲には本人が理解しやすいような対応を行う必要性が指摘されている（浅井ら，2007）。

PDDをともなう子どもの不登校の要因として，自尊心の高い子どもでは学校成績の低下や生徒集団からの孤立，いじめなどがあげられ，一方，臆病で一見集団生活に安定的に適応しているようにみえる子どもでは，過剰適応による疲労があげられる。その対応について，前者では本人への障害についての説明と，直面している問題を共有し具体的対応を検討することが，後者では登校を強制せず，心身の疲労の回復を図ることが必要とされる（高橋，2004）。

　思春期・成人期の支援を難しくする要因としては二次的障害として合併した精神症状が指摘されており（明翫ら，2007），早期からの適切な理解にもとづく配慮と教育的対応による二次的障害の予防や軽減のための継続的支援が重要である。

3　広汎性発達障害の教育的支援

(1) 広汎性発達障害の臨床特性にもとづく対応

　PDDでは第2節で述べた各種認知機能の問題とともに，以下のようなさまざまな情報処理や発達の問題に留意した教育的支援が必要である。PDDにみられる諸特性として，①聴覚的な情報よりもむしろ視覚的な情報が理解しやすい，②物事の部分に注意が向けられやすく，全体としてとらえることが苦手，③一旦獲得された技能や知識の応用が利きにくい，④臨機応変な対応が難しい，⑤物事の因果関係の把握が難しい，⑥聴覚や視覚，触覚，味覚などの感覚にひずみがある，⑦冗談や比喩に対して文字通りに表面的に解釈してしまう，⑧会話では個人の関心事を中心とした話題で一方的になりやすい，⑨一問一答形式での物事の定義の説明や応答は良好であっても，独自の解釈をしている，⑩相手に順を追ってわかりやすく伝えるのが苦手，などがあげられる。

　こうした諸特性をふまえ，①言語情報や目でとらえにくい時間や空間の文字や絵，写真による視覚的呈示，②注目すべきポイントの明示化，③応用の利きにくさに留意したスモールステップによる指導，④柔軟性の問題に配慮した見通しをたてる工夫，⑤感覚のひずみに配慮した環境づくり，⑥誤解を招かない，

あるいは誤解をとくための分かりやすい言葉がけ，といった対応が用いられることが望ましい。また，PDDをともなう子どもの中には，手先あるいは身体運動の不器用さを抱え，それらが学習活動への参加を消極的にさせる一因となっている場合もあるため，配慮が必要である。

　なお，発達過程で言語の遅れがみられないアスペルガー障害であっても，抽象的な教示や複数の内容が含まれる教示理解の困難，教示が理解できていても見通しが立たずに問題行動を生じる，といった困難がみられ，子どもの理解度に応じた絵や図式化，箇条書きによる視覚的で具体的な教示の併用やスケジュール表の作成による見通しを持たせる工夫が有用とされる（宮地ら，2008）。また，語彙力があり，自分の関心領域についての話は十分にできていても，自身の感情やおかれている状況，悩みなどを伝えられなかったり，表情と感情の不一致がみられる場合があることにも留意しておく必要がある。PDDをともなう子どもの認知特性や感覚のひずみといった諸特性は個人差が非常に大きいことから，学校のクラス替えや進学，転校，デイサービスのような不特定多数の人とかかわる可能性がある場合には，かかりつけの病院や服薬といった基本的な情報とともに苦手な感覚や活動，普段のパニックへの対応といった子どもの情報が円滑に伝わるようなサポートブックの作成も望ましい。

　PDDをともなう子どもへの言葉がけについては，「～してはいけません」といった表現に対し，否定されるだけではどうすべきか分からず混乱する傾向があるため，「こうしたほうがいいよ」といった望ましい行動を教えるような肯定的な表現を用いるほうが，より適応的な行動が学習でき，意味をもつといわれている（佐々木，2008）。また，状況や文脈にあったやり方を自分で見つけることを不得手とし，できる方法さえ教えられればできるようになるが，そうでないと取り組むことを嫌がるようになる（辻井ら，2008）。こうした背景に気づけないと，自分の好きなことしかしないわがままな子という誤解を生じている場合があることにも留意したい。

表2　PDDをともなう子どもへの教育的支援・スキル獲得支援の実践例

課題	対応法	手続きなど	出典
予期しないことへの不安	見通しをもたせる（スケジュールの視覚化）	スケジュールの中に予測できない事柄（嬉しいこと，中くらい，嫌なこと）を徐々に取り入れ，見通しの立たないことへの不安に対処できるようにする	服巻（2007）
教室空間への適応の混乱	見通しをもたせる（教室環境の整備）	家具・つい立て・カーペットを用いて室内空間を仕切り，多目的を避けて一つの場所や空間に一つの意味や活動目的をもたせることにより，各空間の意味を分かりやすく提供	佐々木（2007c）
自己の感情認識の困難	感情の命名	子どもが実際に感じている内的事柄を周囲が命名し，フィードバックする	服巻（2007）
他者の感情認識の困難	実体験やテレビドラマなどを利用	身振りや表情，皮肉などの微妙な表現，多義的な言葉の意味，比喩表現，慣用表現を具体的に教える	服巻（2007）
コミュニケーションスキル不足	・ロールプレイング ・モデル提示 ・ハンドブックの作成	仲間に入れてほしい，嫌なことを断る，困ったときに助けを求める，休憩をもとめる，お礼を言う，謝る，といった基本的で重要なスキルを中心とする	―

（2）教育的支援の視点

　PDDでは養育者や教育者は将来成長したときに問題となりそうな行動を早期に修正することや，社会生活を行うための基本的なルールやスキルを，幼少時からしっかりと身につけさせることの重要性が指摘されている（橋本，2008a）。PDDをともなう子どものこうした適切な行動の学習には以下のような手法が有用とされる。具体的な実践例については表2に示した。

TEACCH

　TEACCH（Treatment and Education of Autistic and related Communication handicapped CHildren and adults）は，1966年にSchoplerらによって考案されたPDDや，その他発達障害への一生涯にわたる教育・福祉など各種連携領域における包括的支援プログラムである（Schopler et al., 1988）。TEACCHの原理は①自閉症の特性や障害が中枢神経系を含む器質的問題であること，②環境や状況のもつ刺激や情報を個人の必要性に応じて構造化する，③家族と専門家との連携による支援，④個別的で一生涯にわたる支援の継続，⑤専門家が従来

の狭い専門領域を超えて自閉症の諸問題に広く精通したジェネラリストであること、とされる（佐々木, 2007a）。TEACCHはPDDの治癒ではなく、PDDとしての側面を含めその人の持っている特徴を生かし、その人らしく社会の中で幸せに生活できるようにすることを目的とし、社会適応スキルの向上と同時に、環境側をPDDをもつ人にとって理解しやすく適応しやすいものに変えていくことを目標としている（高橋, 2008）。

図6　ワークシステムの例
(注)　課題や作業の順序や量、目標を視覚構造化し、言葉がけがなくても自立したとりくみを支援するシステム。

教育的支援としては、先述の聴覚的な情報よりも、むしろ視覚的な情報が理解しやすい特性に着目し、個人の特性や生活環境に応じて生活・学習ツールや空間の構造化の実践が行われている。例として、関心や認識の焦点が狭いところに強く当たり、同時に複数の情報処理や機能発揮ができない人には、学習、作業、余暇などの活動内容を視覚的にステップ・バイ・ステップに整理して与えるような対応（図6）がなされている（佐々木, 2007b）。

なお、こうした支援は家庭や学校の授業場面、就労先にとどまらず、枠組みがなく自由度の高い休み時間、成人では余暇活動においてこそ個人の特性とニーズに応じて適宜なされることが重要であると指摘されている（佐々木, 2007a）。構造化することにより、おかれた環境が予見しやすく、理解しやすく、安心できる場となることから、何が起きているのか、何を求められているのかが分かりやすくなり、自主性や自立が高まることが期待される（橋本, 2008b）。

応用行動分析的アプローチ（Applied Behavior Analysis：ABA）

次々に生じる問題にその場限りの対応を行っていては本当の意味での解決にはつながらない。子どもの行動の問題への介入の枠組みとして応用行動分析がある。子どもの問題行動や不適応行動の背景を適切な行動を知らなかった未学習からくる行動、あるいは間違って覚えてしまったための誤学習からくる行動ととらえ（池田, 2008）、原因を子どもの障害に求めず、子どものおかれている

第Ⅰ部　発達障害・適応障害への理解と支援

```
┌──────────┐     ┌──────────┐     ┌──────────┐
│ どんな状況で？ │ ⇒  │ 子どもの行動 │ ⇒  │どうなったのか？│
└──────────┘     └──────────┘     └──────────┘
```

生理的要因（服薬，体調など）　　　　離席　　　　　　　苦手な活動・課題の回避
環境要因（温度，騒音，見通しなど）　パニック　　　　　注目を得る
その他（見通し，行事，苦手な活動など）ちょっかいをだす　要求が通る

　　　　⇧　　　　　　　　　　　⇧　　　　　　　　　⇧

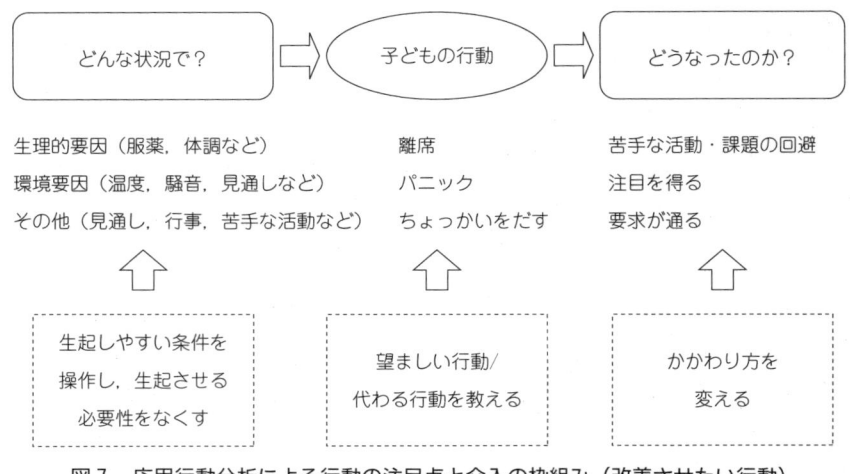

┌──────────┐　　　┌──────────┐　　　┌──────────┐
│生起しやすい条件を│　　│望ましい行動／ │　　│かかわり方を │
│操作し，生起させる│　　│代わる行動を教える│　│変える   │
│必要性をなくす　 │　　│　　　　　　　 │　　│   │
└──────────┘　　　└──────────┘　　　└──────────┘

図7　応用行動分析による行動の注目点と介入の枠組み（改善させたい行動）

```
┌──────────┐     ┌──────────┐     ┌──────────┐
│ どんな状況で？ │ ⇒  │ 子どもの行動 │ ⇒  │どうなったのか？│
└──────────┘     └──────────┘     └──────────┘
```

励ましや肯定的注目　　　　　　　適切な行動の増加　　　周囲からの評価
取り組み手順が明確な課題や活動　不適切な行動の抑制　　自信がつく

図8　応用行動分析による行動の注目点と介入の枠組み（のばしたい行動）

状況や周囲との相互作用に目を向け，介入のポイントを見極め一貫性のある手法によって改善を図るものである。応用行動分析の枠組みを図7に示す。応用行動分析では生じた行動の前後の文脈にある「どのような状況で？（先行事象）」と「どうなったのか？（結果事象）」という随伴関係に注目し，行動の生起要因を分析的にとらえ，介入法を検討することを目的とする。PDDへの応用行動分析の適用例としてはトークンエコノミー，ソーシャルスキルトレーニング，自己決定，セルフマネジメント，コミュニケーション指導，問題行動，身辺自立，就労援助，余暇指導，ペアレントトレーニングなど幅広くあげられる（井上，2008）。

　このような分析的視点をもって子どもの行動をとらえることが，根本的な問

題の解決や有効な教育的対応になりうる。また，分析的視点は問題行動ばかりに適用されるものではなく，子どもが望ましい行動を行っている場合にも，さらにそうした行動を促進・強化するために適用できる（図8）。

なお，PDDではその特性上，こうした対応を通じて一旦獲得された行動であっても，場面や人といった条件の違いによって応用が難しい場合がある。この点に留意し，さまざまな場面や人に対して，さまざまな反応の仕方で応答できるように対人スキルや対人行動を教えることや（服巻，2007），新たな場所や課題，活動への適応のしづらさを軽減する事前の準備といった丁寧な対応が求められる。また，スキルの定着にはタイミングよく，具体的にわかりやすく褒めることも重要である。

ペアレントトレーニング（parent training）

ペアレントトレーニングの枠組みの詳細は第Ⅰ部第4章を参照されたい。ペアレントトレーニングは養育者を媒介とした子どもの行動変容を目的としているため，養育者の子どもへの対応方法の修正が重要な役割を担うと考えられている（伊藤ら，2007）。具体的には，川上ら（2008）はPDDをともなう子どもを抱える家族へのペアレントトレーニングの実践を通じて，保護者の子どもの行動のとらえ方について，他人より秀でた能力よりもむしろ，毎日続けられている行動や確実にできる自信のある行動が「よい行動」であり，「苦手な行動」は叱るよりもうまくできるような配慮が要る行動として解釈する認知的な枠組みの修正が不安の軽減や良好な親子関係に結びつくと指摘している。また，本訓練法では子どもの状態像の把握やそれに応じた対応の具体的理解と対応の効果の実感を通じて，子どもの自己評価を高めるのみならず家族の育児に対する自信低下を防ぐことも期待できる。

ソーシャルスキルトレーニング（social skills training）

相手の立場に立って物事を考えたり，相手の感情を読みとったり，日常生活の経験から適切な行動を身につけたり，問題となる行動を自分で修正していくことが苦手なために結果的に社会性の問題が生じる（池田，2008）。ソーシャルスキルトレーニングはそうした社会性の問題に対して，友好的な，あるいは円

滑な人とのやりとりや振舞い方の獲得を目指す手法である。具体的には，日常生活でよく出会う場面や状況を設定し，友だちと上手に遊んだり，自分の気持ちを順序立てて伝える練習をしたり，トラブルになったときの対応法を仮想場面で練習させ使えるようにサポートする（池田，2008）。なお，PDDをともなう子どもへのソーシャルスキルトレーニングでは困ったら助けを求めることも含め，うまくいかないときにどうすればいいかという基本的な方略やスキルの習得が自分の行動改善につながるという理解と，新奇体験に際しての不安の制御ができないと，実際には有効な体験にならないことが指摘されている（辻井ら，2008）。ソーシャルスキルトレーニングの手続きの例として，①インストラクション：取り組みの目的を短くわかりやすく説明②モデリング：課題場面を設定し，その場面や状況にあったやりとりのモデルを実際に演じてみせる③行動リハーサル：モデルを見本に課題場面でのやりとりを練習④フィードバック：練習したことの発表を通じて，よい点を本人に分かりやすく，他者の前でしっかりと褒める（池田，2008）といったものがあげられる。

　適切な対人スキルの獲得は，人との心地よいかかわりや他者からの積極的なはたらきかけの経験を増し，社会性や自己評価を高めることにつながり，重要な課題である。なお，ソーシャルスキルトレーニングの目標は実際の生活場面でのスキルの実践ではあるが，PDDの臨床特性上，習得したスキルを場面に応じて臨機応変に適用することは難しい場合が多い。本訓練法では子どもがうまく実践できずとも基本的な行動の仕方を理解させておくことは重要であるという認識をもつことが提案されている（辻井ら，2008）。

〈注〉
(1) 客観的には誤った信念であっても，ある人物の立場に立って，その人物のもつ信念や期待といった心的状態やその信念にもとづいた行動をとることを理解し，推測することが求められる課題。

〈文献〉
Army Individual Test Battery 1944 *Manual of directions and scoring,*

Washington D. C.：War Department, Adjutant General's Office.
浅井朋子・杉山登志郎・小石誠二，ほか　2007　高機能広汎性発達障害の不適応行動に影響を及ぼす要因についての検討．小児の精神と神経，**47**，77-87．
Baddeley, A. 1986 *Working memory*. Oxford：Oxford University Press.
Baddeley, A. 1992 Working memory. *Science*, **255**, 556-559.
別府　哲　2007　自閉症における他者理解の機能連関と形成プロセスの特異性．障害者問題研究，**34**，259-266．
Conners, C. K., Multi-Health Systems, Inc., Staff 2000 *Conners' Continuous Performance Test II（CPT II）*. New York：Multi-Health Systems, Inc.
郷右近步・細川　徹　2007　遂行機能と心の理解との関係についての研究動向とその課題．特殊教育学研究，**45**，25-33．
Happé, F., Booth, R., Charlton, R., et al. 2006 Executive function deficits in autism spectrum disorders and attention-deficit/hyperactivity disorder：Examining profiles across domains and ages. *Brain and Cognition*, **61**, 25-39.
服巻　繁　2007　応用行動分析的アプローチ．日本臨床，**65**，516-521．
橋本俊顕　2008a　発達障害の経過と予後．発達障害研究，**30**，267-276．
橋本俊顕　2008b　自閉症の治療・教育の考え方．小児科臨床，**61**，2391-2397．
平澤利美・眞田　敏・柳原正文，ほか　2009　改訂版ストループテストの標準値および干渉効果に関する指標の発達的変化．脳と発達，**41**，426-430．
池田聡子　2008　ソーシャルスキル・トレーニングの実際：発達障害を持つ子どもへのSSTを通して．小児科臨床，**61**，2405-2409．
井上雅彦　2008　自閉症療育における応用行動分析学の研究動向と支援システム．小児科臨床，**61**，2446-2450．
石合純夫　2003　高次脳機能障害学，医歯薬出版株式会社．
伊藤信寿・柳原正文　2007　ペアレント・トレーニングがADHD児を持つ母親の養育行動に及ぼす効果．教育実践学論集，**8**，61-71．
加戸陽子　2008　発達障害をともなう子どもへの神経心理学的検査．関西大学出版部．
加戸陽子・岡　牧郎・眞田　敏　2009　発達障害をともなう子どもへの支援に向けた神経心理学的検査の活用．月刊実践障害児教育8月号，23-30．
加戸陽子・眞田　敏・渡邊聖子，ほか　2007　軽度発達障害の神経心理学的評価．関西大学人権問題研究室紀要，**54**，37-58．
Kado, Y., Sanada, S., Yanagihara, M. et al. 2009 Executive function assessed by the Keio version Wisconsin card sorting test in children with attention-deficit/hyperactivity disorder and pervasive developmental disorder. *Journal of Policy and Practice in Intellectual Disabilities*, **6**, 120.

鹿島晴雄・加藤元一郎　1993　前頭葉機能検査：障害の形式と評価法．神経研究の進歩，**37**，93-110．

鹿島晴雄・加藤元一郎　1995　Wisconsin card sorting test (Keio Version) (KWCST)．脳と精神の医学，**6**，209-216．

川上ちひろ・辻井正次　2008　高機能広汎性発達障害を持つ子どもの保護者へのペアレント・トレーニング：日本文化のなかで子育てを楽しくしていく視点から．精神科治療学，**23**，1181-1186．

栗原まな　2006　2．高次脳機能障害．小児リハビリテーション医学，医歯薬出版，pp.97-103．

Lezak, M. D. 1995 *Neuropsychological assessment*, 3rd ed, New York：Oxford University Press, pp.381-384.

宮地泰士・辻井正次　2008　アスペルガー症候群の支援の実際．小児科臨床，**61**，2426-2430．

明翫光宜・辻井正次　2007　思春期・成人期のアスペルガー症候群・高機能広汎性発達障害．精神療法，**33**，435-440．

日本発達障害学会　2008　発達障害基本用語事典，金子書房．

小川絢子・子安増生　2008　幼児における「心の理論」と実行機能の関連性：ワーキングメモリと葛藤抑制を中心に．発達心理学研究，**19**，171-182．

Osterrieth, P. A. 1944 Le test de copie d'une figure complexe. *Archives de Psychologie*, **30**, 206-356.

Reitan, R. M. 1958 Validity of the trail making test as an indicator of organic brain damage. *Percept Mot Skills*, **8**, 271-276.

Rey, A. 1941 L'examen psychologique dans les cas d'encephalopathie traumatique. *Archives de Psychologie*, **28**, 286-340.

Rosvold, H. E., Mirsky, A. F., Sarason, I., et al. 1956 A continuous performance test of brain damage. *Journal of Consulting Psychology*, **20**, 343-350.

才野　均・河合健彦・黒川新二，ほか　2007　広汎性発達障害の実行機能．児童青年精神医学とその近接領域，**48**，493-502．

佐々木正美　2007a　TEACCH．日本臨床，**65**，512-515．

佐々木正美　2007b　TEACCHプログラム．小野次朗・上野一彦・藤田継道（編）よくわかる発達障害，ミネルヴァ書房，pp.108-109．

佐々木正美　2007c　自閉症療育：TEACCHモデルの世界的潮流．脳と発達，**39**，99-103．

佐々木正美　2008　発達障害への理解と対応：思春期をより円滑に乗り越えるために．脳と発達，**40**，s106．

Schopler, E., Mesibov, G. B. 1988 *Diagnosis and assessment in autism*, New

York : Plenum Press.
Shafritz, K. M., Dichter, G. S., Baranek, G. T., et al. 2008 The neural circuitry mediating shifts in behavioral response and cognitive set in autism. *Biological Psychiatry*, **63**, 974-980.
Spreen, O., Strauss, E. 1998 *A Compendium of Neuropsychological Tests*, 2nd ed, New York : Oxford University Press, pp. 447-464.
Stern, R. A., Javorsky, D. J., Singer, E. A., et al. 1999 *The Boston Qualitative Scoring System for Rey-Osterrieth Complex Figure Test, Professional Manual*, Psychological Assessment Resources, Inc.
Stroop, J. R. 1935 Studies of interference in serial verbal reactions. *Journal of Experimental Psychology*, **18**, 643-662.
高橋和俊　2008　自閉症療育におけるTEACCHの意義と実践．小児科臨床，**61**，2440-2445．
高橋　脩　2004　アスペルガー症候群・高機能自閉症：思春期以降における問題行動と対応．精神科治療学，**19**，1077-1083．
Tombauch, T. N. 2004 Trail making test A and B : Normative data stratified by age and education. *Archieves of Clinical Neuropsychology*, **19**, 203-214.
辻井正次・野村香代　2008　Ⅳ．子どものスキル：高機能広汎性発達障害の子どもへの社会性を伸ばす支援―SSTと呼ばなくてもできる標準的な支援のために．前田ケイ・安西信雄（編）本人・家族のためのSST実践ガイド．（こころの科学増刊），日本評論社，pp.150-156．

第3章　注意欠陥/多動性障害の医学

岡　　牧郎

1　はじめに

　注意欠陥/多動性障害（attention-deficit/hyperactivity　disorder：以下AD/HD）は，小児期の発達水準に不相応な多動・衝動性，不注意といった行動の上の問題点から特徴づけられる障害である。具体的には，落ち着きがない，注意が持続しない，集中が出来ない，衝動的で身勝手な行動が多いことなどがあてはまり，これにより日常生活に支障をきたす。原因としては中枢神経の機能的障害，環境要因，遺伝的要因などが想定されている。診断には米国精神医学会の診断と統計マニュアル第4版（DSM-IV）（高橋ら，2003）や国際疾病分類第10版（ICD-10）が用いられる。表1にDSM-IV診断基準を示す。治療は本人や家族への行動療法的アプローチや精神療法，学校や家族に対する指導に加えて，薬物療法が重要な位置をしめる。

2　歴史的背景

　AD/HDは近年になって考えられた疾患と思われがちだが，実際にはAD/HDに相当する最初の報告は1902年になされている（Still，1902）。当初はこれらの原因は脳損傷によるものと考えられていた。しかしながら，脳の外傷や脳炎・脳症，脳血管障害などの後遺症といった器質的な障害が存在しない例もあることから，1960年代には微細脳機能不全症候群（minimal　brain　dysfunction：MBD）の用語が用いられるようになった。しかし，行動の異常や学習の

表1　AD/HDの診断基準

A. (1)か(2)のどちらか：
  (1) 以下の**不注意**の症状のうち6つ（またはそれ以上）が少なくとも6カ月間持続したことがあり，その程度は不適応的で，発達の水準に相応しないもの：
  〈不注意〉
  (a) 学業，仕事，またはその他の活動において，しばしば綿密に注意することができない，または不注意な間違いをする。
  (b) 課題または遊びの活動で注意を集中し続けることがしばしば困難である。
  (c) 直接話しかけられたときにしばしば聞いていないように見える。
  (d) しばしば指示に従わず，学業，用事，または職場での義務をやり遂げることができない（反抗的な行動，または指示を理解できないためではなく）。
  (e) 課題や活動を順序立てることがしばしば困難である。
  (f) （学業や宿題のような）精神的努力の持続を要する課題に従事することをしばしば避ける，嫌う，またはいやいや行う。
  (g) 課題や活動に必要なもの（例：おもちゃ，学校の宿題，鉛筆，本，または道具）をしばしばなくしてしまう。
  (h) しばしば外からの刺激によってすぐ気が散ってしまう。
  (i) しばしば日々の活動で忘れっぽい。
  (2) 以下の**多動性-衝動性**の症状のうち6つ（またはそれ以上）が少なくとも6カ月間持続したことがあり，その程度は不適応的で，発達水準に相応しない：
  〈多動性〉
  (a) しばしば手足をそわそわと動かし，またはいすの上でもじもじする。
  (b) しばしば教室や，その他，座っていることを要求される状況で席を離れる。
  (c) しばしば，不適切な状況で，余計に走り回ったり高い所へ上ったりする（青年または成人では落ち着かない感じの自覚にのみに限られるかもしれない）。
  (d) しばしば静かに遊んだり余暇活動につくことができない。
  (e) しばしば"じっとしていない"，またはまるで"エンジンで動かされるように"行動する。
  (f) しばしばしゃべりすぎる。
  〈衝動性〉
  (g) しばしば質問が終わる前に出し抜けに答え始めてしまう。
  (h) しばしば順番を待つことが困難である。
  (i) しばしば他人を妨害し，邪魔する（例：会話やゲームに干渉する）。
B. 多動性-衝動性または不注意の症状のいくつかが7歳以前に存在し，障害を引き起こしている。
C. これらの症状による障害が2つ以上の状況［例：学校（または職場）と家庭］において存在する。
D. 社会的，学業的，または職業的機能において，臨床的に著しい障害が存在するという明確な証拠が存在しなければならない。
E. その症状は広汎性発達障害，統合失調症，または他の精神病性障害の経過中にのみ起こるものではなく，他の精神疾患（例：気分障害，不安障害，解離性障害，またはパーソナリティ障害）ではうまく説明されない。

(出所)　American Psychiatric Association, 2000/2004

問題に加えて，記憶や思考，言語理解，運動機能障害などを広く含んでいたため，疾患概念が曖昧であった。1980年のDSM-Ⅲの診断基準では，MBDは注意欠陥障害（attention-deficit disorder：ADD）と特異的発達障害とに大きく分類された。ADDは多動を伴う型，多動を伴わない型，残遺型に分類され，特異的発達障害は言語や学習面の障害を表わし，後に学習障害やコミュニケーション障害へと分類された。1987年のDSM-Ⅲ-RではADDがAD/HDとなり，崩壊性行動障害の中に位置づけられた。1994年のDSM-Ⅳからは診断名はそのままであるが，反抗挑戦性障害や行為障害とともに「注意欠陥および破壊的行動障害」に位置づけられている。

3　病状・診断

頻度は小学生で3〜5％であり，女児に比べて男児が3〜4倍多い。

病型は不注意優勢型，多動性―衝動性優勢型，混合型に分類される。注意の障害とは，うっかりミスが多い，注意が持続しにくい，注意散漫になりやすい，忘れ物やなくし物が多いなどである。多動性の障害は落ち着きがなく動き回る，じっとしていない，授業中に離席するなどで，衝動性の障害には順番が待てない，割り込む，邪魔をするなどの症状があてはまる。混合型は注意の障害と多動性―衝動性の障害の両方の症状を有する。

症状は小児期に出現することが原則である。成人になってから診断されるケースもあるが，DSM-Ⅳの診断基準によれば症状は7歳以前に出現し，6か月以上続いていなければならない。また，その問題が学校や家庭，交友関係など2つ以上の状況において存在することが必要である。さらにこれらの問題により，本人が学業を含む学校生活や家庭生活において著しく支障を受けていなければならない。つまり，仮に表1に示した項目に多く該当したとしても，日常生活におけるさまざまな場面にうまく適応することが出来て，本人や周囲の者が困っていないのであればAD/HDと診断する必要はない。

また，他の精神疾患（不安障害や人格障害など）や広汎性発達障害と診断され

るケースは，これらの症状を有していてもAD/HDとは診断されないと定義されている。しかしながら，実際にはAD/HDと広汎性発達障害の両方の特徴を有する症例も多く存在する（Hattori et al., 2006）。この場合には疾患単位で別個に取り扱うというより，その患者のもつ症状に合わせた対応をするほうがより現実的である。

4 予　　後

　成長に伴い症状が軽減して個性の範囲内にとどまる例が約30％，青年・成人になっても症状が持続する例が40〜60％，抑うつなどの精神科的な問題や，犯罪行為などの反社会的行動のみられる増悪例が10〜30％といわれている（Cantwell, 1996）。小学校中高学年になると多動・衝動性は自然に軽減するが，不注意は持続する傾向がある。学業の問題や対人関係の問題が残り，自分はどうせ何をしても駄目だというように自己有能感が低下したり，情緒不安定や抑うつ症状を呈したりすることがあるため注意が必要である。

　予後不良因子としては，学習障害や反抗挑戦性障害，行為障害などの合併，養育環境の不良，低い知的能力が挙げられる。

5 併存障害

①反抗挑戦性障害（oppositional defiant disorder：ODD）と行為障害（conduct disorder：CD）

ODDの併存率は50％，CDは15〜20％程度といわれている。

ODD……かんしゃくが多い。よく大人と口論する。反抗的または拒否的な行動や発言が多い。意地悪で執念深いなど。

CD……他人をいじめたり，脅迫や威嚇をしたりする。よく喧嘩をする。人や動物に残酷な行為をする。万引きや窃盗をする。よく嘘をつくなど。

②学習障害

10〜30％に併存するといわれているが，実際はそれ以上に多いと思われる。

③不安障害（パニック障害，強迫性障害など）と気分障害（うつ病，双極性障害など）

不安障害の併存率は20〜25％，気分障害は15〜20％といわれている。個別の疾患としては強迫性障害の併存がもっとも多い。

④その他

チック，てんかん，夜尿など

6　病態生理

AD/HDの病態生理については多くの研究がなされているが，AD/HDの持つさまざまな症状がどのようなメカニズムで出現するのかはいまだ明確にはされていない。

神経伝達物質によるニューロン（神経細胞）の障害説が一般的で，とくにドーパミンやノルアドレナリンといった神経伝達物質との関与について検討されている（Pliszka et al., 1996；Pliszka, 2005；Solanto, 2002）。図1にドーパミン，ノルアドレナリン系の神経回路を示す。大脳基底核に存在する線条体や前頭葉の前頭前野におけるシナプス（ニューロン間の接合部）の前終末部で，ドーパミントランスポーターによるドーパミン再取り込みが亢進し，シナプス間隙でのドーパミン濃度が低下することがAD/HDの原因の一つであると考えられてきた（図2；第I部第1章も参照）。下記に示すメチルフェニデートやアトモキセチンなどによる薬物治療が効果的であることもその根拠となりうる。前頭葉の前頭前野や前頭眼窩野は，注意機能や行動抑制に重要な役割を果たしている。また，これらの部位はワーキングメモリー（情報の処理と保持の並列処理を行う認知機能：第I部第2章参照）においても重要な役割を果たしている。AD/HDではこれらの認知機能の問題が指摘されており（Barkley, 2006），前頭前野や前頭眼窩野はAD/HDの症状発現に深く関与していると考えられる。

AD/HDの脳の障害部位を同定すべく，SPECT（放射性同位元素を用いた脳

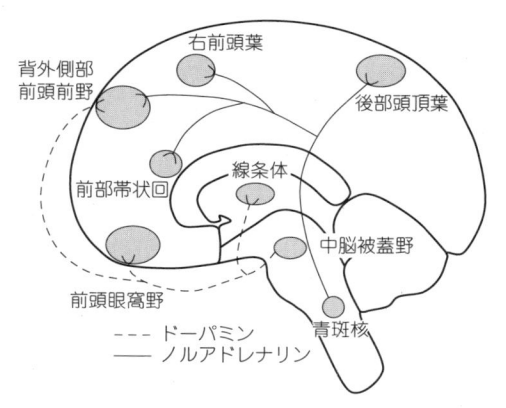

図1　ドーパミン，ノルアドレナリン系の神経回路
（出所）　Pliszka et al., 1996

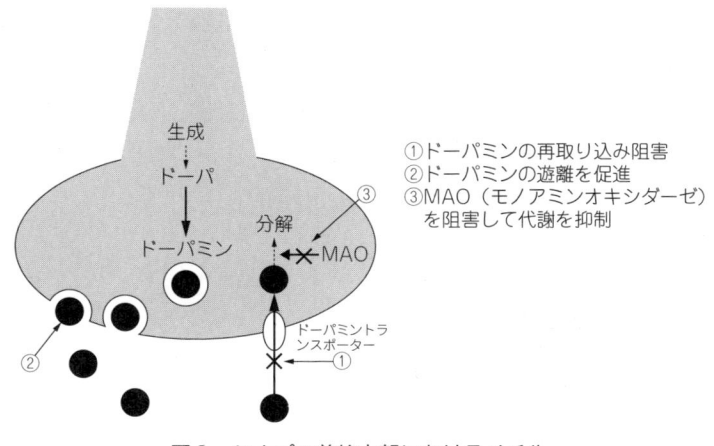

図2　シナプス前終末部におけるメチルフェニデートの作用

①ドーパミンの再取り込み阻害
②ドーパミンの遊離を促進
③MAO（モノアミンオキシダーゼ）を阻害して代謝を抑制

血流検査），PET（ポジトロン断層撮影法；代謝を調べることで脳機能を評価する検査），fMRI（機能的磁気共鳴画像法；脳の局所的な活動部位を調べる検査）を用いた脳の機能画像の研究が多く報告されている（Bush et al., 2005）。しかしながら一定した見解は得られていない。

また，ドーパミントランスポーターの遺伝子異常が報告されている。その他

にも遺伝性についての報告や，母体の喫煙や過度の飲酒，鉛の影響がAD/HDの発症を増加させるなどの報告がある。

7　検査と診察の流れ

岡山大学病院小児神経科では，専門外来における診察の前に脳波検査と知能検査をかならず行っている。知能検査にはWISC-Ⅲ，田中ビネー知能検査，新版K式発達検査などがある。知的な能力を調べる必要があることはもちろんであるが，能力の凸凹を評価して，その子どもの特性を把握することは重要である。脳波検査では，おもに脳波異常（てんかん発射，左右差，局在性徐波など）の有無について調べる。脳波異常が存在する場合は，それにより行動面に問題が生じていることがある。後述する薬物治療の薬剤選択にも影響する。また，全例ではないが頭部MRI検査も行っている。

さらに，家族や幼稚園や保育園，学校に対して質問紙を渡し，乳幼児期の発達の様子，落ち着きのなさや注意・集中の問題，対人関係や園や学校での生活の様子などを把握し，診断や評価の参考にしている。

8　治療および支援

（1）　行動療法および家族や学校への助言，指導（詳細については第Ⅰ部第4章を参照）

①ペアレントトレーニング

子どもの行動をよく観察して分析し，親が具体的にどのように対応するべきなのかを学ぶ。

②ソーシャルスキルトレーニング

幼稚園，保育園や学校，家庭生活におけるさまざまな場面に適応するために必要な能力を身につける。

③トークンエコノミー法

第3章　注意欠陥/多動性障害の医学

約束をした行動や適切な行動が出来たときに，子どもに褒美や報酬（トークン）を与える。
④タイムアウト法
子どもが約束を守らなかったり，適切でない行動をとったりしたときに，一定の時間行事に参加させない。

（2）　薬物療法
現在，日本で保険適応のある薬剤としては，コンサータ®とストラテラ®がある。

9　薬物療法

治療ガイドラインに従って行う（斉藤ら，2008）。現在使用されている薬剤の使用法，特徴，副作用などについて説明する。

（1）　中枢神経刺激薬
国内で使用可能な中枢神経刺激薬には，メチルフェニデート（コンサータ®）とペモリン（ベタナミン®）がある。海外ではデキストロアンフェタミンも使用されている。ペモリンにはAD/HDの適応が認められていないうえに臨床使用は稀であるため，メチルフェニデートについて示す。

メチルフェニデート（コンサータ®）
日本では1958年にリタリン®の発売が開始された。保険適応はうつ病とナルコレプシーに限られていたが，AD/HDに臨床的な効果がみられるために，保険適応外でAD/HDの第一選択薬として広く使用されていた。近年，成人のリタリン®の不適正使用・乱用が社会問題になり，2007（平成19）年10月にリタリン®のうつに対する適応症の指定が削除された。さらに関係学会等の有識者からなる第三者機関を設置して，リタリン®に対して厳しい流通制限を図ることになった。このためAD/HDに対してもリタリン®が処方できなくなった。
これに代わって，コンサータ®が2007（平成19）年10月に日本ではじめてAD/

HDの適応症の指定を取得し，同年12月に発売された。臨床治験が終了し承認申請中であったが，リタリン®の問題をうけて発売が早期に承認されるに至った。同じメチルフェニデート製剤であるため，同様に厳しい流通制限が設けられている。一定の基準を満たして登録した医師しか処方できず，医療機関に加えて薬剤師や薬局も登録制になっている。

　メチルフェニデートは脳内のドーパミン，ノルアドレナリンの濃度を上昇させることにより，注意散漫や集中困難が改善され，多動・衝動性についても効果がみられる。有効例はAD/HDの70～80％と報告されている。さらに，前頭前野の機能を賦活化させ，ワーキングメモリーなどの認知機能を改善させる（Mehta et al., 2000；北澤ら，2004）。ドーパミン，ノルアドレナリンの濃度を上昇させる具体的な薬理作用としては①シナプス前終末部に存在するドーパミントランスポーター，ノルアドレナリントランスポーターに結合して再取り込みを阻害，②シナプス小胞からのドーパミン，ノルアドレナリンの遊離を促進，③モノアミンオキシダーゼ（MAO）阻害による神経細胞内におけるドーパミン，ノルアドレナリン代謝の抑制などが考えられている（図2）。

　1日1回朝食後に投与すると約12時間血中濃度が持続する。また，速効性もある。現在18mg錠と27mg錠が発売されているが，錠剤は特殊な構造を有しているため，分割や粉砕して使用することはできない。18mg/日から開始して，最大でも54mg/日を超えないように使用する。米国（米国商品名：Concerta®）をはじめ，英国，ドイツ，韓国など世界各国で市販されている。1日1回という投与回数の少なさから，飲み忘れが減ると考えられる。また，リタリン®に比べて依存性が少なく，乱用のリスクは低いと考えられている。コンサータ®は小児のAD/HDに適応が認められているが，この小児とは6歳以上18歳未満とされている。ただし我が国の治験は6歳から13歳未満の小児を対象として行われたため，効果と安全性が検証されているのはこの年齢に限られる。

　副作用は食欲不振，体重減少，不眠，頭痛，腹痛などである。チックが悪化したり顕在化したりすることがある。また，けいれん閾値を下げるといわれているが，不明な点が多い。てんかんがAD/HDに合併している例も少なくなく，

第3章　注意欠陥/多動性障害の医学

このような場合に投与する場合には同時に服用している抗てんかん薬の血中濃度をモニターし，てんかん発作の頻度の変化に注意しながら定期的に脳波を調べることが望ましい。青年期においては依存・乱用に注意する。また，交感神経作動作用の影響のため，心臓疾患を有する小児においては使用について十分注意しなければならない。中止後にリバウンドとしてイライラなどの気分不安定，多弁，多動，不眠などがみられることがある。筆者の経験では，体重が25 kgに満たない小児においては，最少量の18mg/日でも食欲不振や頭痛，気分不良などの副作用が強く，使用を中止せざるを得ないことが多い。

(2)　非中枢神経刺激薬
アトモキセチン（ストラテラ®）

　米国ではAD/HDの治療薬として，2003年にStrattera®の商品名で発売された。現在は80か国以上で発売されているが，日本では臨床治験を経て，2009年6月にAD/HD治療薬として発売された新薬である。不注意，多動・衝動性について効果がみられる。コンサータ同様に，6歳以上18歳未満で適応がある。メチルフェニデートのような中枢神経刺激薬ではないため，厳しい流通制限はない。依存性がなく，現在成人のAD/HDに対する治験も行われている。

　選択的ノルアドレナリン再取り込み阻害薬である。作用機序としては，前頭葉，とくに前頭前野におけるシナプス前ノルアドレナリントランスポーターの阻害作用と推測され，シナプス間隙でのノルアドレナリン濃度を上昇させる。また，ラットを用いた研究によれば，メチルフェニデートと同様に前頭前野のシナプス間隙におけるドーパミン濃度を上昇させる（Bymaster et al., 2002）。線条体におけるシナプス間隙のドーパミン濃度は上昇しないことから，メチルフェニデートと比べて乱用の可能性が少なく，睡眠に対する影響が少ないなどの利点がある。

　1日2回（朝夕食後）で内服する。1日を通じて血中濃度が持続するため，コンサータ®と比べて早朝や登校前，夕食以降における家庭生活での症状改善が期待できる。

第Ⅰ部　発達障害・適応障害への理解と支援

副作用は吐き気，食欲低下，頭痛，腹痛，眠気などである。これらの副作用出現を抑えるため，1日量0.5mg/kgから開始して，1週間以上の間隔をあけて0.8mg/kg，1.2mg/kgの順に増量する。1日量1.2mg/kg〜1.8mg/kg（1日量120mgを超えない）が維持量である。効果の発現まではやや時間がかかり，効果判定には1〜2か月以上を要する。

コンサータ®の内服で副作用の強い場合やチックを伴う例，抑うつ傾向など精神症状を伴う例，薬物依存や乱用の可能性のある場合などにはとくに効果的と考えられる。将来的には成人のAD/HDにも使用される可能性が高い。

（3）抗うつ薬

三環系抗うつ薬

セロトニンやノルアドレナリンの再取り込みを阻害して，シナプス間隙でのモノアミン濃度を上昇させる。イミプラミン（アナフラニール®），クロミプラミン（トフラニール®）などがある。注意集中を改善させ，衝動性にも効果がある。メチルフェニデートやアトモキセチンに比べて効果は乏しい。抑うつ症状や強迫症状を合併する場合に用いられることが多い。また，メチルフェニデートやアトモキセチンが無効な場合や，副作用が強い場合にも使用されることがある。口渇，便秘，眠気など副作用がやや多い。

選択的セロトニン再取り込み阻害薬（SSRI）

セロトニントランスポーターに選択的に作用して，セロトニン再取り込みを阻害してシナプス間隙での濃度を上昇させる。フルボキサミン（ルボックス®，デプロメール®），パロキセチン（パキシル®）がある。抑うつや強迫症状を有する例に使用される。

（4）抗精神病薬

ドーパミンD2受容体遮断作用を有するハロペリドール（セレネース®）や，ドーパミンD2受容体遮断作用とセロトニン受容体遮断作用を有するリスペリドン（リスパダール®）が多動や衝動性の強い症例に有効な場合がある。とくに

イライラするといった気分不安定やかんしゃくが多い例，攻撃性が強い例，広汎性発達障害を合併する例などでは効果的なことがある．単剤もしくはメチルフェニデートやアトモキセチンと併用する．近年ではドーパミンＤ２受容体遮断と作動の両方の作用を有するアリピプラゾール（エビリファイ®）が使用されることもある．

（5） その他
抗てんかん薬

脳波でてんかん発射を有する例や，てんかん発作を有する例に使用される．単剤もしくはメチルフェニデート，アトモキセチンと併用する．カルバマゼピン（テグレトール®など），バルプロ酸ナトリウム（デパケン®，セレニカR®など）が有効である．フェノバルビタール（フェノバール®など）やベンゾジアゼピン系薬剤（セルシン®，リボトリール，ランドセン，マイスタンなど）は多動や衝動性を悪化させる可能性がある．

塩酸クロニジン（カタプレス®）

高血圧の治療薬である．多動・衝動性，不注意，イライラなどの気分不安定，常同行動，攻撃性に効果がみられるが，実際に使用される例は少ない．

10　おわりに

AD/HDは脳の皮質―皮質下におけるネットワークの障害と考えられるが，個々の症状はそれぞれ異なり，病態生理は非常に複雑である．AD/HDの薬物療法はこれらの機能的な障害を制御する重要な役割を担っている．今後AD/HDのさらなる病態解明が望まれるとともに，新薬であるアトモキセチンの効果にも期待したい．

〈文献〉
American Psychiatric Association（著），髙橋三郎・大野　裕・染矢俊幸（訳）

2000/2004　DSM-IV-TR　精神疾患の診断・統計マニュアル　新訂版，医学書院．

Barkley, R. A. 2006 *Attention-deficit hyperactivity disorder : A handbook for diagnosis and treatment*. 3 rd ed, New York : Guilford.

Bush, G., Valera, E. M., Seidman, L. J. 2005 Functional neuroimaging of attention-deficit/hyperactivity disorder : A review and suggested future directions. *Biol Psychiatry*, **57**, 1273-1284.

Bymaster, F. P., Katner, J. S., Nelson, D. L., Hemrick-Luecke, S. K., Threlkeld, P. G., Heiligenstein, J. H., Morin, S. M., Gehlert, D. R., Perry, K. W. 2002 Atomoxetine increases extracellular levels of norepinephrine and dopamine in prefrontal cortex of rat : A potential mechanism for efficacy in attention deficit/hyperactivity disorder. *Neuropsychopharmacology*, **27**, 699-711.

Cantwell, D. P. 1996 Attention deficit disorder : A review of past 10 years. *J Am Acad Child Adolesc Psychiatry*, **35**, 978-987.

Hattori, J., Ogino, T., Abiru, K., Nakano, K, Oka, M., Ohtsuka, Y. 2006 Are pervasive developmental disorders and attention-deficit/hyperactivity disorder distinct disorders？ *Brain Dev*, **28**, 371-374.

北澤早苗・平林伸一・小林美緒　2004　注意欠陥/多動性障害児における記憶機能：methylphenidateによる記憶機能改善の検討．脳と発達，**36**，31-36．

Mehta, M. A., Owen, A. M., Sahakian, B. J., Mavaddat, N., Pickard, J. D., Robbins, T. W. 2000 Methylphenidate enhances working memory by modulating discrete frontal and parietal lobe resions in the human brain. *J Neurosci*, **20**, RC65. 1-6.

斎藤万比古・渡部京太（編）2008　注意欠如・多動性障害―ADHD―の診断・治療ガイドライン　第3版，じほう．

Still, G. F. 1902 The coulston lectures on some abnormal physical conditions in children. *Lancet*, **1**, 1008-1012.

Solanto, M. V. 2002 Dopamine dysfunction in AD/HD : Integrating clinical and basic neuroscience research. *Behav Brain Res*, **130**, 65-71.

Pliszka, S. R. 2005 The neuropsychopharmacology of attention-deficit/hyperactivity disorder. *Biol Psychiatry*, **57**, 1385-1390.

Pliszka, S. R., McCracken, J. T., Maas, J. W. 1996 Catecholamines in attention-deficit hyperactivity disorder : Current perspectives. *J Am Acad Child Adolesc Psychiatry*, **35**, 264-272.

第4章　注意欠陥/多動性障害の心理学的理解と支援

加戸　陽子

1　はじめに

　注意欠陥/多動性障害（attention-deficit/hyperactivity disorder：AD/HD）はその臨床特性から家庭や学校生活場面での支障が生じやすく，また，症状は環境要因や周囲とのかかわりによっても影響を受けやすく，これらの影響は結果的に本人の心理面にまでおよびやすい。本章ではAD/HDの臨床特性および諸困難に対する心理学的理解と支援について述べる。

2　注意欠陥/多動性障害の心理学的理解

（1）注意欠陥/多動性障害の心理学的問題

　各種神経心理学的検査および認知機能の概要については第Ⅰ部第2章を参照されたい。AD/HDでは画像検査や神経心理学的検査などを用いた研究により前頭葉の機能不全が指摘されているが，前頭葉機能の中でも，目的をもった一連の活動を効果的に遂行する上で重要な注意や構えの変換，反応の抑制などの実行機能の問題が推測されている（Seidman et al., 1997；Pineda et al., 1998）。実行機能に関する種々の問題は，判断の切り替えが必要な場合，同時処理が求められる場面，課題の情報量が多く複雑な場合などにおいて，迅速かつ適切な対応が困難になることに繋がるものと思われる（眞田ら，2008）。
　Happéら（2006）は年齢，IQを一致させた広汎性発達障害（PDD）児および健常対照群との神経心理学的検査成績の比較において，AD/HD児は反応選

択/抑制や視空間ワーキングメモリー課題での成績低下を認めたことを報告した。坂尻ら（2007）は併存症や知的な遅れをともなわないAD/HD児，PDD児および健常対照群の反応抑制課題による比較の結果，AD/HDに著しい反応の不正確さや反応抑制の困難を認めたことを報告している。大沼ら（2008）は併存症や知的な遅れをともなわないAD/HD児を対象に集団式注意機能検査を行った結果，健常対照群との比較において持続的注意や反応抑制の問題を指摘した。また，Kadoら（2009）は健常対照群および知的な遅れをともなわないAD/HD児とPDD児を対象に年齢群別にKWCSTによる比較検討を行った結果，両群ともに対照群に比して群間差を認め，AD/HD群ではとくに年少群において多くの指標で成績が低下していることを報告した。

　AD/HDのサブタイプによる認知特性の差異についての検討もなされている。Pasiniら（2007）は知的な遅れをともなわないAD/HD児を対象に各種神経心理学的検査による実行機能の検討を行った結果，サブタイプ間での差異は認められなかったものの，対照群との比較においてStroop Test，Continuous Performance Test，プランニング課題の一つであるロンドン塔課題，n-backワーキングメモリーテストおよびTrail Making Test (Part B) に成績の低下を認めたことからAD/HDの注意配分，反応抑制，音韻性および視覚性ワーキングメモリー，反応時間の変動性の問題を指摘した。加戸ら（2005）はKWCSTにより，知的に遅れをともなわないAD/HDを対象としてサブタイプ別の検討を行った結果，サブタイプの不注意優勢型において課題の遂行に必要な複数の情報の保持が難しく，また，学習効果や教示の活用の問題のために成績が低値であることを認めている。

　AD/HDでは神経心理学的検査によるサブタイプ間やPDDとの認知特性の差異について注目され検討がなされているが，検査実施時の服薬状態やIQの統制条件等においてばらつきがあるためか，一貫した知見は未だ得られていない。今後もさらなる検討が望まれるが，多くの報告で実行機能の問題が指摘されており，個別支援の検討においてその実態把握は有用と思われる。

(2) 二次的障害の予防

　AD/HDでは，年少児に目立っていた行動面の問題は，発達経過とともに軽減していく場合が多いが，着席していても手足をそわそわとさせ落ち着きのない様子や集中困難やケアレスミスといった不注意の要素は個人差はあるものの継続する。こうしたAD/HDの臨床特性は実行機能の問題が一因となっているものと考えられるが，本人の気質によるものと誤解されやすく，過剰な叱責などの情緒的対応がなされる場合により昂じることになるため，自尊心の低下や二次的障害の併発を防ぐためにも，このような病態を踏まえた対応を行っていくことが重要と考えられる（眞田ら，2008）。中山ら（2008）は学齢期のAD/HDをともなう子どもの自己評価と自尊感情に関する調査の結果，子ども自身が自分の振る舞いに対する自己評価が低く，障害特性に起因する行動によって適切な行動ができない自分自身を頻繁に意識させられること，また，多動性―衝動性は周囲の目につきやすい行動であるため，非難の対象になりやすいことが振る舞いの自己評価を下げる要因と推測している。こうしたAD/HDにみられる学習の遅れ，頑張ってもなかなか向上しない学習の成果，周囲からの非難に加え何をやっても失敗しやすい行動様式は自己評価の低下を引き起こすとともにやる気をなくしていくという二次的な問題を生じやすい（橋本，2008）。このような状態像はさらに学業や生活場面に影響をおよぼすという悪循環に陥ることから，継続的な支援と配慮を必要とする。なお，自尊感情への支援では，スポーツや特技など本人が重要視している領域での満足感や充実感を視野に入れることが必要とされており（中山ら，2008），支援の対象を教科学習や対人関係などの苦手領域のみに限定せず，子どもの長所や適性などの実態を多面的に把握しておくことが望ましい。

　思春期以降では，自尊感情の低下，抑うつ気分として認められる情緒的問題や，かんしゃく，怒り，暴力，非行等の二次的問題への対応も支援に求められる（田中，2008）。AD/HDをともなう子どもへの支援では，障害に由来する特性が自身の努力不足によるものではなく，障害によって派生する困難であることを受け止められる範囲で説明しておくことの重要性が指摘されている（中山

ら，2008）。

3　注意欠陥/多動性障害の教育的支援

(1)　注意欠陥/多動性障害の臨床特性にもとづく対応

　AD/HDではその臨床特性である注意維持困難，易刺激性，抑制困難などに対応した支援の検討が求められる。子どもがその日常生活の大部分を占める学校生活場面において，不適切な行動を生じることは，教師や他児からの叱責や非難の対象となりやすいとともに成績不良にもつながり，こうした周囲から認められない経験の積み重ねによる自尊感情への影響が推測されている（中山ら，2008）。

　心理検査場面での静かな刺激の少ない個室における，検査者と子どもの一対一の状況下では，検査者からの注目や励ましをうけながら比較的スムーズに課題に取り組める。このように，子どもが身を置く環境からうける影響は大きい。教室は教員によって子どもたちにとって楽しく過ごせるような工夫が凝らされることが一般的であるが，そうした工夫の中に注意集中の難しい子どもにとっては，過剰に注意を奪われる要因となるものがある場合もある。教室内に設けられる学級文庫や生き物の飼育箱など，子どもがとくに気になってしかたがないという対象は，授業時間中布で覆ってしまうなどの対応が考えられる。また，AD/HDをともなう子どもへの授業中の支援は，物理的なものばかりでなく，落ち着いて座っていたり，指示に注目できているなどの適切な行動を当然のこととして受け流さずに，「がんばっているね」といった声かけやほほ笑みを向けるなどの，適宜肯定的注目を向けるといったはたらきかけの意義も大きい。通常は当たり前とも受け取られるような行動や姿勢であっても，AD/HDをともなう子ども側の視点に立てば，本人の抱えている諸困難を意識的に努力してコントロールした結果である。こうした子どもの努力に対するこまやかな気づきと，即座の肯定的注目によるフィードバックは，子どもに自分は周囲に認められているという実感と安心感をもたせることができ，さらに適応的な行動へ

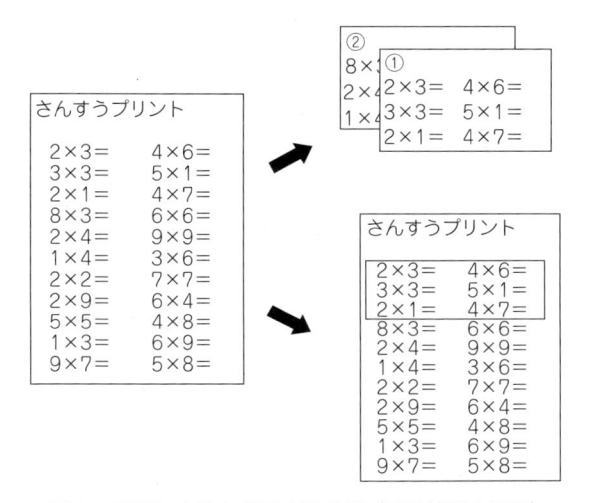

図1　見通しを持たせる支援の例（活動範囲の明示）

のモチベーションを育むことにつながる。

　さらに，注意の問題は，課題への取り組みに支障を来しやすいことから，教材や課題の呈示や指示の出し方にも工夫が求められる。注目すべき対象を明示したり，課題を数問ずつに区分して，到達目標を近いところにもってきて段階的に取り組ませるようにする，重要な指示や情報は簡潔に一つずつ提供し，指示内容の遂行を待ってから次の指示を出すようにする，といったものがあげられる（図1）。AD/HDのみならず，発達障害をともなう子どもの教育的支援とは，障害による困難を理由に課題や活動を免除するのではなく，他の子どもと同じ目標を到達するためのアプローチの工夫が求められているのである。発達障害の特性によって個別的にせざるを得ないこともあるが，そこで用いられる方略の中には，クラス全員に同じように適用できるものが多い。特定の子どもが特別に扱われているという不公平感を抱かせることで，結果的に周囲の不満が子どもにむけられてしまうことのないような配慮も求められる。

　なお，AD/HDでは行動面に対する介入に目が向けられやすいが，AD/HDの不注意や衝動性という特性によって学業不振になったり，あるいは学習障害が併存していることによる学習困難もある。教科学習への支援は，数々の失敗

経験や自信のなさから生じる学習活動への消極的取り組みや回避を予防・軽減する上でも重要である。学習に遅れを生じているような場合には，知能検査やその他神経心理学的検査によるアセスメントを行い，学習障害につながる認知特性の有無を確認しておくことも重要である。

　また，発達障害では学習スキルの指導とともに，学習の取り組みに影響をおよぼすプランニングや自己の課題遂行状況のモニタリングといった，自己制御するためのセルフモニタリングのスキル獲得の有効性が示唆されている（竹内ら，2004）。このセルフモニタリングには，学習者が自己の課題への従事時間や時間当たりの完了させた問題数，課題の正確性をモニタリングすることによる自身の意欲や耐性の向上による行動変容，自己管理能力獲得，自己評価の向上といった効果が期待され，支援検討の重要な観点の一つと考えられる。

（2）　教育的支援の視点

　発達障害をともなう子どもへのかかわりについて，さまざまに報告されているアプローチ法は，トレーニングという名称がつくことなどから，厳密な手続きのもと，きちんと取り組んでいかねばならない，という大がかりなイメージをもたれやすい。しかし，実際には多くのアプローチには決まった手法というものはなく，そのポイントやおおよその枠組みが示されているのみである。発達障害では同じ診断名であっても，症状の程度や抱えている困難については個人差が非常に大きいものである。各アプローチのポイントや枠組みおよび適用の目的をしっかり理解した上で，子どもの実態に応じて活用する，いわばセミオーダーメイドでプランすることこそ，個人のニーズに合った支援の実現に結びつくのである（辻井ら，2008）。なお，こうした対応は，保護者や教員，専門機関間での共通理解のもと，対応基準を統一させることによって，子どもの混乱を避け，スムーズな学習が促されることになる。また各支援者との連携を適宜保ちつつ，第三者からの客観的な評価と助言を受けることも，支援方針の見直しや修正に有用と思われる。

第4章　注意欠陥/多動性障害の心理学的理解と支援

応用行動分析的アプローチ

　応用行動分析についての詳細は第Ⅰ部第2章を参照されたい。ここではAD/HDへの応用行動分析の適用例として，ペアレントトレーニング，ソーシャルスキルトレーニング，トークンエコノミーを取り上げ，各手法の概要とともに実施上の留意点を解説する。

　①ペアレントトレーニング

　ペアレントトレーニングとは，障害のある子どもの保護者を，その子どもの直接の療育者として養成し，障害のある子どもの子育てを支援する方法である（日本発達障害学会，2008）。ペアレントトレーニングは子どもの行動を「望ましい行動」，「望ましくない行動」，「許しがたい行動」の3つに整理するところからはじまる。このように分類された行動について，「望ましい行動」に対しては肯定的注目（ほめる，ほほ笑む，子どもの行動にわかりやすく関心を寄せる，励ます，など）を向け，「望ましくない行動」に対しては即座に叱るようなことはせず，その行動への注目をはずすことによって不適切な行動の中止を待ち，適切な行動が出現したらすかさずほめるようにする。「許しがたい行動」については制限を設けることによって対応する。こうした方針のもと，ペアレントトレーニングは大きく4つのステップに分けられる（表1・図2）。図表からわかるように，トレーニング内容のポイントは，介入後の子どもの行動の変化に対し，即座に肯定的な注目を向けることに結びつくように設定されている点にある。

　伊藤ら（2007）はAD/HDをともなう子どもを抱える家族へのペアレントトレーニングの養育行動への影響を検討している。セッションの過程で子どもの行動が起こる前後の状況の観察と記録法について教授し，子どもの不適切な行動を即座に変えようとするのではなく，行動のきっかけや行動後の対応を変えてみることで，結果的に行動が変容するという応用行動分析的な対処の効果の実感を図っている。本訓練法の結果，子どもの行動の理解と対応スキルの学習が促進され，肯定的言動と指示の増加と不適切な言動の減少と養育者自身の自己評価の向上が報告されている。

第Ⅰ部　発達障害・適応障害への理解と支援

表1　ペアレントトレーニングの4ステップ

1．子どもの適切な行動への肯定的注目を向ける
2．子どもの問題行動への否定的注目を取り去り，代わりに起きる適正な行動へ肯定的注目を向ける（無視とほめることの組み合わせ）
3．適正な指示の与え方を学び，指示に従ったときに肯定的注目を向ける
4．自傷や許しがたい行動へ制限や罰を与える

（出所）　中田，2008にもとづき作成

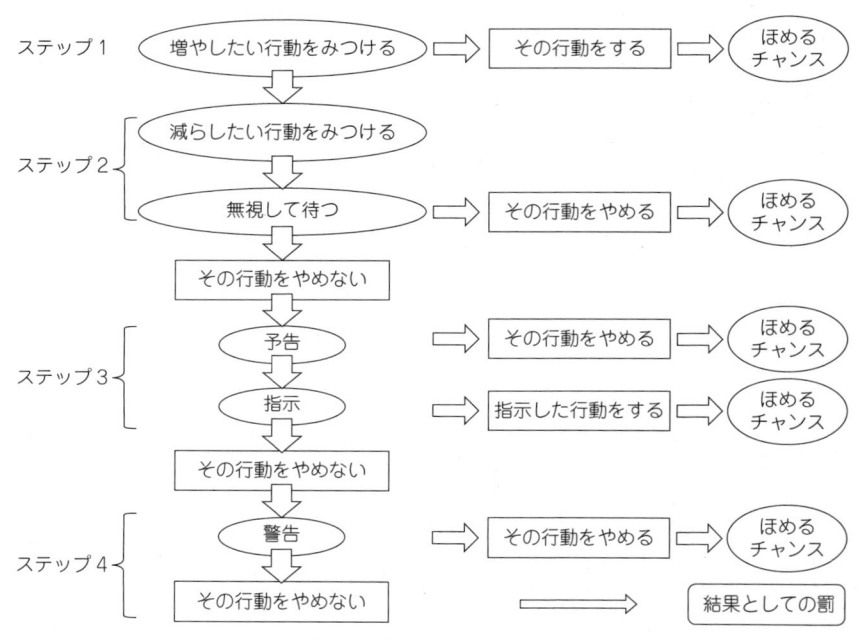

図2　セッションの流れ

（出所）　中田，2008

　発達障害をともなう子どもは不適切な言動を繰り返し行いやすい。そのため発達障害をともなう子どもと親の間には，親の叱責→子どもの癇癪→親の体罰→子どもの反抗→親の自信喪失という子育ての悪循環が生じやすいことが指摘されている（中田，2008）。このような悪循環は，子どもの自尊心の低下やそれにもとづく二次的障害の発症を予防するためにも断ち切る必要がある。また同じ悩みをもつ親同士のグループ療法なので，個人として責められ重荷を背負う

雰囲気が少なく，孤立しないで自助グループ独特の安心感を得ることができるとされる（田中，2008）。養育者の心的負担を労いつつ，子どもの行動の変化を肯定的にとらえることを基盤とした，円滑なかかわりのスキル獲得とスキルの実践による成功体験による子育ての自信回復を目標に適用されることが望ましい。

②ソーシャルスキルトレーニング

AD/HDのソーシャルスキルトレーニングでは，その臨床特性の一つにある衝動抑制の問題に対し，「怒りのコントロール」がもっとも重要とされる（岩坂，2007）。知的な遅れをともなわず，よく話をするような子どもであっても，肝心な自分の心的状態をうまく相手に伝えられないことが多い。子ども同士の活発で刺激の多いやりとりが頻繁に交わされる中では，楽しく心地よい交流が持てる一方で，感情の衝突場面も多く，こうしたとっさの場面では，とくに反応の抑制が苦手な子どもでは言葉で伝えるよりも先に手がでてしまいやすい。感情のコントロールについては，気分を変化させるためのアプローチ，感情コントロールができた瞬間の強化，認知（思考）部分へのアプローチが報告されており（早川，2008），その概要を表2に示す。

適切なスキルを用いることによる達成感からセルフエスティームが伸びていき，その結果日常生活場面での実践が促進されることから，ソーシャルスキルトレーニングの効果の定着には，セッション場面だけでなく日常生活場面で達成感をもたせ，セルフエスティームを高めることの重要性も示されている（岩坂，2007，2008）。

③トークンエコノミー

トークンエコノミーとは，あらかじめ子どもと約束した特定の望ましい行動を実践した場合に，わかりやすく褒めると同時に，強化子としてトークン（例：シール，スタンプ，得点など）を与えることにより，適切な行動を認識させるとともに，自信とさらなる動機づけを高めることを目的とする手法である。トークンを一定数獲得すると，特定の希望の活動やごほうびへの交換が可能になる（図3）。なお，このような介入には一貫性と長期的な積み重ねが必要な

第Ⅰ部　発達障害・適応障害への理解と支援

表2　子どもの怒りの問題への対応

気分を変化させるためのアプローチ（気そらし）

　〇場面や視点を変えて，気分に変化をもたらそうとするかかわり
　　「怒りの対象から視点を別の方向にむける」「姿勢を変える」「背を向ける」「別の場所に行く」
　　「数をゆっくり数える」「深呼吸をする」など。

感情コントロールができた瞬間の強化

　〇感情が治まってきた瞬間の評価による強化
　　「怒り（悲しみ）がなくなってきたね」「よかったね」「落ち着いてきた気持ちはいいものだね」
　　など不快感情が消えたことの心地よさを強調。その後，どのようにしたら落ち着いたのかを尋ねることにより，子ども本人の中にあるコントロールの方法を一緒に探すようにする。

認知（思考）部分へのアプローチ

　〇子どもが感じている不快な感情に対するかかわり
　　「いらいらするんだね」「くやしいんだね」「悲しいね」，あるいは「〇〇して欲しいんだよね」
　　など，不快感情の背景にある子どもの気持ちを言語化してフィードバックする。「大丈夫，大丈夫」「落ち着け，落ち着け」など，子ども自身が自分の感情を鎮める言葉を一緒に探す。

（出所）　早川，2008にもとづき改変

☆やくそくシート☆

①しゅくだいを先生に出した
②友だちとなかよくできた
③じゅぎょう中かってにせきをはなれなかった
④かかりのしごとをした

※やくそくがまもれたらシールをもらえます
※シールをあつめたら好きなかつどうができます

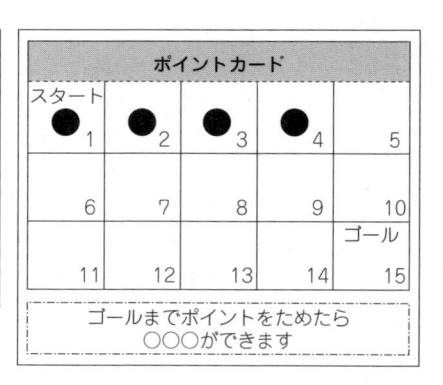

ポイントカード				
スタート ● 1	● 2	● 3	● 4	5
6	7	8	9	10 ゴール
11	12	13	14	15

ゴールまでポイントをためたら〇〇〇ができます

図3　トークンエコノミーの例

ため，はじめから高い目標を設定したり，約束した行動以外の不適切行動のためにトークンを与えなかったり，高価な物品をごほうびとするのは望ましくない。子どものきょうだいやクラスメイトの目に触れる場合には，同様の対応を行うか事前に理解を求める必要がある（加戸，印刷中）。

〈文献〉

Happé, F., Booth, R., Charlton, R., et al. 2006 Executive function deficits in autism spectrum disorders and attention-deficit/hyperactivity disorder : Examining profiles across domains and ages. Brain and Cognition, 61, 25-39.

橋本俊顕　2008　発達障害の経過と予後．発達障害研究，30, 267-276．

早川惠子　2008　IV．子どものスキル：SSTで育てる学校生活の心地よさ，本人・家族のためのSST実践ガイド．（こころの科学増刊），日本評論社，pp. 172-180．

伊藤信寿・柳原正文　2007　ペアレント・トレーニングがADHD児を持つ母親の養育行動に及ぼす効果．教育実践学論集，8, 61-71．

岩坂英巳　2007　Q44．注意欠陥/多動性障害における「ソーシャルスキルトレーニング」はどのように行うのですか？　小児内科，39, 296-298．

岩坂英巳　2008　IV．子どものスキル：セルフエスティームを育てるSST—日常生活場面で発揮できるための取り組み，本人・家族のためのSST実践ガイド．（こころの科学増刊），日本評論社，pp.157-164．

加戸陽子　印刷中　学習や発達の障がいをどのように理解し支援するか？：障がいの理解と支援．藤江康彦（編）　いちばんはじめに読む心理学の本　教育心理学：「学ぶ」と「教える」のいとなみを探る，ミネルヴァ書房．

加戸陽子・眞田　敏・柳原正文，ほか　2005　Keio版　Wisconsin card sorting testによる注意欠陥/多動性障害の検討．脳と発達，37, 380-385．

Kado, Y., Sanada, S., Yanagihara, M., et al. 2009 Executive function assessed by the Keio version Wisconsin card sorting test in children with attention-deficit/hyperactivity disorder and pervasive developmental disorder. Journal of Policy and Practice in Intellectual Disabilities, 6, 120.

中田洋二郎　2008　AD/HDのペアレントトレーニングの実際．小児科臨床，61, 2498-2503．

中山奈央・田中真理　2008　注意欠陥/多動性障害児の自己評価と自尊感情に関する調査研究．特殊教育学研究，46, 103-113．

日本発達障害学会　2008　発達障害基本用語事典，金子書房．

大沼泰枝・平林伸一・今田里佳，ほか　2008　注意欠陥/多動性障害児における注意機能のプロフィールの検討：分割的注意に焦点をあてて．小児の精神と神経，48, 359-366．

Pasini, A., Paloscia, C., Alessandrelli ,R., et al. 2007 Attention and executive functions profile in drug naive ADHD subtypes. Brain & Development, 29, 400-408.

Pineda, D., Ardila, A., Rosselli ,M., et al. 1998 Executive functions in children with attention deficit hyperactivity disorder. *Intern J Neuroscience*, **96**, 177-196.

坂尻千恵・前川久男 2007 注意欠陥多動性障害および広汎性発達障害児を対象としたStop-signal課題における反応抑制の検討．特殊教育学研究，**45**，67-76．

眞田　敏・加戸陽子 2008 発達障害の疫学および病態生理に関する研究動向．発達障害研究，**30**，227-238．

Seidman, L. J., Biederman, J., Faraone, S. V., et al. 1997 Toward defining a neuropsychology of attention deficit-hyperactivity disorder：Performance of children and adolescents from a large clinically referred sample. *J Consulting and Clinical Psychology*, **65**, 50-60.

竹内康二・山本淳一 2004 発達障害児の教科学習を支えるセルフモニタリング．特殊教育研究，**41**，513-520．

田中康雄 2008 注意欠陥/多動性障害．精神科治療学，**23**，203-208．

辻井正次・野村香代 2008 Ⅳ．子どものスキル：高機能広汎性発達障害の子どもへの社会性を伸ばす支援―SSTと呼ばなくてもできる標準的な支援のために，本人・家族のためのSST実践ガイド．（こころの科学増刊），日本評論社，pp.150-156．

第5章　学習障害の医学

荻野　竜也

1　学習障害とは

　1999（平成11）年7月に文部省（現・文部科学省）の「学習障害及びこれに類似する学習上の困難を有する児童生徒の指導方法に関する調査研究協力者会議」報告書において，学習障害は以下のように定義されている。

　　学習障害とは，基本的には全般的な知的発達に遅れはないが，聞く，話す，読む，書く，計算する又は推論する能力のうち特定のものの習得と使用に著しい困難を示す様々な状態を指すものである。

　　学習障害は，その原因として，中枢神経系に何らかの機能障害があると推定されるが，視覚障害，聴覚障害，知的障害，情緒障害などの障害や，環境的な要因が直接の原因となるものではない。

「学習障害」（learning disabilities：LD）という用語の意味するところは歴史的にさまざまな変遷をたどっている（斉藤，2000）。その詳細はここでは述べないが，軽度の知的障害や，注意の障害など日常行動の問題を含む，雑多な状態像を指す用語として用いられることが多く，それは教育界で顕著であった。上記の文部科学省の定義はその意味する範囲を大分明確化したものとなっているが，医学概念としての学習障害よりはかなり広い範囲の状態を含んでいる。とくに，「聞く」，「話す」，「推論する」という要素を含むことにより，言語の障害や広汎性発達障害（PDD）との概念的な区別があいまいとなっている。

　医学領域では，学習障害の診断はアメリカ精神医学会の「精神疾患の診断・統計マニュアル　第4版　テキスト改訂版（DSM-IV-TR）」（American Psy-

表1 学習障害の診断基準

読字障害の診断基準
A. 読みの正確さと理解力についての個別施行による標準化検査で測定された読みの到達度が，その人の生活年齢，測定された知能，年齢相応の教育の程度に応じて期待されるものより十分に低い。
B. 基準Aの障害が読字能力を必要とする学業成績や日常の活動を著明に妨害している。
C. 感覚器の欠陥が存在する場合，読みの困難は通常それに伴うものより過剰である。

算数障害の診断基準
A. 個別施行による標準化検査で測定された算数の能力が，その人の生活年齢，測定された知能，年齢に相応の教育の程度に応じて期待されるものよりも十分に低い。
B. 基準Aの障害が算数能力を必要とする学業成績や日常の活動を著明に妨害している。
C. 感覚器の欠陥が存在する場合，算数能力の困難は通常それに伴うものより過剰である。

書字表出障害の診断基準
A. 個別施行による標準化検査（あるいは書字能力の機能的評価）で測定された書字能力が，その人の生活年齢，測定された知能，年齢相応の教育の程度に応じて期待されるものより十分に低い。
B. 基準Aの障害が文章を書くことを必要とする学業成績や日常の活動（例：文法的に正しい文や構成された短い記事を書くこと）を著明に妨害している。
C. 感覚器の欠陥が存在する場合，書字能力の困難が通常それに伴うものより過剰である。

特定不能の学習障害の診断基準
　このカテゴリーは，どの特定の学習障害の基準も満たさない学習の障害のためのものである。このカテゴリーには，3つの領域（読字，算数，書字表出）のすべてにおける問題があって，個々の技能を測定する検査での成績は，その人の生活年齢，測定された知能，年齢相応の教育の程度に応じて期待されるものより十分に低いわけではないが，一緒になって，学業成績を著明に妨害しているものを含めてもよい。

（出所）　American Psychiatric Association, 2000/2004

chiatric Association, 2000/2004）またはWHOの「国際疾病分類第10版（ICD-10)」(WHO, 1994）に基づいてなされることが一般的である。DSM-IV-TRは学習障害を読字障害，算数障害，および，書字表出障害に大別している。また，ICD-10では学力の特異的発達障害として，特異的読字障害，特異的綴字障害，および，特異的算数障害に大別している。すなわち，医学領域においては学習障害を読字，書字，または，計算能力の特異的な障害に限定して考えることが一般的である。なお，DSM-IV-TRもICD-10も，IQに比べて特定の能力（読字，書字，計算）が低いという，IQとの乖離を診断の基準としている。乖離を基準にすると，読字や計算などの能力が正常範囲内でもIQが高ければ学習障害になり，逆に，IQの低い子どもでは学習障害の診断から漏れやすいという問題がある。また，たとえば読字能力が同程度に低い患者において，IQの高

い群とIQの低い群で基盤となる神経心理学的特性に大きな差がないとする指摘もあり（Fletcher et al., 1992），IQとの乖離を問わず一定レベルより読み書き能力・計算能力が低い例を学習障害と診断するという立場もある。

学習障害が読字，書字，または，計算能力のいずれかに分類される障害であるとしても，個々の患者ごとに見たときは単一の能力障害に限られるわけではない。まれに書字のみが障害された症例も報告されるが，通常，書字障害は読字障害に伴って認められる。また，計算能力の障害も単独で生じるよりも読字障害を合併することが多い（Lewis et al., 1994）。

読字，書字，計算など具体的能力障害の観点からの学習障害の分類とは別に，学習障害を言語性学習障害と非言語性学習障害に分ける考え方がある（ルーケ，1995）。言語性学習障害は読字，書字の能力障害を主たる特徴とする。この場合，計算障害の有無は問わない。非言語性学習障害は，本来，読字や書字が良好であるのに，算数能力に障害があり，知能検査で言語性IQに比して動作性IQが低い子どもたちに名づけられたものであった。しかし，空間知覚や身体像の障害，あるいは運動学習の障害を合併することが多いことが特徴として強調されるようになった。さらに，社会的認知の障害を伴うことも強調され，アスペルガー症候群との神経心理学的プロフィールの共通性も指摘されている（Klin, 1995）。このように，非言語性学習障害の概念は「学習」という枠を超えて拡大され，曖昧になっており，臨床的に多用されると混乱のもとになりかねない。「学習障害」という用語を用いる場合，読字，書字，計算の障害に限定し，日常行動や社会性の問題は広汎性発達障害など他の障害概念で捉えるようにすべきである。

2　計算の障害

発達性計算障害（developmental dyscalculia：DD）は一般人口の3〜6％に認められる（Shalev, 2000）。発達性読み書き障害や注意欠陥/多動性障害（AD/HD）に匹敵する頻度である。その割に，DDに関する研究は国際的にも

さほど多くなく，臨床像や発症機序に関して不明な点が多い。

　人は生まれつき3から4程度の数を直感的に把握する能力（subitizing）を持っており，乳児でも対象物の数の違いを認識できることが分かっている（Rubinsten, 2009）。この基本的な数認知能力の障害がDDの中核と考えられている。これは，DDをともなう場合ではdistance effectが乏しいことなどが根拠になっている。distance effectとは，2つの数の大小判断をするときに，2つの数の差が大きいとき（例：「3」と「8」）の方が小さいとき（例：「4」と「6」）よりも所要時間が短い現象である。この，2つの数の差の影響がDD患者では乏しいことが示されている。基本的な数認知にはおもに大脳頭頂葉にある頭頂間溝（図1）と呼ばれる部位が関与していると考えられており，DD患者ではこの部位の機能が障害されているらしい。実際，fMRI（機能的磁気共鳴画像法；脳の活動に関連した血流変化を視覚化する装置）を用いた研究で数の大小判断課題施行中に定型発達児では強く認められた右頭頂間溝の活動がDD患者では低下していることが示されている（Price, 2007）。

　しかし，純粋に大脳頭頂間溝の機能障害に基づく基本的数認知能力の障害によって生ずるDDのみというわけではない。むしろ，そのような計算のみが純粋に障害されたDDは少数派と考えられている（von Aster et al., 2007）。発達性言語障害，注意欠陥/多動性障害，発達性読み書き障害など多用な発達障害にDDが伴いやすいことが知られている（Rubinsten, 2009）。たとえば，Lewisら（1994）によるイギリスでの調査でも，9〜10歳の小児での頻度は計算障害のみが1.3％，計算および読みの障害が2.3％，読み障害のみが3.9％であり，計算障害単独よりも，読みの障害を伴う方が多い。このことは，基本的数認知能力以外のさまざまな認知機能の問題によって算数の障害が生じることを示している。

　von AsterとShalev（2007）は人の数量認知能力の発達を4つの段階で説明している。第一段階は上述の生得的な基本的数認知能力である。これには主として大脳頭頂葉が関与する。第二段階は数と言語の数詞を結び付け，数え上げることができる段階であり，主として大脳前頭前野（大脳前頭葉の中で一番前に

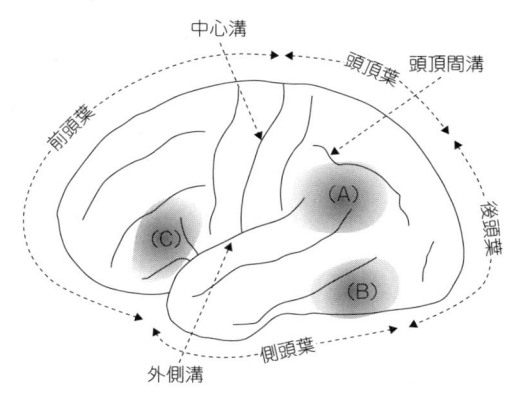

図1 左大脳半球

大脳半球を左側面から見た図。図の向かって左が前方，右が後方である。大脳表面には大小の溝（脳溝）があり，溝と溝にはさまれた盛り上がった部分を脳回と呼ぶ。図には多くの脳溝の内，場所の同定に重要なものの名称を記載している。中心溝よりも前方が前頭葉，中心溝よりも後方が頭頂葉である。また，外側溝よりも下方が側頭葉である。大脳の最後方は後頭葉であるが，後頭葉と頭頂葉，および，後頭葉と側頭葉の境界は明確には規定されていない。
A：頭頂側頭領域
B：後頭側頭領域
C：下前頭回

位置する部位）が関与する。第三段階は印刷されたアラビア数字や演算記号を理解する段階で，大脳後頭葉の関与が大きい。そして第四段階では心の中に数の順序性の表象（mental number line）が形成される。第四段階の達成には主として頭頂葉が関与する視空間認知能力が必要とされる。これらの段階的な発達全体をワーキングメモリー（目標志向的な課題や作業の遂行にかかわるアクティブな短期記憶であり，おもに大脳前頭前野が関与する（苧阪，2008）：第Ⅰ部第2章参照）の発達が支えている。

　以上の発達段階のどこが障害されても計算，あるいは算数能力の障害が生じえる。すなわち，基本的な数認知能力以外に，言語能力，視空間能力，注意・ワーキングメモリーなどの障害がDDの発生につながるのである。障害された認知能力，あるいは，脳の機能部位によって，多彩な臨床像がDDに伴って認

められる。また，環境からの影響もDD発症に少なからず関与すると思われる。

3 読字と書字の障害

　読字と書字の障害を発達性読み書き障害（developmental dyslexia）と呼ぶ。発達性読み書き障害の有病率は5％から17.5％程度と報告されており，長期間にわたり持続する慢性的な状態とされている（Shaywitz et al., 2005）。発達性読み書き障害の発症率は母語の文字体系の特徴に左右される。アルファベット言語圏の中では英語圏での発達性読み書き障害の頻度が高く，アメリカでの頻度はイタリアの倍という指摘もある（Lindgren et al., 1985）。発達性読み書き障害の頻度に大きく影響する要素として，綴り方と音声の対応の透明性がある（スノウリング，2008）。文字と音との対応が1対1に近いことを透明性が高いという。イタリア語やドイツ語は透明性が高い言語である。逆に，英語は文字と音の対応が不規則なことが多い（例："pipe"と"philosophy"の"p"では表わされる音が異なる）。このことが英語圏での発達性読み書き障害の頻度を多くしていると考えられている。

　一方日本語はどうかと言うと，平仮名に関して言えば文字と音との対応は1対1に近く，きわめて透明性が高い。このことから，日本人の発達性読み書き障害は少ないことが予想される。日本における発達性読み書き障害の疫学的研究は乏しいのが実情であるが，1968年にMakita（1968）が日本人には発達性読み書き障害は少ない（1％以下）と報告して以来，日本人には発達性読み書き障害はほとんどいないと言われることが多かった。しかしその後，小中学生の15.2％（Hirose et al., 1985），小学校5年生の5.4％（Stevenson et al., 1982），小学校4年生の6％（Yamada et al., 1994）に読字の困難があるといった報告がなされている。ごく最近ではUnoら（2009）が小学校2年生から小学校6年生までの495人を対象に「小学生の読み書きスクリーニング検査STRAW」を用いて読字と書字の両面を評価し，文字の読み書きの何らかの問題を有する子どもが12.9％存在し，主として漢字の読み書きに困難を示して

いることを報告している。それぞれの研究者が用いた評価法が大きく異なるため単純には解釈できないが，日本人でも読み書きに困難さがある子どもが少なからず存在していることは間違いない。

　発達性読み書き障害が平均的な子どもと明瞭に区別される特殊な状態なのか，一般の子どもたちの能力のばらつきの範囲内なのかは難しい問題である。1975年にRutterとYule（1975）はイギリスのワイト島の子どもの読字能力を調査し，その得点分布を検討した。その結果，得点の低い方に分布の「コブ」が認められることを指摘し，一般の子どもたちとは異なる一群としての特異的読字障害が存在すると主張した。しかし，Shaywitzら（1992）は445人の子どもたちの小学校1年生から6年生までの追跡研究から，各学年での読字障害児の分布や学年を経るごとの分布の変化は正規分布を基にしたモデルに当てはまることを示し，読字障害は一般の子どもたちの読字能力分布の低い方の裾（lower tail）であると主張した。一般の子どもとは異なる明確な生物学的基盤を持つ発達性読み書き障害児が存在する可能性は否定できないが，現実には定型発達児と発達性読み書き障害児とを明確に区別することは難しそうである。

　発達性読み書き障害発症の危険因子や発現機序に関しては不明な点が多いが，かなり明らかにされていることもある。海外の研究で比較的明確な危険因子と認められているものは遺伝要因である。発達性読み書き障害患者の親，子ども，あるいは同胞の2割から6割程度は発達性読み書き障害であるということが種々の研究で報告されている。また，関連する遺伝子の存在する染色体もいくつか候補が指摘されている（Shaywitz et al., 2005）。このことから，家族に発達性読み書き障害患者がいるときには早期発見の一つの手掛かりとなる。

　発達性読み書き障害の基盤となる認知機能の問題として多くの研究者が一致していることは音韻処理の問題である（Shaywitz et al., 2005）。中でも単語の音節を逆さまにして復唱させる課題（逆唱），韻が同じかどうかを判断させる課題，あるいは単語の中の特定の音素（子音や母音）を削除して言わせる課題などで示される音韻認識能力が発達性読み書き障害患者の多くで障害されていることが報告されている（Vellutino et al., 1996）。すなわち，単語が音節，韻

（音韻の階層構造において，音素よりも大きな副音節レベルの要素），音素などのより小さい単位の組み合わせでできていることを認識しにくいことが発達性読み書き障害発症の基盤となっていると考えられている。音韻処理に関する問題としては音韻認識の他に，物品・文字・色の呼称の問題や，言語性短期記憶の問題も広く指摘されている（スノウリング，2008）。呼称の問題とは，提示された物品や文字の名前を言うときに時間がかかり言い間違いも多いことである。言語性短期記憶の問題とは，一度に聞いて覚えられる単語や数字の数が通常よりも少ないという状態である。これらの音韻処理に関する困難さが種々示されることから，発達性読み書き障害の中核的問題は音韻表象（音声化された単語が脳の中で記号化されたもの）の乏しさではないかという考えがある（スノウリング，2008）。また，最近では音韻処理をトップダウン的に制御する注意の役割の重要性にも注目されている（Shaywitz, 2008）。

　音韻処理の問題が発達性読み書き障害の重要な基盤であることはおそらく間違いないが，他にも発達性読み書き障害の発症に関する仮説がいくつもある。その中で，現時点で有力なものを紹介しておくと，まず，発達性読み書き障害患者では音の並びや周波数の非常に速い変化を認識することが難しいことが指摘されている（Tallal, 1980）。また，視覚経路の中で低い空間周波数の認識や高い時間周波数の認識にあずかる大細胞視覚系の障害が発達性読み書き障害患者で高頻度に認められることも報告されている（Lovegrove, 1980）。これらの聴覚的問題と視覚的問題に関する研究は最近では統合され，感覚様式を超えて時間的に速いダイナミックな変化を検知する能力が発達性読み書き障害患者では劣っている可能性も示されている（Dynamic sensory processing deficit）（Tallal, 2000）。この他，小脳機能の障害が発達性読み書き障害の基盤とする考え方もある（Nicolson et al., 2001）。発達性読み書き障害患者では小脳機能に関連する運動能力検査で異常を示す者が多いことが報告されており，軽度の小脳機能の障害が構音や読みの自動化に影響を与えると主張されている。以上の感覚や運動機能の障害はいずれも無視できないデータが示されており，発達性読み書き障害発症に関して何らかの役割を果たしている可能性は大きい。た

だ，音韻処理能力に関する検査と並行して聴覚・視覚機能や，小脳機能などを多面的に検討した研究では，読字能力障害を安定して予測できるものは音韻処理能力に関連した検査得点であり，聴覚や視覚機能，あるいは，小脳機能の障害が単独で発達性読み書き障害の原因になることには疑問を呈する結果が示されている（White et al., 2006；Ramus et al., 2003）。

　以上のように，アルファベット言語圏からは多くの認知神経心理学的な発達性読み書き障害研究が発表されている。日本人での音韻認識と読字障害の関連を検討した研究は乏しいが，近年いくつかの研究が報告され始めた。具体的には，読字困難のある子どもでは単語逆唱課題（大石ら，1999；若宮ら，2006；Seki et al., 2008），モーラ数え課題（大石ら，1999；Seki et al., 2008），音節削除課題（若宮ら，2006），あるいは，文字の韻異同識別課題（Seki et al., 2008）などの課題で成績が低いことが報告されており，日本語を母語とする発達性読み書き障害の発症機序にも音韻認識の問題が関与する可能性が示されている。ただ，日本人の発達性読み書き障害の詳細な病態については今後の研究を待たねばならない。

　さまざまな認知処理をしているときの大脳の活動状態を直接観察できるPET（ポジトロン断層撮影法；放射性同位元素を用いて脳の活動に関連した代謝の変化を視覚化する装置）やfMRIなどを用いる機能画像検査法の発達に伴い，発達性読み書き障害の神経生物学的基盤に関する研究が増加している。健常人が文字を読むときに大脳の左半球にある3つの領域が主として活動していることが分かっている（Shaywitz et al., 2008）。まず，下頭頂小葉（頭頂葉の中で頭頂間溝よりも下の部分）から上部側頭葉後方領域にかけた頭頂側頭領域である（図1A）。この領域は印刷された単語を分析し，文字を音韻に対応させることに主として関与している。次に，後頭葉から側頭葉底面にかけた後頭側頭領域である（図1B）。この領域は単語全体を認知する語彙的処理に主としてかかわり，使用頻度の高い単語の読み取りにとくに関与する。3番目は前頭葉の下方にある下前頭回である（図1C）。この部位は単語を分析することや，構音（単語を発音すること）を担っている。

発達性読み書き障害患者を対象に文字を読むときの脳活動を検討した多くの研究に共通する結果は，大脳後方にある2つの読字関連領域，すなわち，大脳左半球の頭頂側頭領域と後頭側頭領域の活動が低下していることである。これは成人だけでの所見ではなく，子どもの発達性読み書き障害でも報告されており，読字経験の不足の結果ではなく生来の脳機能の障害を反映していると考えられている。さらに，健常人に比べて左右の前頭葉下方と，右大脳半球の後頭側頭領域の活動亢進も観察されており，これは障害を代償する活動と推測されている（Shaywitz, 2008）。興味深いことに，有効な治療教育を施された発達性読み書き障害患者の脳の活動パターンは健常人のパターンに近づくことも報告されており（Alexander et al., 2004；Shaywitz et al., 2008），訓練により脳機能の面からも改善させることのできる可能性がある。

臨床的に発達性読み書き障害患者にとって重要な問題は共存症の多さである。とくに，注意欠陥/多動性障害（AD/HD）が発達性読み書き障害に共存することはよく指摘されている（Beitchman et al., 1997；Willcutt et al., 2000）。読字困難児のおよそ2割はAD/HDを合併し，AD/HD児の10～50％は読字困難を合併するといわれている（Beitchman et al., 1997）。AD/HDと発達性読み書き障害の間には臨床症状，認知機能，および，遺伝子レベルでの重なりが多く報告されている（Pennington, 2006）。

AD/HDと比較すると，広汎性発達障害と発達性読み書き障害の関係はあまり検討されていない。もともと広汎性発達障害患者では文字を読む能力は良好であるといわれることが多く（Minshew et al., 1994），むしろ読解力に比べて読字能力が高いことが強調されていた（Frith et al., 1983）。広汎性発達障害患者では読解力が低いことは多くの研究に共通した特徴であるが，広汎性発達障害での読解力の低さの基盤として読字能力の低さがあることが指摘されている（Nation et al., 2006；Åsberg et al., 2008）。そして最近，広汎性発達障害の2～4割程度で明らかな読字能力の低さが認められることが報告されている（Nation et al., 2006；White et al., 2006）。岡山大学小児神経科を受診した，6歳から14歳までの精神遅滞の無い広汎性発達障害児14例での検討では（岡，

2009),64％の子どもが文字を読む際の音読時間が延長しており,読字に困難さがあった。この研究で対象とした子どもたちは受診理由が文字の読み書きとは関係ない日常行動の問題ばかりであった。このことは,交友関係や集団での活動への参加などの面で問題になっている広汎性発達障害児でも,文字の読み書きに問題がないか注目する必要性を示している。

　AD/HDや広汎性発達障害以外にも,発達性読み書き障害は不安や抑うつなどの内向的問題の危険因子にもなり,この関係は女児で明瞭とされている(Willcutt et al., 2000)。発達性読み書き障害にさまざまな共存症が伴うことで,より社会参加に困難さが生じる。それぞれの障害への対策を並行して行う必要がある。

4　診断・評価

　学習障害児の自己評価の低下を防ぎ,能力に見合った発達を促すためには,早期に診断することが求められる。その前提として,学習障害を有する子どもたちが,教育現場でそのことに気づかれることが必須である。

　学習障害の可能性を考えるきっかけは,さまざまな場面で示される全般的な知的能力と,読字,書字,あるいは計算など特定の能力との乖離に気がつくことである。このためには,一人ひとりの子どもを注意深く観察することが重要である。しかし,実際には見過ごされることも多いのではないかと思われる。とくに,発達性読み書き障害患者は年齢が上がるにつれて読むことは何とか可能になることが多い。上述のように日本の平仮名や片仮名はきわめて透明性が高いため,日本語を母語とする子どもの場合はかなり早期から見た目には読めていることが多い。音読の非流暢さや遅さ,読み間違いの多さなどに注目しない限りは気づきにくいのが実際である。たとえば,著者は岡山大学小児神経科の岡牧郎とともに,外来を受診した精神遅滞の無い広汎性発達障害児15例に対してLDI（LD判断のための調査票：日本文化科学社）を用いて担任教師の認識を検討した（未発表データ）。音読時間の評価から,15例中8例に明らかな読字の

困難さが認められた。しかし，担任教師の評価では読字の困難さを反映する得点は低く，読字困難が認められなかった7例と差がなかった。このように，読字の困難さはよほど注意深く観察しないと気づかれにくいものであることを知っておく必要がある。

　学習障害を診断するときには，家族歴や既往歴を含めた医学的評価をしておく必要がある。先にも述べたように家族に発達性読み書き障害患者がいることは発達性読み書き障害発現の危険因子となる。また，発達性読み書き障害患者の多くが就学前に言語発達が遅れていた経歴がある（Warnke, 1999）。学習障害の定義から学業の遅れを説明できるような感覚障害がないことが前提である。視機能や聴覚機能を一度は評価しておくべきだろう。また，明確な神経疾患や脳障害がないか，丁寧な神経学的診察を行うべきであり，何らかの基礎疾患が疑われるときには必要に応じて脳波，脳MRI，染色体検査などを考慮すべきである。

　学習障害の診断は基本的には全般的知能と学業の達成度との乖離を示すことでなされる。先にも述べたように，乖離を基準とする診断には批判もあるが，少なくとも明確な精神遅滞は学習障害の診断から除外しておくほうがよいだろう。したがって，学習障害を疑われた子どもには知能検査は必須である。できれば認知能力の強みと弱みをある程度把握するために，ビネー式検査よりもWISC-Ⅲ（日本文化科学社）やK-ABC（丸善）が望ましい。WISC-Ⅲを施行することで学習障害の診断ができるわけではないが，学習障害患者では下位検査間のばらつきが大きいことが多い。

　学習障害診断の要は読字，書字，あるいは，計算能力の評価である。国外にはWide Range Achievement Test-Third Edition（Wide Range, Inc.）やWoodcock Johnson Ⅲ-Tests of Achievement（Riverside Publishing）などの標準化された包括的学力達成度テストが存在し，こういったもので評価することが一般的である。日本では，読字，書字，計算を超えた広範囲の学力評価になってしまうが，教研式標準学力検査CRT（図書文化社）がある。読字と書字に特化した評価法としては小学生の読み書きスクリーニング検査（インテルナ

出版）が一般に販売されている。平仮名，片仮名，漢字それぞれの読字と書字の能力を測定できる。ただ，音読時間は考慮されていないため，読字の流暢性の評価はできない。小林ら（印刷中）は単音，有意味単語，無意味単語，および，短文の音読速度と誤読数の発達的変化を発表している。簡便で有用な検査であるが，現時点では市販化されていない。

5 おわりに

　学習障害に関していまだ不明な点も多いが，着実に研究は進歩しており，とくに発達性読み書き障害に関して多くの知見が集積されている。しかし，日本国内に限定すると認知神経心理学的研究も治療教育に関する研究も乏しく，診断法も整備されていないのが現状である。また，特別支援教育が盛んに話題になるものの，教育界の注目は広汎性発達障害や注意欠陥/多動性障害に向かいがちな印象がある。日常行動や社会性の問題への対応だけでなく，学力保障も支援の基本的な柱の一つである。今後この分野に社会が注目し，よりいっそう研究が充実することを願いつつ，この稿を終わる。

〈文献〉

Alexander, A. W., Slinger-Constant, A. M. 2004 Current status of treatments for dyslexia : Critical review. *J Child Neurol*, **19**, 744-758.

American Psychiatric Association（著），高橋三郎・大野　裕・染谷俊幸（訳）2000/2004　DSM-IV-TR　精神疾患の診断・統計マニュアル　新訂版，医学書院．

Åsberg, J., Dahlgren, S., Dahlgren Sandberg, A. 2008 Basic reading skills in high-functioning Swedish children with autism spectrum disorders or attention disorder. *Res Autism Spectr Disord*, **2**, 95-109.

Beitchman, J. H., Young, A. R. 1997 Learning disorders with a special emphasis on reading disorders : A review of the past 10 years. *J Am Acad Child Adolesc Psychiatry*, **36**, 1020-1032.

Fletcher, J. M., Francis, D. J., Rourke, B. P., Shaywitz, S. E., Shaywitz, B. A. 1992 The validity of discrepancy-based definitions of reading disabilities.

J Learn Disabil, **25**, 555-561, 573.

Frith, U., Snowling, M. 1983 Reading for meaning and reading for sound in autistic and dyslexic children. *Br J Dev Psychol*, **1**, 329-342.

Hirose, T., Hatta, T. 1985 Reading disabilities in Japan：Evidence against the myth of rarity. *Int J Neurosci*, **26**, 249-252.

Klin, A., Volkmar, F. R., Sparrow, S. S., Cicchetti. D. V., Rourke, B. P. 1995 Validity and neuropsychological characterization of Asperger syndrome：Convergence with nonverbal learning disabilities syndrome. *J Child Psychol Psychiatry*, **36**, 1127-1140.

小林朋佳・稲垣真澄・軍司敦子・矢田部清美・加我牧子・後藤隆章・小池敏英・若宮英司・小枝達也　印刷中　学童におけるひらがな音読の発達的変化：ひらがな単音，単語，単文速読課題を用いて．脳と発達，**42**．

Lewis, C., Hitch, G. J., Walker, P. 1994 The prevalence of specific arithmetic difficulties and specific reading difficulties in 9- to 10-year-old boys and girls. *J Child Psychol Psychiatry*, **35**, 283-292.

Lindgren, S. D., De Renzi, E., Richman, L. C. 1985 Cross-national comparisons of developmental dyslexia in Italy and the United States. *Child Dev*, **56**, 1404-1417.

Lovegrove, W. J., Bowling, A., Badcock, D., Blackwood, M. 1980 Specific reading disability：Differences in contrast sensitivity as a function of spatial frequency. *Science*, **210**, 439-440.

Makita, K. 1968 The rarity of reading disability in Japanese children. *Am J Orthopsychiatry*, **38**, 599-614.

Minshew, N. J., Goldstein, G., Taylor, H. G., Siegel, D. J. 1994 Academic achievement in high functioning autistic individuals. *J Clin Exp Neuropsychol*, **16**, 261-270.

文部省・学習障害及びこれに類似する学習上の困難を有する児童生徒の指導方法に関する調査研究協力者会議　1999　学習障害児に対する指導について（報告）．

Nation, K., Clarke, P., Wright, B., Williams, C. 2006 Patterns of reading ability in children with autism spectrum disorder. *J Autism Dev Disord*, **36**, 911-919.

Nicolson, R. I., Fawcett, A. J., Dean, P. 2001 Developmental dyslexia：The carebellar deficit hypothesis. *Trends Neurosci*, **24**, 508-511.

大石敬子・斉藤佐和子　1999　言語性発達障害における音韻の問題：読み書き障害の場合．音声言語医学，**40**，378-387．

岡　牧郎・荻野竜也・竹内章人・諸岡輝子・大塚頌子　2009　広汎性発達障害

(PDD) と注意欠陥/多動性障害 (AD/HD) に合併する読字障害に関する研究. 脳と発達, **41**, S198.

苧阪直行 (編著) 2008 ワーキングメモリの脳内表現, 京都大学学術出版会.

Pennington, B. F. 2006 From single to multiple deficit models of developmental disorders. *Cognition*, **101**, 385-413.

Price, G. R., Holloway, I., Rasanen, P., Vesterinen, M., Ansari, D. 2007 Impaired parietal magnitude processing in developmental dyscalculia. *Curr Biol*, **17**, R1042-1043.

Ramus, F., Rosen, S., Dakin, S. C., Day, B. L., Castellote, J. M., White, S., Frith, U. 2003 Theories of developmental dyslexia : Insights from a multiple case study of dyslexic adults. *Btain*, **126**, 841-865.

ルーケ, B. P. (著), 黛 雅子・松田素子・紺野道子・立川和子・秋元有子 (訳) 1995 非言語性学習能力障害：症状と神経心理学的モデル, 岩崎学術出版.

Rubinsten, O., Henik, A. 2009 Developmental dyscalculia : Heterogeneity might not mean different mechanisms. *Trends Cogn Sci*, **13**, 92-99.

Rutter, M., Yule, W. 1975 The concept of specific reading retardation. *J Child Psychol Psychiatry*, **16**, 181-197.

斉藤久子 (監修), 石川道子・杉山登志郎・辻井正次 (編著) 2000 学習障害：発達的・精神医学的・教育的アプローチ, ブレーン出版.

Seki, A., Kassai, K., Uchiyama, H., Koeda, T. 2008 Reading ability and phonological awareness in Japanese children with dyslexia. *Brain Dev*, **30**, 179-188.

Shalev, R. S., Auerbach, J., Manor, O., Gross-Tsur, V. 2000 Developmental dyscalculia : Prevalence and prognosis. *Eur Child Adolesc Psychiatry*, **9 Suppl 2**, II58-64.

Shaywitz, S. E., Escobar, M. D., Shaywitz, B. A., Fletcher, J. M., Makuch, R. 1992 Evidence that dyslexia may represent the lower tail of a normal distribution of reading ability. *N Engl J Med*, **326**, 145-150.

Shaywitz, S. E., Shaywitz, B. A. 2005 Dyslexia (specific reading disability). *Biol Psychiatry*, **57**, 1301-1309.

Shaywitz, S. E., Shaywitz, B. A. 2008 Paying attention to reading: the neurobiology of reading and dyslexia. *Dev Psychopathol*, **20**, 1329-1349.

スノウリング, M. J. (著), 加藤醇子・宇野 彰 (監訳), 紅葉誠一 (訳) 2008 ディスレクシア：読み書きのLD：親と専門家のためのガイド, 東京書籍.

Stevenson, H. W., Stigler, J. W., Lucker, G. W., Lee, S., Hsu, C., Kitamura, S. 1982 Reading disabilities : The case of Chinese, Japanese, and English.

Child Dev, **53**, 1164-1181.
Tallal, P. 1980 Auditory temporal perception, phonics, and reading disabilities in children. Brain Lang, **9**, 182-198.
Tallal, P. 2000 The science of literacy : From the laboratory to the classroom. Proc Natl Acad Sci USA, **97**, 2402-2404.
Uno, A., Wydell, T. N., Haruhara, N., Kaneko, M., Shinya, N. 2009 Relationship between reading/writing skills and cognitive abilities among Japanese primary-school children : Normal readers versus poor readers (dyslexics). Read Writ, **22**, 755-789.
Vellutino, F. R., Scanlon, D. M., Sipay, E. R., Small, S. G., Pratt, A., Chen, R., Denckla, M. B. 1996 Cognitive profiles of difficult-to-remediate and readily remediated poor readers : Early intervention as a vehicle for distinguishing between cognitive and experiential deficits as basic causes of specific reading disability. J Educ Psychol, **88**, 601-638.
von Aster, M. G., Shalev, R. S. 2007 Number development and developmental dyscalculia. Dev Med Child Neurol, **49**, 868-873.
若宮英司・奥村智人・水田めくみ・栗本奈緒子・柏木　充・田中啓子・鈴木周平・里見恵子・玉井　浩　2006　読字困難児のひらがな単音読字能力の検討．小児の精神と神経，**46**，95-103．
Warnke, A. 1999 Reading and spelling disorders : Clinical features and causes. Eur Child Adolesc Psychiatry, 8 **Suppl 3**, 2-12.
White, S., Uta, F., Milne, E., Rosen, S., Swettenham, J., Ramus, F. 2006 A double dissociation between sensorimotor impairments and reading disability : A comparison of autistic and dyslexic children. Cogn Neuropsychol, **23**, 748-761.
WHO（著），中根允文・岡崎祐士・藤原妙子（訳）1994　ICD-10　精神および行動の障害：DCR研究用診断基準，医学書院．
Willcutt, E. G., Pennington, B. F. 2000 Psychiatric comorbidity in children and adolescents with reading disability. J Child Psychol Psychiatry, **41**, 1039-1048.
Yamada, J., Banks, A. 1994 Evidence for and characteristics of Dyslexia among Japanese children. Ann Dyslexia, **44**, 103-119.

第6章　学習障害の心理学的理解と支援

柳原　正文

1　学習障害の概念

(1)　学習障害概念の歴史的背景とその意義

　学習障害（learning disabilities：LD）という呼称は，1963年，イリノイ大学のKirkが第1回学習障害児協議会においてはじめて公的な場で用いたものである。しかし，今日でいうLDはすでに19世紀末からその存在を知られていた。Morganは，アルファベットは読めるが単語についてはほとんど読めない少年の例を「先天性語盲」として報告しており，これがLDに相当する最初の報告例と考えられる。その後，医学分野において脳機能に起源をもつさまざまな特異的，選択的な障害の報告が相次ぎ，1940年代になると教育や言語学の分野においてもLD等価の症状が注目されるようになった。こうした背景の中で，Kirkは，それまで，外因性軽度精神遅滞，微細脳機能不全，発達性難読症，知覚障害，多動，学習遅滞など，分野ごとにそれぞれ独自の呼称で対応されてきた障害に対して，これらを包括する概念として学習障害という名称を提唱したのである（Kirk, 1962）。

　この概念の提唱によって，米国ではLDが特殊教育の対象として位置づけられることになった。1975年の全障害児教育法において規定されたLDは，障害児に関する全米諮問委員会（NACHC）の定義が採用されている。ちなみにこの諮問委員会の座長はKirkである（厳密にはこの定義は1970年の初等中等教育改正法に登場したのが最初である）。その後，この概念は米国教育局（USOE）の定義として継承され，1990年の障害児教育法の中にも生かされている。こうした

経緯からもわかるように，KirkがあえてLDという包括的な概念を用いた理由は，学習面に選択的な遅れを示す子どもたちを特別な教育的ニーズをもつものとして捉えたからである。

一方，上に述べた教育行政的な定義は規定があいまいであるとの立場から，6つの専門家団体からなる全米学習障害合同委員会（NJCLD）が組織され，独自の定義づくりも行われた。わが国の定義（1999）はこのNJCLDの1988年の改訂定義を参考にして作成されたものである。しかし，結果的には調査研究協力者会議の検討の過程でいくつかの変更が加えられ，最終的にはNJCLDのものとはかなり異なったものとなっている。その詳細は山口（2000）を参照してほしい。

（2） 学習障害の定義と用法の問題

わが国の公的な定義として文部省（現・文部科学省，1999）は「学習障害とは，基本的には全般的な知的発達に遅れはないが，聞く，話す，読む，書く，計算する又は推論する能力のうち特定のものの習得と使用に著しい困難を示す様々な状態を指すものである。学習障害は，その原因として，中枢神経系に何らかの機能障害があると推定されるが，視覚障害，聴覚障害，知的障害，情緒障害などの障害や，環境的な要因が直接の原因となるものではない。」と定義している。この定義は4つの要件で構成されている。一つは知能の障害が認められないこと，第二は基礎的学習能力の選択的障害であること，第三は原因として脳機能障害を推定していること，第四は別の障害が原因ではないという除外規定を設けていることである。これらのうち，第一，第四の規定に示されるように，LDは知的障害と区別される症状群として捉えられている。また，第三の推定原因の規定は，学習上の困難が親の養育態度や本人の意欲の問題に由来するのではなく，生物学的基礎をもつものと認識させる効果がある。ただし，ここでいう脳の機能障害とは，特定部位の障害がただちに対応する症状をもたらすと考えるのではなく，機能障害が知覚・認知等の心理学的過程の問題を生み，その結果として特定の症状が出現するものと解すべきである。

なお，医学分野において，たとえば米国精神医学会刊行のDSM-Ⅳ-TRでは，学習障害はLearning Disorders：LDとして定義されている。この場合は，基本的に「読み」，「書き」，「計算」の障害が下位分類されており，話しことばの障害は別の診断カテゴリーとして取り扱われている。したがって，同じLDという呼称を用いていても，分野が違えば概念も異なることに注意する必要がある。このほかにも，非言語性学習障害という概念を提唱する専門家もいるが，この場合には身体像障害，社会的認知障害，運動学習の障害などが含まれており，文科省の定義とは状態像がかなり異なる。本章では以下LDという場合は文科省の教育的定義に限定することにしたい。

（3） 学習障害の出現をめぐる諸問題

　2002年に上記の教育的定義のもとに全国実態調査が行われた。この調査は全国5地域の公立小・中学校に在籍する児童・生徒4万余人を対象として実施されたものである。調査方法は，担任教師の評定に基づくものであり，かならずしも専門家による診断とはいえないが，実態をとらえるには参考になる。この結果，通常学級において，いわゆる学習面で著しい困難を示す児童・生徒は4.5％にのぼり，学習困難の内訳は，「聞く・話す」の困難が1.1％，「読む・書く」が2.5％，「計算する・推論する」が2.8％であった。これらの数値は，特別な教育的ニーズをもつLD相当の子どもの出現率を示すものであるが，診断基準の設定の仕方によっては数値が変動することは理解しておかなければならない。

　ただし，読み書き障害に限ってみると，英米圏における学童期の4～10％という推定より低く，原則的に一文字一音対応という日本語の表記体系が症状の発現に関与している可能性がある。このことから，LDの潜在的可能性は有していても，それが顕在化するかどうかは文化的，社会的背景によって影響を受けることが示唆される。この意味で，第一次大戦に従軍して脳損傷を被った兵士を対象としたGoldsteinの研究が一つのヒントを与えてくれる。彼は，外傷性痴呆と呼んだこれらの兵士が，置かれた環境によって振る舞い方も変化する

ことを見出した。すなわち，周囲の環境が構造化され，見通しがもてる中で生活する限りは，彼らの振る舞いにまったく問題はなかったという。同様のことはCruickshankによって脳損傷が推定される子どもにおいても報告されている。

このことと関連して，LDを含めて発達障害の子どもたちが増加しているのかどうかという問題がある。彼らはいずれも中枢神経系の機能障害をもつことが想定されている。とすれば，こうした機能障害が突然増加することは生物学的に考えにくいので，現在発達障害と称する子どもたちは昔から同じ程度に存在していたことになる。にもかかわらず，今日こうした子どもたちの存在が目につくのはなぜであろうか。

たしかに，LDの概念がなければその存在に気がつかないということはあるであろう。したがって，従来は学業不振児ないしアンダーアチーバーと呼んできた子どもたちの一部がLDとして理解されるようになったという事実も無視することはできない。しかし，今日のように複雑で情報に満ち溢れた社会の中では，学校のみならず，家庭も，地域も生活様式や価値観など，あらゆる面で急激な変化にさらされている。以前ならば，「少し変わっているが○○博士」，「勉強が嫌いなひょうきん者」などと学校の中でもそれぞれの役割と居場所があたえられてきた子どもたちが，子ども社会の中で排除されかねない風土が社会全体に生まれてきたとはいえないであろうか。発達障害の子どもたちの問題は，当の子どもに対する支援が必要というだけでなく，じつは，教育の在り方そのものを改めて見直す機会を提供しているのだともいえる。

一方，よく知られていることであるが，LDの男女比はおよそ3～4：1と男児に多い。上記調査でみても，男児8.9％，女児3.7％と男児優位であったが，この数値には高機能自閉症，注意欠陥/多動性障害（AD/HD）も含まれている。著者らの調査では，読み遅滞の場合の男児の占める割合は78％，書き遅滞の場合は80％を示していた。また，女児は症状が表れにくいが，いったん症状が発現した場合には症状が重篤であることが多い（柳原ら，1998）。

なお，学習面の困難とともに不注意，多動性―衝動性の問題（AD/HD相当）を合併したものは上記調査において24％であり，逆にこうした行動面の問題を

第6章　学習障害の心理学的理解と支援

示すもののうち学習面の問題を示すものは38％と，両者の関連の強さがうかがえる。同様に，対人関係やこだわりの問題（高機能自閉症相当）を合併したものは7％，逆に自閉症（相当）のうち学習面の困難を示すものは38％となり，これらを総合すると，三種の発達障害は相互に関連することが分かる。ただし，AD/HDも自閉症も医学分野の概念であるので，障害の相互関連の議論を行うためには，LDも医学の定義にしたがって診断しなければならない。ここではLDの抱える問題が教科学習のつまずきだけに留まらない場合が少なくない事実を指摘しておきたい。

2　学習障害のアセスメント

アセスメントには3つの側面がある。一つは，LDのカテゴリーに属するか否かの判定を行うことを目的とした判別（鑑別）診断的側面である。第二は，どこにつまずいているのか，そこにはどのような仕組みが介在しているのかを推定する機構診断的側面である。第三は，つまずきの仕組みを考慮したうえで必要な介入を行った際，その効果を検証するための診断評価的側面である。ここでは紙数の関係もあり，判別診断と機構診断について述べることにしたい。

（1）判別診断的アセスメント

LDに該当するかどうかを判別するためには，知的能力と基礎的能力の評価が不可欠である。このほか，神経機能や感覚機能などの生体情報も必要になるが，この部分については医学分野の専門家に委ねたい。まず，知的能力の測定についてであるが，通常，個別式知能検査が使用される。現在わが国で用いられている標準化された検査としては，WISC-III，田中ビネーV（または改訂版鈴木ビネー），K-ABCの3種類があるが，知的水準の測定だけを目的とする場合はこれらのどれを用いても差し支えない。しかし，個人内の知能構造や情報処理特性の均質性に関する情報を得たいという場合には，それぞれWISC-III，K-ABCを用いるのが適当である。

知能検査は「全般的知的機能の発達に遅れはない」ことを確認するために使用されるが，これは知的障害と区別するためである。ではIQ 65であった場合にはLDとはいえないのであろうか。じつはこの点については専門家の間でも意見が分かれている（第Ⅰ部第5章も参照）。ここで「全般的」と表現されているのは，多次元的な知能構造を前提としており，仮に知能のある側面に明らかな遅れがみられたとしても，そのことを取り上げるのではなく，全体を平均化して評価するという意味である。一般にLDは知能構造のうえでも部分的な落ち込みがあることが知られており，結果的に，測定されたIQは低い方へ偏倚しやすい。したがって，IQ 65という測定結果であったとしても，それが知能構造の歪みを反映したものであって，知的障害の知能構造とは本質的に異なるという考え方もある。なお，こうした知能構造の不均衡に関連して，WISC-Ⅲの言語性IQと動作性IQの乖離をLDの特徴とすることを強調する専門家もいるが，これを反証した報告があることも指摘しておきたい。

しかし，より問題を複雑にするのは，現行の知能検査は，生得的能力（流動性知能）と獲得的能力（結晶性知能）とを分離しないまま測定していることである。LDの場合は生活体験を通じて獲得される結晶性知能に不利が生じるため，測定値が低くなってもおかしくない。たとえば，WISC-Ⅲにおける語彙や算数などの下位検査の低成績は，LDの原因というよりも結果を表すものとみるべきである。これらのことを勘案すると，IQ 65のLDを認めるかどうかは意見が分かれることになる。

このように，知能を測定するのは比較的簡単であるが，その結果の解釈は容易ではない。このことと比較すると，基礎的能力については測定，評価ともに難しい面がある。現在，LDの判別診断を意図した検査としては，森永・隠岐（1992）の作成したLD児診断のためのスクリーニング・テスト（The Pupil Rating Scale-Screening for Learning Disabilities：PRS）やLD判断のための調査票（Learning Disabilities Inventory-Revised：LDI-R）がある。前者はMyklebust（1981）の作成した検査を日本版にしたものであり，聴覚的理解と記憶，話しことば，オリエンテーション，運動能力，社会的行動から測定しよ

うとするものである。後者はHammillら（1998）や海津（2001）を参考にして上野ら（2005）が作成したものであり，聞く，話す，読む，書く，計算する，推論する，英語，数学，行動，社会性の各尺度から構成されている。また，読み書き障害に特化した「小学生の読み書きスクリーニング検査」（宇野ら，2006）も開発されている。

　これらのうちLDI-Rについてみると，検査は領域ごとに遅れがあるかどうかを判定できるようになっている。その中でたとえば「聞く」の領域の質問項目12項目をみると，LDに特異的な遅れとはいえない項目が含まれている。すなわち，2．「相手の話を聞いていないと感じられることがある」や，7．「指示を聞き返したり，複数の指示を出すと聞き洩らしたりする」はAD/HDによくみられる行動特性であるし，8．「ゆっくり話されれば理解できるが，早く話されると理解が困難である」や12．「ことばの背後に隠された意味をとらえることが困難である」などは広汎性発達障害にみられる特徴でもある。このような多彩な項目が混在しているのは，背景にある考え方としてLDを特別の教育的ニーズをもつ子どもという教育的定義に沿って捉えているためである。この検査の基本的な考え方は，同年齢の子どもたちの平均的な到達度を基準にして，対象児の成績の偏倚の程度から遅れの有無を診断しようとした到達度検査であり，そこには教科学習に必要な基本的能力の遅れの状態をそのままとらえようとする姿勢がある。

　これに対して，学力診断検査等の結果を偏差値換算し，知能偏差値との乖離からLDを診断しようとする方法もある。こちらの考え方は個人内差に着目した方法であり，LDの概念を提唱したKirkの弟子Batemanが提案したものである。この場合は，期待される能力と獲得された能力のズレが重視されており，遅れを病因論的に理解しようという考え方が背景にある場合が多い。しかし，この乖離モデルに従えば，知的水準が相当高い場合には，学業成績が平均的であっても乖離が生じることになり，優秀知能LDが発現することになる。LDは，本人が教科学習の基礎的能力でつまずくものを対象とすべきであり，単なる得意・不得意というものであってはならないであろう。

次に，判別的アセスメントにあたって問題となるのは，「特定のもの（能力）の習得と使用に著しい困難」という記述である。少なくともLDが選択的な障害というのであれば，掲げた6つの能力のすべてが障害されてはいけないであろうが，4つの場合はどう考えるのかといった点で議論がある。というのは，「話す」は「聞く」を前提にしており，「書く」は「読む」を前提にしている。また，「読む」は「話す」の後に獲得されるものであり，こうした連鎖を考えると「読み書き」障害の場合には，多数の側面に問題があることになる。このように考えると「特定のもの」という選択性は何をもって判断するのかあいまいな面が残されている。さらに「著しい」の判断についても同様の問題がある。これには本人の「得意なこと」と「苦手なこと」との相対的な関係の中で評価しようとする個人内差異を重視する立場と，同年齢の子どもたちの平均的な到達度との関連から評価する個人間差異に力点を置く立場とがあるが，いずれにしてもその基準は恣意的なものでしかない。

（2） 機構診断的アセスメント

仮に「読み」と「書き」に選択的な遅れのみられるLDと判断されても，それだけでは指導に関する情報は得られない。読み書きのつまずきがどのような仕組みから生じるのかを理解しない限り，適切な支援の仕方は生まれない。私たちが，「乗用車が動かない」というとき，それがガソリン不足のためか，点火プラグの不良のためか，といった原因を突き止め，原因が明らかになった時点で適切な対処をするのと似ている。

具体例として「読み」の過程について考えてみたい。読みは，聞く・話すという話しことばの獲得のうえに成り立つ活動である。したがって，話しことばが十分に育っていない場合には読みに支障が生じる。たとえば，話しことばの世界で「たいくかん」という認識をしている子どもの場合，「たいいくかん」という語は「体育館」の意味に結びつかない。話しことばの語彙を音韻に分解する力は，しりとり遊びに代表されるように読み学習の前段階の幼児に自発的に観察される。また，「くま」と同じような音韻は「うま」であって「さる」

ではないことが判断できるのもこの時期である。このような音韻意識は読みの正確さに影響することが知られている。

　次の文を読んでいただきたい。ただし，ここに書かれたかなは，文字通り読むのではなく，一定の音韻変換規則に従って読まなければならない。その規則とは，書かれたかなは50音表の1文字前の音に置き換えて読む，というものである。すなわち，「い」は/a/を表し，「う」は/i/を表している。「は」は/no/であり，「ゆ」は/ya/となる。

さろぎせてならもろびかきすうどせ

　ひどい逐字読みになってしまったのではないだろうか。読み返しもあったかもしれない。そのうえ，一度読んだだけでは内容が理解できない場合も少なくないはずである。私たちが慣れ親しんだ文字も，その記号と音韻との対応関係が崩れてしまうと，読みの入門段階の子どもと同様のたどたどしい読みになってしまう。こうした記号の音韻符号への変換処理は読みの速度を規定する。このように，読みの正確さと速度は異なる仕組みと考えるのがWolf & Greig (1999) の二重欠陥仮説である。

　また，このとき，音韻変換した文字はどの文字であったかを覚えておかなければ，次に読むべき文字が分からなくなる。さらに，文字の単位が語の単位として認識されなければ，文の意味が理解できなくなる。語が語として意味理解されるには語彙が知識として存在（心的辞書）しなければならないし，文法規則なども知識として必要である。こうした処理を行うのはワーキングメモリーと呼ばれるシステム（第I部第2章参照）であるが，音韻符号への変換処理に負荷がかかってしまうと，複雑な処理が滞ってしまう。

　以上にみたように，読みには音韻意識や符号変換といった音韻処理の仕組み，さらにはそれらを支えるワーキングメモリーのシステムが働くが，むろんそれらだけではない。記号としての文字を一つずつ同定していく過程が不可欠である。古文書を読む場面を考えれば理解しやすい。この過程ではある種のパタン認識が働くことが知られているが，それは脳内に鋳型があって，それと眼前の

記号と照合していくといった単純なものではないらしい。というのは，文字の大きさや傾き，フォントの違いにも対応しなければならないので，それだけの冗長性を備えた特徴抽出システムでなければならない。さらにまた，ここでは詳しくは述べないが，文字から意味を抽出するボトムアップ処理だけでなく，いわゆる勝手読みにみられるように文脈や意味が先行した語の処理などトップダウン処理の問題もある。

　読みの過程は，入力情報を自分の知識体系に取り込む作業といえるが，以上みてきたように，さまざまに複雑な処理システムが関与している。これらのシステムのどこにつまずきがあるのかを明らかにしなければ，適切な支援につながらない。そのためには専門知識が必要になるが，子どもの犯すエラーが重要な情報を提供することが少なくない。エラーが文字（平かな，カタカナ），単語（有意味語と無意味語），文章のいずれの水準で見られるか，特殊音節の読みはどうか，音読と黙読による読解力の比較といった音韻処理にかかわる機能のチェックとともに，縦書きと横書きの比較，行飛ばしの状況などの視空間の処理機能もあわせて，エラーの出現しやすい条件を系統的に明らかにしていくことが必要であろう。

3　学習障害の支援の考え方と方法

（1）　通常学級における支援

　学校教育の中で，特別なニーズをもつ子どもたちの指導は，特別の場において個別ないし小集団で行うことがこれまでの通例であった。2007年に特別支援教育制度が開始されてからは，通常学級に在籍する特別なニーズをもつ子どもたちも特別支援教育の対象とすることが求められるようになった。このため，一斉指導の中で誰もがわかりやすい授業を行うことが，LDを含む発達障害の子どもたちへの支援につながることになる。

　RTI（Response to Intervention/Instruction）モデルは一斉指導を支援の基本としている点で注目される。この中ではまず，通常学級において一斉指導が行

われる。子どもたちの学習進捗状況がモニターされ，一斉指導では十分な進捗が観察されなかった子どもたちを対象に，小集団指導が行われる。それでも進捗が認められない場合には，個別指導による集中的な指導が行われる。このように階層的な指導を行うと，最終的に個別指導が必要になる子どもは5％程度になるという。このモデルの目的とするところは，この階層的な指導の過程でLDへの支援を実質的に開始することである。すなわち，前節に述べた知能と学力との乖離によってLDと判定する方法では，学習へのつまずきが判明しなければ判定がなされないため，結果的に支援が遅れてしまい，十分な指導効果が期待できないという批判に応える狙いがある。

わが国において類似のモデルとして，海津ら（2009）はMIM（Multilayer Instruction Model）を提案している。彼女によれば，形式の上でRTIより弾力的に運用されること，LDの判定を目的としていないことを特徴としており，通常学級におけるより効果的な指導を目指している点でRTIモデルと異なるという。

（2） 心理的サポートの必要性

LDの子どもたちの苦悩は，学習上のつまずきに直面することだけではなく，そのつまずきに伴う困難も体験しなければならないことである。このため，自分の努力が報われないため自己肯定感が形成できない，困難な課題に直面するとそれを回避してしまう，など人格形成の面からも支援が必要なことが多い。こうした問題に対処するには，一般的には，早期に発見し適切な対応をとることが問題解決につながる。と同時に，できる限り失敗体験を少なくし，達成体験を用意する環境を整えていくことが望ましい。

LDの子どもたちの中には，早い段階から，自分の失敗の原因帰属に関してつねに「自分の能力不足のせい」にしてしまう態度を示すものや，本人にとって十分解決可能な課題を与えても「できない」として取り組みを拒否する姿勢を示すものが多い。これらの現象は，LD本来の問題から新たに発生した問題（たとえば学習性無力感）として二次障害と呼ばれるが，単純にそのように考

えてよいのかどうかは疑問がある。というのは，学習上のつまずきをもたらす認知的バイアスの表れとも考えられるからである。「できない」という判断は，課題の要求と自分の知識やスキルとを照合して行われるメタ認知の過程を通して行われるものである。そこでは「できないから回避する」と見える行動も，じつはできることをできないと誤って認識するために，回避してしまっている可能性がある。この問題は今後のLD指導を考える上での検討課題である。

　LDの苦悩を理解するうえで周囲の対応のあり方についても考えることが必要である。LDは，たとえば知的障害や視覚障害と比較すればわかるように，外見から障害と認識できるスティグマをもたない。このため，本人の取り組みが周囲から正当に評価されず，ときには教師や親からも「やる気がない」などと誤解される苦しみを味わうことになる。高学年になると，いじめの対象となりやすいことにも配慮が必要である。

（3） 個別指導の方法

　個別指導は通級による指導によって行われるのが通例である。指導に際して留意しなければならないのは，まず本人に適合した課題が選択されることである。できそうな課題を複数提示し，本人に選択させるのも一つの方法である。できる課題を行うことは，過剰学習によって基礎部分の定着を図る意味でも，また最初からできないという挫折体験を回避する意味でも効果がある。自己選択も本人の取り組みを内発的に動機づけるうえで有効である。指導の経過の中で，グラフ表示を利用するなどして本人の達成度をフィードバックすることも大切である。

　LDに対する指導方法として考慮されるべきことは，知的障害に対する指導とは違い，個人内の優れた部分を活用した指導が期待できることである。課題の解決までの手順を示し，一つひとつのステップを言語的に確認しながら解決まで導く自己教示法（self-instruction）などがその代表的な例である。その一例を以下に示す。

　1．教師が声に出しながら課題を解く（求められているのは何か。どうすれば

解くことができるか。できたかどうか)。
2．教師が声に出すことにしたがって，子どもが課題に取り組む。
3．子どもが自分で声に出しながら課題に取り組む。
4．子どもがささやき声を使って課題に取り組む。
5．子どもが声に出さず課題に取り組む。

また，読み書きの学習に際して言語を利用して支援するメタ言語指導もそうした認知的指導といえる。下の2つの文字を正確に覚えなければならない場面を考えてみよう。

鑷　　　鬪

どちらも26画の文字であるが，左の方がはるかに記憶しやすい。その理由は「金偏に耳3つ」と言語化するだけで再生できてしまうからである。新出漢字の学習は，その都度すべての画を学ぶのではなく，既存の文字を利用して再構成すればよいという例である。漢字の書字を指導する場合，偏と旁に注目させ，同じ偏の文字群を指導する方法もこうした考え方に基づくものである。

このほか学習ストラテジー教示法（Academic Strategy Instruction）もよく用いられる方法である。その基本原理はスモールステップであり，まず指導すべき課題を特定する段階から開始される。次の段階では課題を解決するためのストラテジーを教え，最後の段階で課題分析を行い必要なスキルを学ばせていくというものである（この辺の問題についてはHallahanら（1996）に比較的詳しく述べられている）。

いずれにしても大切なのは，計画的，組織的な指導を行うことであろう。思いつきで介入を行うと，混乱を招くだけである。

〈文献〉

Hallahan, D. P., Kauffman, J. M., Iloyd, J. W. 1996 *Introduction to learning disabilities*, Allyn & Bacon.

Hammill, D. D., Bryant, B. R. 1998 *Learning disabilities diagnostic inventory*, Austin, TX：Pro-Ed.

海津亜希子　2001　学習障害の心理・教育診断体系開発に関する研究　東京学芸大学大学院連合学校教育学研究科博士論文（未公刊）.

海津亜希子　2009　特殊音節の読みに顕著なつまずきのある1年生への集中的指導：通常の学級での多層指導モデル（MIM）を通じて．特殊教育学研究, **47**, 1-12.

Kirk, S. A. 1962 *Educating exceptional children,* Houghton Mifflin.

文部省・学習障害及びこれに類似する学習上の困難を有する児童生徒の指導方法に関する調査研究協力者会議　1999　学習障害児に対する指導について（報告）.

森永良子・隠岐忠彦　1992　PRS手引：LD児診断のためのスクリーニング・テスト，文教資料協会.

Myklebust, H. 1981 *The Pupil Rating Scale : Screening for Learning Disabilities,* Grune & Stratton.

上野一彦・篁　倫子・海津亜希子　2005　LDI—LD判断のための調査票—手引，日本文化科学社.

宇野　彰・春原則子・金子真人・Wydell, T. N.　2006　小学生の読み書きスクリーニング検査：発達性読み書き障害（発達性dyslexia）検出のために，インテルナ出版.

山口　薫（編著）　2000　学習障害・学習困難への教育的対応：日本の学校教育改革を目指して，文教資料協会.

柳原正文・圓尾まり子・森脇晃義　1998　小学校児童にみられる特殊な読み・書き・計算遅滞の実態調査．岡山大学教育学部研究集録, **107**, 105-113.

Wolf, M., Greig, B. P. 1999 The double-deficit hypothesis for the developmental dyslexia. *Journal of Educational Psychology*, **91**, 415-438.

第7章　適応障害の医学
──心身症を中心に

岡田あゆみ

1　はじめに

　「適応」とは，対人関係や学業，仕事などさまざまな課題・問題を処理しながら，周囲の環境に適した行動をとることである。子どもは，心理社会的ストレスを日々試行錯誤しながら処理し，コーピング能力（生活上の課題や問題に対処する能力）を向上させる。しかし，心理社会的なストレスを上手く処理できず不適応が発生すると，さまざまな症状が出現する。この症状のために日常生活に支障が生じた状態を，「適応障害」という。

　発達障害児はその特性のため，定型発達児と比較して些細なことも課題・問題となりやすい。さらに，困っていることを上手に伝えることが難しく，周囲の協力を得にくい。結果として，家庭や学校，職場などさまざまな場面で適応に障害を来しやすくなる。よって，その支援に当たっては，本人への発達支援（コーピング能力が向上するようなかかわり）と，環境調整（周囲が協力して不要な心理社会的ストレスを減らす）の両方が必要となる。

　なお，本章では，一般的な幅広い概念として「適応障害」という用語を使用しているが，精神科領域では精神疾患の診断名として「適応障害」が使用されている。混乱をさけるため，診断基準を参照していただきたい（表1）。

表1　適応障害の診断基準

適応障害（Adjustment Disorders）
A. はっきりと確認できるストレス因子に反応して，そのストレス因子の始まりから3カ月以内に情緒面または行動面の症状が出現
B. これらの症状や行動は臨床的に著しく，それは以下のどちらかによって裏づけられている。
　(1) そのストレス因子に暴露されたときに予測されるものをはるかに超えた苦痛
　(2) 社会的または職業的（学業上の）機能の著しい障害
C. ストレス関連性障害は他の特定のⅠ軸障害の基準を満たしていないし，すでに存在しているⅠ軸障害またはⅡ軸障害の単なる悪化でもない。
D. 症状は，死別反応を示すものではない。
E. そのストレス因子（またはその結果）がひとたび終結すると，症状がその後さらに6カ月以上持続することはない。

（出所）　American Psychiatric Association, 2000/2004

2　適応障害の理解

(1)　病　態

　適応障害が発生すると，どのような症状が出現するのか。その特徴を図1に示した。原因として明らかな心理社会的ストレス（両親の不仲や友達からのいじめなど）が存在する場合もあるが，複数の課題が重なって破綻を来す場合や，以前は有用だった対処方法が通用しなくなる（クラス替えのため信頼していた先生と離れたなど）ことでも症状は出現する。症状は，身体面，心理面，行動面に出現し重複することも多い。本章では，子どもは心身未分化で言語化が難しく身体化しやすい（からだに症状が出やすい）という特徴を持っていることに注目して，おもに心身症(1)について説明を行う。

　心理社会的ストレスが，身体に及ぼす影響と身体症状の発生機序を図2に示した。心理社会的ストレスの原因となる要因（ストレッサー）が大脳皮質で認知されると，喜びや怒りなど情動の中枢である大脳辺縁系に影響が及び，これが視床下部にも伝わる。視床下部は自律神経系の中枢であり，その不調はさまざまな自律神経失調症状を形成する。また，視床下部は内分泌系の中枢である下垂体と密接に関係しており，内分泌系の異常も発生する。さらに自律神経系

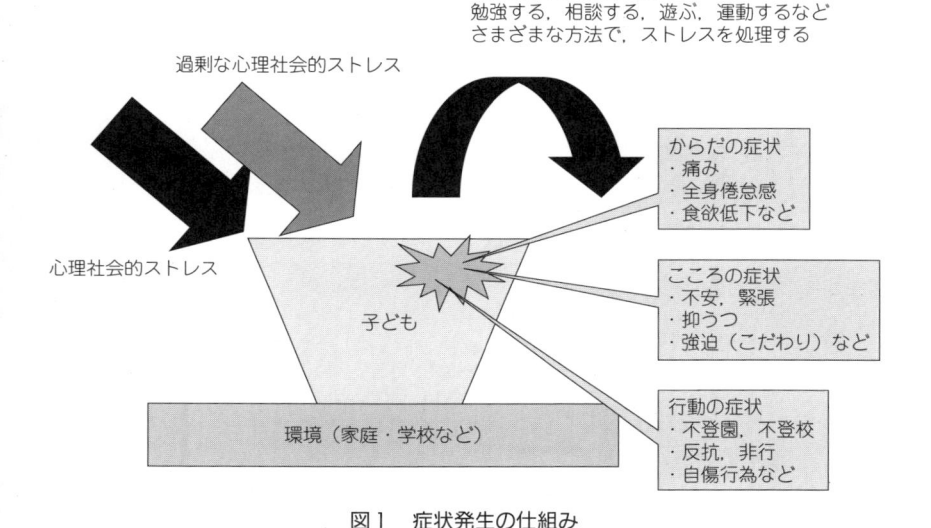

図1　症状発生の仕組み
子どもは，日々さまざまな心理社会的ストレスを受けながら，これを処理している。子どもを器にたとえると，ストレスに対処する経験を積むことで，器はより大きくなり，新しいストレスに対処できるようになる。しかし過剰なストレスを受けて上手く処理できない場合は，器が破裂しないように症状が出現する。土台となる環境の影響も大きいので，その安定も症状の発生に影響を与える。

や内分泌系は体の抵抗力に関係する免疫系へも影響を与え，その不調も発生する。このように，情動の変化が自律神経系・内分泌系・免疫系の不調を引き起こし，その結果として身体の各器官に身体症状が発生する。

どのような症状が出現しやすいかは，ストレッサーの性質だけではなく，個人の生物的・心理的特性（素因）や，家族や友達，先生など周囲のサポートシステム（環境因）の影響を受ける。子どもは成長する存在であり，年齢によって出現しやすい症状も変化する（図3）。宮本（2003）は，単一の身体症状は乳幼児期に多く，習癖を中心とした行動異常は学童期によくみられ，いわゆる完成された心身症は12歳前後以降で出現しやすくなっていると指摘している。さらに発達障害児の場合は，生物学的年齢だけでなく精神的年齢が，症状に影響することに留意が必要である。

第Ⅰ部　発達障害・適応障害への理解と支援

```
┌─────────────────┐     ・ストレッサーとは，ストレスを発生させる各種の刺激
│ 心理社会的ストレッサー │     ・ストレスとは，ストレッサーにより生体におきるひずみ
└─────────────────┘     ・大脳皮質で認知されたストレッサーが，情動の中枢で
         ↓                ある大脳辺縁系に伝わり，快不快などの情動が発生
┌─────────────────┐
│ 大脳皮質，大脳辺縁系 │
└─────────────────┘
         ↓
┌─────────────────┐
│     視床下部     │────────────┐
└─────────────────┘            ↓
         ↓              ┌──────────────────┐
┌─────────────────┐     │     自律神経系     │
│     下垂体      │     └──────────────────┘
└─────────────────┘      ●冷や汗，動悸，血圧の変動
         ↓              ●頭痛，肩こり，めまい
┌─────────────────┐     ●下痢，便秘など
│     内分泌系     │──→┌──────────────────┐
└─────────────────┘     │      免疫系       │
 ●低身長              └──────────────────┘
 ●やせ，肥満           ●免疫力の低下
 ●無月経，生理不順など  ●アレルギー症状の悪化
         ↓                     ↓              ↓
┌──────────────────────────────────────────────┐
│  身体の各器官に影響して，さまざまな身体症状が出現  │
└──────────────────────────────────────────────┘
```

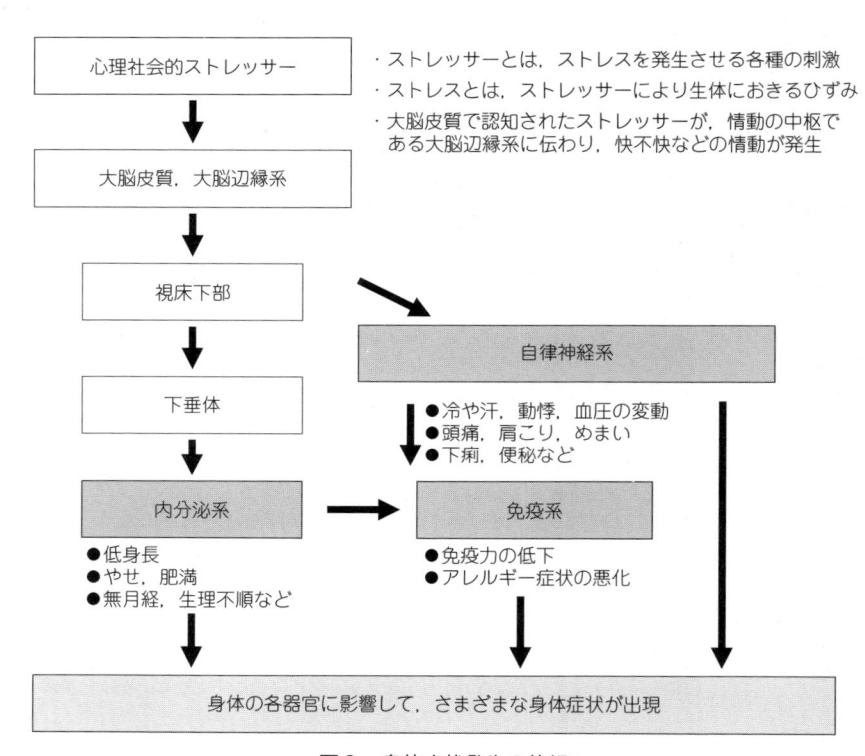

図2　身体症状発生の仕組み

（2）　出現しやすい身体症状（心身症）

　発達障害児に合併しやすい症状として，遺糞・遺尿やチックなどが知られている。岡山大学病院小児科心身症外来を訪れた発達障害児の中で，受診前は未診断で受診後診断にいたった子どもの訴えとしては，遺尿，遺糞，チック，登校時の不定愁訴（頭痛，全身倦怠感，腹痛，悪心など）の他，意識消失や歩行障害などが多かった。小枝（2003）は，心身症の経過が思わしくなく，治療抵抗性の強い症例では，背景に発達障害が潜んでいないかという視点を持つことが肝要と指摘している。以下，おもな疾患を取り上げる。

頭痛・その他の痛み

　頭痛にはさまざまなタイプがある。偏頭痛は，前額部に多い血管の拍動に一

第7章　適応障害の医学

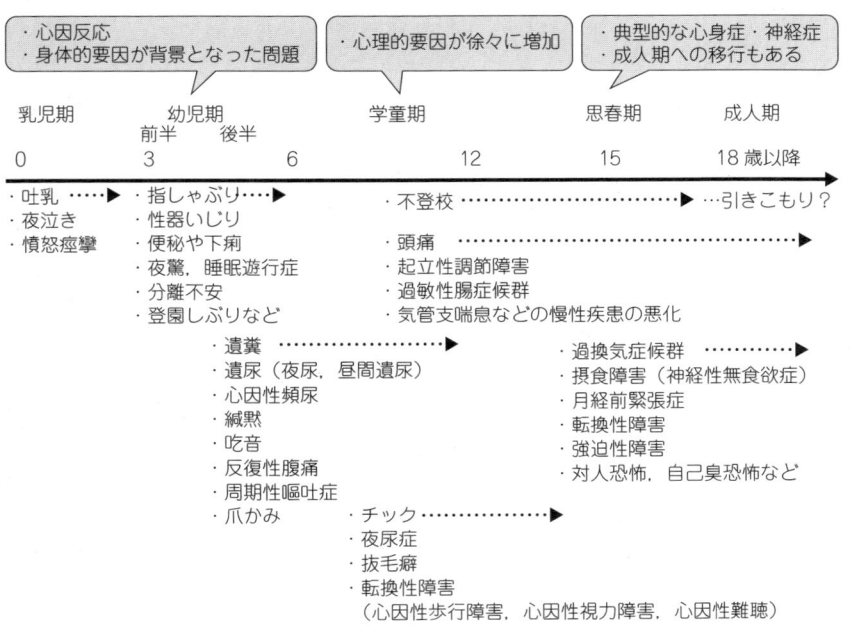

```
・心因反応                    ・心理的要因が徐々に増加    ・典型的な心身症・神経症
・身体的要因が背景となった問題                          ・成人期への移行もある

  乳児期      幼児期              学童期         思春期      成人期
           前半  後半
   0        3    6               12            15       18歳以降
 ──────────────────────────────────────────────────────────→
・吐乳   ・指しゃぶり……▶     ・不登校……………………………▶…引きこもり？
・夜泣き  ・性器いじり         ・頭痛……………………………………▶
・憤怒痙攣 ・便秘や下痢         ・起立性調節障害
         ・夜驚，睡眠遊行症    ・過敏性腸症候群
         ・分離不安            ・気管支喘息などの慢性疾患の悪化
         ・登園しぶりなど
              ・遺糞………………………▶    ・過換気症候群…………………▶
              ・遺尿（夜尿，昼間遺尿）     ・摂食障害（神経性無食欲症）
              ・心因性頻尿                ・月経前緊張症
              ・緘黙                      ・転換性障害
              ・吃音                      ・強迫性障害
              ・反復性腹痛                ・対人恐怖，自己臭恐怖など
              ・周期性嘔吐症
              ・爪かみ      ・チック………………▶
                            ・夜尿症
                            ・抜毛癖
                            ・転換性障害
                             （心因性歩行障害，心因性視力障害，心因性難聴）
```

図3　発達段階と出現しやすい症状や疾患

致した「がんがん」とした痛みで，前兆として視野の狭窄や目のちかちかを自覚することもある。動くと悪化することが特徴で，吐き気や嘔吐を伴うこともある。家族歴があることが多い。緊張型頭痛は，頭部を「ぎゅっと縛ったような」痛みで，頸から肩の筋緊張が影響している。頭痛は疲れや心理的ストレスで悪化しやすい。薬物療法が有効なことが多いが，鎮痛剤の乱用から薬剤依存性頭痛になることもあるので，慢性の場合は専門医への受診を勧める。

　なお，子どもは不安になると身体各部の痛みを訴える。「痛くないか？」と聞けば聞くほど訴えが増えることもある。安心するように声かけをして，注意が他のことに向くと症状は消失しやすい。痛みについては行動観察で評価し（笑っているか，動けているかなど），楽しいことで気持ちが切り替わるように工夫する。また，声をかけながらなでると（「痛いの痛いの飛んでいけ」など），触覚刺激が加わって痛みが減少することもある。なお，広汎性発達障害

(PDD）児の場合は，感覚過敏のため独特の表現（「肩に触られただけで痛い」「蛍光灯の光がチカチカする」など）を認めることがあるので注意する。

摂食の問題

摂食は，生命維持や成長のために栄養摂取をする行為だけではなく，他者と食事をともにする社会的な行為である。このため，発達障害児では，摂食そのものの困難さとともに社会性の問題から症状が発生しやすい。

①少食，食欲低下，拒食，偏食など

食事量や体格には個人差があり，少食であっても成長や活動に支障がなければ問題ない。子どもは，感染症などの病気や疲れで一時的に食欲が低下しやすいが，体調がよくなれば自然に食欲は回復するので，経過を診ることが必要である。しかし中には，嘔吐した，食べ物がのどに詰まったという経験が条件付け(2)になり，食べることに恐怖心を持つ子どももいる。食事を無理強いすると，一層恐怖心が強くなって拒食となるので，保護者と相談しながら「食べやすいもの，食べやすい方法」から少しずつ練習してもらい，安心して摂食できる環境を整える。

PDD児は，感覚過敏やこだわりのために食行動の問題が発生しやすい。特定の食べ物の色やにおい，食感（ネバネバやヌルヌルが苦手など）を拒否する。厳しい給食指導のために，登校しづらくなることもある。注意欠陥/多動性障害（AD/HD）児は，不注意による遊び食べや立ち歩きの相談が多い。テレビを消す，おもちゃを片付けるなど環境を整える，子どもが自分で食べようという意欲を示したらできるだけやらせてみる，一定の時間が過ぎたら食事を片付けるなどの対応を続ける。なお発達障害児全般に，目と手の協応が難しく摂食行為がスムーズでないことが影響している場合があり，作業療法が有効なことも多い。

②異食症

異食とは食べ物ではないものを繰り返し摂取することで，発達の水準や文化的な風習からも不適切な場合に異食症と診断する。砂・土・粘土・紙・髪の毛などさまざまなものを食べる。1歳代前半までの異食は発達年齢相応とされる

が，2歳を超えて認める場合は知的障害の可能性を考える。またPDD児では，感覚異常（感覚鈍麻や偏り）や強迫性のため，繰り返し何かを口にすることもある。また，頻度は稀だが鉄欠乏状態で異食が生じることがあるので，専門医へ相談することが必要である。

なお，健常児でも認められることだが，発達障害児ではしばしば，鉛筆やタオル，衣服などを繰り返し口に当てる，噛む，吸うなどの行動が認められる。これは自己刺激的な感覚遊びの場合の他，不安な気持ちを立て直すためや注意集中するための場合がある。これらの行動には精神安定作用があるので，ただ禁止するのではなく他の行動に置き換える，支障のないものは放置するなどで対応する。

③摂食障害（神経性無食欲症・神経性大食症）

拒食，やせ，無月経が特徴の神経性無食欲症と，過食とそれに続く代償行動（嘔吐や下剤の乱用）が特徴の神経性大食症に分けられる。両者を併せて摂食障害といい，10～20代の女性に多い疾患である。最近では，二次性徴の出現による身体の変化を「太った」と誤解する場合もあり，低年齢患者の増加が指摘されている。自分の身体が太っていて醜いなどの身体イメージの障害を伴っており，極度にやせて生命の危険があっても病気だという自覚がない。このため，医療機関への受診を拒否することが多く，治療は難渋する。近年発達障害に由来する恐怖やこだわりが影響している症例の報告が増加している。患者は，数字（体重やカロリー）にこだわる，特定の食べ物を嫌がるなどの症状を呈し，安易に食べるように指導しても反発を招く。治療には長期間を要する。

④嘔吐症

身長や体重の増加に問題なく，さまざまな検査でも異常はないが，心理的なストレスが増加すると嘔吐を繰り返す場合を心因性嘔吐症という。発達障害児では条件付けが発生しやすく，特定の場所や状況で嘔吐してから同じような場面で繰り返し嘔吐することがある。

その他，乳幼児期には哺乳後の排気不良や激しく泣いた後に嘔吐が出現しやすい。哺乳方法などを具体的に説明して，保護者がゆったりとかかわれるよう

に指導を行う。体重増加や発達が正常なことを指摘すると,不安が取り除かれる。幼児期から学童期にかけては,周期性嘔吐症の頻度が高い。数週間から数か月の間隔で,数日間突然激しい嘔吐が出現する。運動会や遠足など行事の前で,興奮したり疲れたりしたときに発生しやすい。症状が激しい場合は,輸液が必要になる。成長に伴って改善するので,親子の辛い気持ちに共感しながら,可能な範囲で行事に参加できるよう工夫する。

消化器の問題

①反復性腹痛

小児期には,繰り返し腹痛を訴えることがあり,反復性腹痛と総称されている。検査をしても90％には異常がなく,臍の周囲の痛みが多いこと,成長障害が発生しないこと,症状がないときは元気なことなどが特徴である。心理的ストレスによって症状が増加しやすいので,どのような場面で症状を訴えることが多いか観察し,対応を考える。症状があることで苦手なことを避けたり周囲の人に任せたりしている疾病利得状態(4)でも,症状は仮病ではないので叱ったりせずに,どうすれば苦手なことに挑戦できるかを考える必要がある。

②過敏性腸症候群

小学校高学年から増加する慢性の下痢や便秘などの便通異常で,排便で腹痛が軽快するのが特徴である。消化管の運動機能の障害が原因である。薬物療法の他に,刺激物を避ける,規則正しい生活をするなどの工夫で,日常生活に支障が起きないようにする。

しかし子どもによっては,登校後に発生するかもしれない腹痛が心配で,登校できなくなることがある。また,周囲におならや腹鳴を気づかれるのではないかと不安になっていることもある。このような場合は,症状のコントロールとともに,心理治療や周囲の協力が必要である。室内を暖かくする,席はトイレに行きやすい場所にする,体調が悪いときは保健室が利用できるようにするなど,子どもが心配していることに対して具体的な対処方法を考える。

排泄の問題

①遺尿症(夜尿症,昼間遺尿症)

5歳以上の子どもが，週に2回以上おねしょするのが夜尿症，昼間目が覚めているときにお漏らしするのが昼間遺尿症である。夜尿症は頻度が高く7歳で10％程度に認められるが，成長に伴って排尿調節機構が成熟すれば自然治癒し，12歳で3.5％に減少する。「焦らず（成長に伴って改善する），叱らず（睡眠中のことは覚えていない。叱って自己評価を下げないようにする），起こさず（睡眠中に成長ホルモンや抗利尿ホルモンが分泌されるので，睡眠を中断させない方がよい）」の3つの「ない」を指導する。夜尿症のために二次的に宿泊行事への参加を拒否することがないよう，周囲の配慮も必要である。生活指導（便秘の改善，夕食後の水分制限，冷え性対策など）とともに，年齢によっては薬物療法を併用する。なお，一定期間改善した夜尿が再び発生する場合は，糖尿病や尿崩症などの病気や，心理的な問題が発生している場合が考えられるので，専門医への受診を勧める。

　昼間遺尿も幼児期から学童期にかけて認める。AD/HD児の中には，遊びに夢中になって気がつくと漏らしていたといったエピソードが多い。周囲がお漏らしさせないように頻回にトイレに行くように指示すると，膀胱が十分拡張しないまま排尿することになり，結果として膀胱の容量が大きくならず改善が遅れることもあるので注意する。

　②心因性頻尿
　膀胱機能には問題がないのに，頻繁に尿意を訴えてトイレに行くことをいう。行事や乗り物での移動など，緊張する場面や自由にトイレに行けない場面で発生しやすい。自宅など安心できる場所では出現しないため，診断は比較的容易である。成長に伴って改善することが多いが，人前でお漏らしをするなどの経験から不安で登校できなくなる場合もあるので，注意が必要である。

　③遺糞症
　4歳以上の児が，月に1回以上不適切な場所に排便することである。排便習慣が確立できず慢性の便秘になると，直腸に便が溜まって隙間から下痢便が漏れ出すようになる。朝食後の胃結腸反射は，一日でもっとも強く排便しやすいので，毎朝食後にトイレに座って排便する習慣をつけることで徐々に改善する。

症状が長期間続いている場合は，詳しい検査や浣腸・下剤の内服などが必要となるので，専門医に相談する。なお，情緒不安定な子，よく叱られて自己評価が低い子で，便を壁に塗りつけるなどの遺糞症が発生することがある。この場合は，スキンシップや褒める機会を増やす必要がある。また，遺糞のためにさらに叱ることがないように保護者へアドバイスを行い，改善されない場合は心理治療を勧める。

睡眠の問題

①夜驚症・睡眠遊行症

小児期には，睡眠覚醒の発達が不十分なため，怖い夢を見て部分的覚醒状態になり，大声で泣き叫ぶ（夜驚），うろうろと歩き出す（遊行）などの症状が出現する。一般的には入眠から2，3時間後に発生することが多い。日中に緊張（入園や入学など）や恐怖（怖いテレビ，いじめ，事故など），過度の興奮（楽しい行事も含まれる）を体験すると症状が出やすい。成長に伴って症状は改善することが多い。日中の接し方を変える必要はないが，誘因となる心理的なストレスがあれば改善を図る。また，夜間怪我をしないように危険なものを片付けるなどの配慮をする。嘔吐・尿失禁などを伴う場合はてんかんとの鑑別が必要なので，専門医への受診を勧める。症状が頻発して親子が不眠で疲れている場合は，薬物療法を行うこともある。

②その他

一般的に，心理社会的不安がつよい場合は，寝つきが悪い，ぐっすり眠れない，朝すっきり起きられないなどの睡眠の問題が出現する。なお，うつ病では，早朝覚醒（朝早く目が覚めてもう一度寝ようと思っても眠れない）が特徴的と言われている。

起立性調節障害

起立性調節障害は，循環器系の自律神経失調症として頻度が高く，一般中学生の約1割，小児科を受診する中学生の約2割を占める（日本小児心身医学会編，2009）。朝起きづらい，立ちくらみやめまい，全身倦怠感，頭痛や車酔いなどの自覚症状と，起立テストによる起立時の血圧心拍反応により診断を行う。

異なる4つのサブタイプ（起立直後性低血圧，体位性頻脈症候群，神経調節性失神，遷延性起立性低血圧）があり，春に悪化しやすい。生活指導（規則正しい生活，適度な運動など）や薬物療法を施行する。朝起きづらいために不登校を合併しやすく，「心因性疾患」と誤解されやすいので，注意が必要である。

チック

チックは，突発的，急速，反復的，非律動的，常同的な運動あるいは発声である。瞬目，口を歪める，首を振るなどの運動性チックや，鼻を啜る，咳払い，奇声（あっ，ばっなど），汚言（ばか，くそっなど）などの音声チックが，本人の意志と関係なく出現する。脳内のドーパミン受容体の過感受性などが原因の不随意運動である。一過性（1年以内に消失する）チックは5～25%の小児に発生するほど頻度が高く，その他のチックも一般的には思春期に改善することが多い。チック症状は心理的ストレスや興奮で増加するため，周囲が気にせず指摘しないことが重要である。過度に叱られている場合や周囲からの要求が多すぎる場合は，かかわり方を変える。

心因性疾患と誤解され，叱ってはいけないと周囲から指摘されて保護者が悩んでいる場合は，養育の問題ではないことを説明して安心してもらう必要がある。また，周囲の子どもがからかうことがあるので，本人や保護者と相談の上，わざとしているのではないことを説明することもある。なお，行事の前など精神的緊張を伴う場合に症状が悪化するが，子どもが嫌がっていなければ，むしろ積極的に参加させて自信を持たせる。

1年以上継続する慢性チックや，運動チック・音声チックが同時に発生するトゥレット障害は，薬物療法が必要な場合もあるので専門医の受診を勧める。なおPDD児やAD/HD児で合併が多いことが知られている。

抜毛癖（trichotillomania）などの神経性習癖

自分の体毛（髪の毛，眉毛，まつげなど）を繰り返し抜くため，体毛の喪失が目立つ部位ができること。稀ではあるが，抜いた体毛を食べる（食毛）ため，これが胃の中で固まり（胃石）腹痛の原因となることもある。脱毛と異なり，抜けた毛髪が断裂していることが特徴で，自分で体毛を抜いていることが観察

できれば診断できる。入眠時や遊んでいるときに無意識に抜毛するような「くせ」になっているものから，抜いているときに快感や満足感があり意識的に抜いているものまで幅広い。心理的ストレスの発散として抜毛している場合は，抜毛そのものを減らすことよりも，背景にある葛藤を解消できるように心理治療や環境調整を優先する必要がある。一方癖になっている場合は，行動療法が必要になる。発達障害児の中では，PDD児や知的障害児に出現することが知られている。

なお，鑑別疾患として重要な脱毛症は，心理的ストレスよりも免疫異常との関係が指摘されている。局所免疫療法や冷却療法などがあり，皮膚科医への相談が必要である。

この他，爪かみ，指しゃぶり，身体玩弄癖（いじり癖：身体の特定の部位を繰り返しいじる，頭・鼻・耳・性器など）を含めて神経性習癖ということもある。症状にはさまざまな意味（不安や混乱を軽減するための方法，注意集中するための方法，感覚遊び（自己刺激的な常同行為）など）があるので，他に安定するための方法を探す，他の遊びに誘導するなどの対処を行う。成長に伴って自然に消失することも多いが，発達障害児の場合は遷延化することも多い。

月経関連疾患

心理的ストレスのため，無月経，稀発月経，頻発月経などの経不順が発生しやすい。また，月経前症状（月経前緊張症，月経前症候群）として，抑うつ，イライラなどの精神症状，浮腫，頭痛，腹痛，肩こりなどの身体症状が，月経周期の月経直前の排卵期から黄体期にかけて出現する。卵巣ホルモンの月経周期内変動によって症状が出現するが，月経が始まれば症状は自然に軽快する。

PDD児の中には，生理に対して極端な恐怖心を抱く場合もあり，身体の変化への説明が必要となる。

慢性疾患の悪化

治癒が難しく長期に付き合わなければならない慢性疾患の中には，小児期に発症するものも多い。気管支喘息やアトピー性皮膚炎などのアレルギー疾患，甲状腺疾患や糖尿病などの内分泌系疾患，てんかんなど，発達障害の有無にか

かわらず慢性疾患を持つ子どもは心理社会的なストレスの影響を受けやすい。さらに思春期には，二次性徴の影響で症状が変動しやすい，治療の主体が保護者の管理から子どもの自発的管理へ移行するため治療協力が得られない，友達の目を気にして治療が難渋しやすいなどの問題が発生する。大人への入り口として本人の自主性を尊重しながらも，正しい疾病の説明を続けて，徐々に自己コントロールできるように支援する。

不安が引き起こす身体症状

　一般的な症状は，交感神経系の過緊張によって発生する。心臓がどきどきする，気持ちが悪い，冷や汗が出る，呼吸が浅く早くなる，頭痛がする，顔色が悪くなるなどである。激しい場合は，嘔吐や過換気発作なども発生し，出現した症状がさらに子どもの恐怖心を増加させることになる。また，長期間このような状態が続くと，全身倦怠感，睡眠障害（寝付きが悪い，途中で目が覚める），食欲低下，意欲の低下（遊ばない，根気がないなど），気分の変化（怒りっぽい，いらいらするなど）なども出現する。子どもの状態を確認するために，「食べる」「寝る」「遊ぶ（精神的活動）」の3つがいつものようにできているかどうかを尋ねることが大切である。

　PDD児では，年齢に不相応な物・事象を怖がる（大きな音，暗闇，水，動物や虫，薬や注射）ことがある。興奮して大泣きし，パニックを起こすこともあるので，無理強いをしないことが大切である。

転換性障害（心因性視力障害，心因性聴力障害，心因性歩行障害など）

　心理的な要因により，神経疾患や身体疾患では説明ができない感覚・運動系の症状を示す障害である。心理的な葛藤が身体症状に「転換」されて症状が出現していると考えられる。学童期に発生しやすく，男女比は約1：2で女児に多い。症状は，重症ではない怪我や病気をきっかけに発生することが多い。運動の障害：立てない・歩けない（失立・失行），声が出ない（失声），チックやアテトーゼの様な動き（不随意運動），知覚の障害：目が見えない（視力障害），耳が聞こえない（聴力障害），触覚や痛覚の消失など，痙攣発作：てんかんに類似した発作や痙攣などがある。症状は，診察や検査所見と一致せず，状況に

よって変動しやすいが，詐病（いわゆる仮病。自らが症状を作り出している）ではない。「検査に異常がない＝仮病」と決めつけることは，子どもや家族にとって受け入れがたいことであり，「困難な状況に遭遇して無意識に発生している症状で，子ども自身も困っている」ことを理解しなければならない。

　子どもの要因として，言葉での表現が苦手，些細な症状も気になって繰り返し訴えて不安が高いなどの特徴がある。背景に，軽度から中程度の知的障害を合併している場合もある。重症な疾患の見落としをしないために検査を行うことは大切だが，過剰な検査は問題を遷延化させるので注意が必要である。普段は症状に注目しすぎることなく，症状がありながらもできることを少しずつ探していく。このような対応が，二次的疾病利得を発生させないためには必要である。

　なお，学校健診で偶然発見される視力障害（心因性視力障害と説明されることが多い）の頻度は高い。自覚的な症状がない場合もあれば，左右で色が違う，黒板が見えにくいなどの訴えがある場合もある。検査では，矯正視力が得られない，らせん状視野など神経解剖学的な法則に合致しない検査結果が出現する。いじめや過度のお稽古事など心理社会的ストレスが原因となっている場合もあるが，思い当たる原因がなく成長に伴って自然に改善する場合もある。「心因性」と説明されて親子が混乱している場合もあるので，専門医への相談を勧める。

（3）　医学的アセスメント

　心身症は，心理社会的なストレスによって身体症状が悪化することが特徴である。このため，身体症状については一般的な身体疾患と同様のアセスメントが必要になる。妊娠中や周産期の異常の有無，既往歴（過去にかかったことのある病気），家族歴（家族の身体疾患の有無）などを聴取する。さらに，気管支喘息や糖尿病など，現在治療中の病気が悪化していないかどうか確認する。その上で，現在困っている身体症状について詳しく聴取する。一見心理的な問題による症状に見えても，器質的な疾患（身体に何か原因となる病気があること）

の可能性があるので，注意が必要である。診察とともに，血液検査，尿や便の検査，画像検査などを行う。心理的な問題による症状（全身倦怠感など）と間違えやすいものに，貧血，肝機能障害や腎機能障害，甲状腺ホルモンの異常，脳腫瘍などがある。また，一般的な検査に異常が無くても，心理社会的ストレスによって悪化する機能的疾患は多い。心理的な問題と断定する前に身体症状に対する治療が必要である。代表的な疾患として，アレルギー疾患や偏頭痛，起立性調節障害，過敏性腸症候群，夜尿症などがある。

　なお，精神疾患でも身体症状が出現するので注意が必要である（第Ⅰ部第10章参照）。たとえば，うつ病では，日内変動（朝調子が悪く，夕方から夜にかけてやや改善する），食欲低下，睡眠障害（入眠困難，熟眠感の欠如，早朝覚醒など），全身倦怠感などの身体症状が出現する。

　心理面のアセスメントとして，特殊な心理検査については成書を参照していただきたい。むしろ症状発生の仕組みをアセスメントすることが大切である。症状は，子どもに何か困ったことが発生している「サイン」としての意味を持つ。心身症が発生したことで，診断を受けていなかった発達障害が明らかになる場合もある。また，発達障害児に心身症が発生していれば，心理社会的ストレスの増加または処理の破綻が起きていないか確認が必要である。

　症状そのものは本人や周囲の大人にとってやっかいな存在であるが，一方で一時的な問題解決の手段になっている場合がある。たとえば，学校でいじめにあっている子どもが，登校前に腹痛を起こして欠席するといじめを受けることがなくなる（一次的疾病利得）。さらに，家族や先生が優しく対応してくれる，宿題を免除されるなどにより（二次的疾病利得），その後も腹痛を訴えて欠席が続く。疾病利得という言葉は誤解されやすいが，このような形でしか一時的な解決が得られなかったことが問題である。症状の消失を図るだけでは問題解決にならず，他の解決方法を探す，二次的疾病利得の発生を減らすなど多角的な支援が必要になる。症状の背景や出現の仕組みを考え，どこに支援の糸口があるかを想像しながら評価することが，アセスメントでは重要である。

3 適応障害の医学的支援

（1） 薬物療法とその適応や目的

　薬物療法は，心身両面，すなわち身体症状に対する治療と不安やイライラなどの精神症状への治療に分けられる。

　身体症状に対する治療は，基本的に他の身体疾患と変わらない。発達障害の有無に関係なく有効と思われる治療は施行する。この際，すでに内服している薬との相互作用に気をつけること，本人に服薬の必要性を分かりやすく説明することなどが重要である。発達の特性に合わせて，図示する，メモに書くなどを工夫する。感覚過敏のある子どもにとっては，粉や粒が苦手，無理に飲もうとして嘔吐するなどの問題が発生しやすいので，どのような剤型であれば内服可能か確認する。

　精神症状に対する薬物には，さまざまな種類がある。一般に向精神病薬と呼ばれており，抗不安薬，抗うつ薬，気分調節薬，抗精神病薬などが代表的である。心身症の治療においては，不安や恐怖を軽減するためにこのような薬を併用することがある。不安や恐怖には抗不安薬や抗うつ薬を，こだわりには抗うつ薬を，興奮や混乱には抗精神病薬を使用することが多い。眠気，全身倦怠感などの副作用の他，食欲低下や肥満など各々の薬によって副作用が異なる（表2）。

　なお従来薬物療法では，いわゆる薬理作用とは別に偽薬（プラセボ）の効果が知られていた。精神疾患においては，約30％はその効果が占めるとも言われている。これは，薬を介した関係に治療的な意味が発生するためであり，以下の点に留意する。

お守りの効果

　症状のコントロールができず不安が増大すると，心身相関のために一層症状が悪化する。薬物という対処方法があることで，子どもが安心する。この安心感が，ストレスを軽減し症状が改善する。偽薬が有効なので「気の持ち方」

第7章 適応障害の医学

表2 薬物療法

	薬品名	商品名	使用量（成人）	対象疾患（保険適応外も含む）	注意点
抗不安薬					
ベンゾジアゼピン系	ジアゼパム アルプラゾラム ロラゼパム クロラゼプ酸ジカリウム ブロマゼパム	セルシン®、ホリゾン® ソラナックス®、コンスタン® ワイパックス® メンドン® レキソタン®、セニラン®	4〜20mg 1.2〜2.4mg 1〜3mg 2mg 3〜15mg	必身症・神経症に伴ううつ不安・緊張・抑うつ・睡眠障害の改善 抗けいれん作用、熱性けいれんの予防 パニック障害に有効 強い抗不安・抗うつ効果	・依存性に注意が必要 ・眠気、ふらつきが多い
チエノジアゼピン系	エチゾラム	リーゼ® デパス®	1〜3mg	強迫症状に有効 催眠作用が少ない 強い抗不安・抗うつ効果	
セロトニン5-HT1A受容体作動薬	タンドスピロン	セディール®	30〜60mg	抗アレルギー作用、蕁麻疹	・前駆薬や依存性が少ない
その他	ヒドロキシジン	アタラックス®、アタラックスP®	75〜150mg		
抗うつ薬				抑うつ気分の解消、精神運動抑制の解除、不安や焦燥の軽減	
SSRI（選択的セロトニン再取り込み阻害薬）	フルボキサミン パロキセチン セルトラリン ミルナシプラン	ルボックス®、デプロメール® パキシル® ジェイゾロフト® トレドミン®	50〜150mg 10〜40mg 25〜100mg 30〜100mg	強迫性障害、社会不安障害 パニック障害にも有効、強迫性障害	・従来の抗うつ薬に比して副作用が少ない ・嘔気、眠気など
SNRI（セロトニン・ノルアドレナリン再取り込み阻害薬）					
三環系	クロミプラミン アミトリプチリン イミプラミン ノルトリプチリン	アナフラニール® トリプタノール® トフラニール® ノリトレン®	50〜100mg 30〜75mg 20〜75mg 30〜75mg	強迫性障害にも有効、遺尿症 遺尿症	・抗コリン作用 （便秘、口渇、排尿障害など） ・抗ヒスタミン作用 （眠気など） ・不整脈
四環系	ミアンセリン スルピリド	テトラミド® ドグマチール®、アビリット®	30〜60mg 150〜600mg	消化性潰瘍にも有効	・高プロラクチン血症、乳汁分泌
その他					
気分調節薬	バルプロ酸ナトリウム カルバマゼピン 炭酸リチウム	デパケン® テグレトール® リーマス®	400〜1200mg 200〜1200mg 200〜1200mg	課題行動障害 性格状態の改善、気分の安定、攻撃性の改善 三叉神経痛にも有効 うつ病にも有効	・手指の振戦、リチウム中毒
抗精神病薬				幻覚・妄想状態、興奮・不安を軽減する、鎮静作用	
非定型抗精神病薬	リスペリドン クエチアピン オランザピン アリピプラゾール	リスパダール® セロクエル® ジプレキサ® エビリファイ®	2〜12mg 150〜750mg 5〜20mg 6〜30mg	チックに有効	・従来の抗精神病薬に比較して、難体外路症状などが少ない ・体重増加や血糖値上昇など
従来の抗精神病薬	ハロペリドール	セレネース®	0.75〜6mg	チックに有効 抑制性作用あり	
その他	ピモジド クロルプロマジン	オーラップ® ウインタミン®、コントミン®	30〜450mg 1〜9mg	自閉性症候群など	・難体外路症状、悪性症候群に保険適応対応

（注）現在の保険診療では、適応外使用になる場合も含まれるが、一般診療で使用が多いものを挙げた

「詐病だ」と誤解されることがあるが，これは薬を持つことにお守りとしての効果があるためで，薬物療法の大切な効果である。ただし，身体的・精神的依存を発生させてはいけないので，服用量や服用回数をきちんと決め，薬効によって症状が軽減されている間に本人の工夫や周囲の環境調整を行い，薬物療法からの離脱を図ることも必要である。

コミュニケーションの窓口としての効果

身体症状を訴える子どもの中には，自分の気持ちや自分を取り巻く状況に対する考えを十分に表現できない場合がある。発達障害児では，なおさら言語化することが難しい。この場合，身体症状を丁寧に聴き取ることや薬物の効果を確認することが，言語によるコミュニケーションを促す働きがある。答え方の選択肢を示す，スケーリングクエッションを用いる（一番痛いときを10点とすると今は何点ですか？）などして，お互いが症状について理解できるようにする。

治療者の身代わりとしての効果

前述したように，薬物にはお守りの効果がある。これは薬が治療者の身代わりになっていることも表す。よって，治療者への不満や不信感を直接表現できない場合に，薬物への不安や不信感として表現されることがある。極端に薬物を使用することに抵抗する，副作用について過敏に訴えられる場合には，薬効以外の問題で薬物療法の効果が発揮できていないのではないかという視点を持つことが必要である。

（2） 支援方針

心身症への対応の基本は，心身両面への配慮である。身体症状は詐病（症状が無いのに症状があると嘘をつく，症状をねつ造すること）ではなく，実際に存在するものである。よって，身体症状の訴えを真摯に受け止めながら，可能な治療（生活指導や薬物療法）を行う。心理的な影響が大きくても基本は他の身体疾患と同様であり，身体症状への理解を共有することが必要である。ときに「精神的なもの」「気にしすぎ」「少々のことは我慢できる」などと言われて本人が傷ついている場合がある。このような発言は禁忌としたい。一方で，治療

をとおして体調管理の経験をすることは，将来のストレス処理能力を向上させて自己コントロール力を養う効果がある。症状さえ発生しなければよいという発想で，心理社会的ストレスの軽減ばかりを行うのは逆効果であり，本人にも病気の説明をして自分で工夫してもらうことが成長につながる。

　心理面への対応としては，本人の心理的成長を促すかかわりと周囲の環境調整との2点が重要になる。前者の，本人のストレス処理能力の向上を促すことは大切であるが，短期間に行えることではなく，年齢に応じた方法を一緒に考えていく必要がある。「困ったら誰かに相談する」「嫌なことは嫌と断る」「疲れたらゆっくり休む」「規則正しい生活をする」など，子どもの発達に合わせた方法を教えていく。さらに，症状がありながらも日々できることを続けていくことが大切であり，「治ったら〜する」すなわち「治らない限りは何もできない」という落とし穴に陥らないことが重要である。症状と付き合いながら生活している姿を肯定的に捉え，「悪化していないことはよいことだ」「こんなに大変な中でよくやっていますね」と励まし，長い目で見守る視点が周囲の大人には必要である。

　一方環境調整とは，子どもに過剰なストレスが生じていないか子どもの周囲を振り返り，大人が連携して支援することである。とくに学童期までの子どもは，主たる生活の場が家庭と学校なので，環境調整の効果が大きい。両親が不仲，家族の中に病気の人が居る，学習課題が能力に合っていない，友達関係のトラブルがあるなど，本人の症状に影響を与える問題がないかを確認する。さらに，虐待やいじめなど，明らかな問題がある場合は，その対応が必要になる。しかし，単一の原因では説明ができない場合もあり，安易な原因さがし・犯人捜しを行うのは問題である。どのような状況で症状が減少するのか，どのような対応で改善するのかなどの例外さがし[6]を行い，よい時間を増やすように工夫する。

（3）　連携方針

　連携にあたって留意することは，立場の違いを理解し尊重しながら，正確な

情報を共有することである。発達障害児は場面によって状態が変わることも多く、家庭・学校・医療機関など複数の機関での情報共有が支援に必要である。なお情報交換は、かならず保護者の了解を得て行う。

具体的なエピソードが分かるように情報収集する

　どのような場面で、どのようなやりとりの中で問題が発生しているのか、具体的な情報を伝える。「友達が声をかけると叩き返す」というエピソードも、「友達が後方から突然『遊ぼう』と声をかけて肩に触ったら、びっくりして突き倒した」という細かい情報が分かれば、感覚過敏から発生している可能性に気づき、「顔の正面から声だけかける」という誘い方に変更ができる。

小さな目標から、具体的に支援策を立てる

　大きな目標を立てると、何から手をつけてよいか分からなくなる。できそうなことから、少しずつ積み重ねることが必要である。たとえば登校しぶりのある子どもの場合は、お母さんと一緒に校門まで、お母さんと一緒に下駄箱まで……と段階的に教室へ近づけるなどの工夫をする。

将来を見通して、今取り組めること、時期を待つことを分ける

　子どもの認知や社会性が成長すると、今できないことにも対処できるようになる。そのための基本的な力をつけることを意識する。規則正しい生活、適度な運動、家族とのよい関係など、心身の基礎作りが重要である。

立場の違いを尊重し、できないことはできないと伝える

　個別でかかわることが多い家庭や病院に比較して、集団でかかわる学校では対応が難しいこともある。また、集団の中で個別にかかわることを重視すると、集団としての安定が崩れることもある。できないことはできないと予めお互いに伝えることで、親子の過剰な期待や誤解を生むことが無くなる。

家族やかかわるスタッフの疲労にも注意する

　一般的な病気と異なり、発達障害は「特性と付き合っていく」ものである。それだけに、将来に悲観的になる、思うような変化が無くて焦る、自らの対応が悪いと思って自責的になるなど、家族が疲弊することが多い。お互いに支え合い、「できることを協力してやっていこう」という姿勢を示すことで、家族

が励まされることも多い。またスタッフも自らの限界を自覚し，燃えつきないことが大切である。

＊

　上手くいかないときほど，家族が過保護だ，学校が無理解だ，薬が合っていないのではないかなどと，原因さがしが始まりやすい。親子のよいサポーターになれるように，渦中にいる親子が気付かない小さなよい変化を見つけて，気長に支援する。

〈注〉
(1)　日本心身医学会（1991）は心身症を「身体疾患のうち，その発症と経過に心理社会的因子が密接に関与し，器質的ないし機能的障害の認められる病態を呈するもの。ただし，神経症，うつ病などの精神障害に伴う身体症状は除外される」と定義している。しかし，前述したように子どもの症状は重複することも多く，厳密に分けることは臨床的ではない。よって本章では，精神疾患による身体症状も広く心身症として取り上げた。このため，身体疾患が心理社会的ストレスで悪化した病態と，身体症状が心理社会的ストレスのために出現した病態の両方を含んでいる。
(2)　梅干しを見るとよだれが出るように，特定の刺激に対して特定の反応が形成されることを条件付けという。
(3)　思春期に，性ホルモンの増加によって男性的，女性的体型に変化すること。男児では，陰茎や陰嚢の成長，変声，陰毛発生，筋肉の発達など，女児では，乳房の腫大，陰毛発生，脂肪の沈着や初経など。
(4)　病気が発生することで得られる一次的なメリットを一次疾病利得，一次疾病利得が続く中で二次的に発生するメリットを二次疾病利得と呼ぶ。
(5)　10代の若い女性に多い。息苦しい，のどが詰まるなどの感じがあり，呼吸が速くなる。結果として血液中の二酸化炭素の濃度が下がり，しびれや筋肉の硬直，意識消失などが出現する。紙袋を鼻と口にかぶせて呼吸させる方法（ペーパーバック法）を行う。
(6)　例外さがし：解決に焦点を当てた短期療法の技法の一つ（白木，1994）。相談者は気がついていないが，日々の生活の中では問題ばかり発生しているのではなく，かならず問題が発生していないときや，上手く対処できているときがある。このような生活の中にすでに存在している解決（の状態）に注目して，これらの例外を発展させ積み上げてゆくように援助する方法。

〈文献〉

市川宏伸・内山登紀夫・広沢郁子（編）　2004　知りたいことがなんでもわかる子どものこころのケア：SOSを見逃さないために，永井書店．

American Psychiatric Association（著），高橋三郎・大野　裕・染谷俊幸（訳）　2000/2004　DSM-IV-TR　精神疾患の診断・統計マニュアル　新訂版，医学書院．

小枝達也　2003　発達障害および関連障害．星加明徳・宮本信也（編）よくわかる子どもの心身症：診断のすすめ方，永井書店，pp.263-280．

厚生労働科学研究：思春期やせ症と思春期の不健康やせの実態把握および対策に関する研究班　2005　思春期やせ症の診断と治療ガイド，文光堂．

宮本信也　2003　心身相関のメカニズム．星加明徳・宮本信也（編）よくわかる子どもの心身症：診療のすすめ方，永井書店，pp.3-14．

日本心身医学会：日本心身医学会教育研修委員会　1991　心身医学の新しい診療指針．心身医学，**31**，537-576．

日本小児心身医学会（編）　2009　小児起立性調節障害診断・治療ガイドライン　小児心身医学会ガイドライン集，南光堂，pp.1-54．

奥山眞紀子（編）　1998　小児科の相談と面接：心理的理解と支援のために，医歯薬出版．

白木孝二　1994　BFTC・ミルウォーキー・アプローチ．宮田敬一（編）ブリーフセラピー入門，金剛出版，pp.102-117．

第8章　不登校の心理学的理解と支援

藤後　悦子

1　不登校とは

(1)　不登校の定義とその実態

　近年，不登校の問題に対処するためにスクールカウンセリング事業が展開されてきたが，依然として不登校数は高い水準にある。不登校数の推移（文部科学省，2009）を見てみると，小学校では2005（平成17）年度22,709人，2006（平成18）年度23,825人，2007（平成19）年度23,927人，2008（平成20）年度22,652人，中学校では2005年度99,578人，2006年度103,069人，2007年度105,328人，2008年度104,153人となっている。一方，全児童生徒数に占める不登校生徒の割合は，小学校では2005年度0.32％，2006年度0.33％，2007年度0.34％，2008年度0.32％であり，中学校では2005年度2.75％，2006年度2.86％，2007年度2.91％，2008年度2.89％となっており，いまだ高い傾向にある。このように不登校は，我々にとって身近な問題であり，児童期からの一貫した支援が求められるのである。

　2008年度の小学校の不登校数のデータ（文部科学省，2009）を詳細に見てみると，小1では1,052人であったのに対して，小2では1,650人，小3では2,550人，小4では3,961人，小5では5,712人，小6では7,727人であった。また中学生では，中1で23,149人，中2で38,577人，中3で42,427人となっており，小学校低学年より小学校高学年が，小学校高学年より中学生が，また中1より中2，中2より中3が多くなり，小学校，中学校ともに学年が上がるごとに不登校数の増加が示されている。とくに，小学校から中学校への移行期では，

約15,500人の増加，中1から中2にかけても約15,500人の増加が示されている。小学校から中学校への移行期は，子どもにとって適応が難しいことが推測され，この時期になんらかの環境的な工夫が必要である。次に，不登校数の男女比について見てみると，小1から小5までは，女子より男子の人数が多いが，小6からは女子が男子の人数を上回っている（ただし，中1では男子の方が多い）。

　以上，不登校の実態を概観したが，そもそも一般的に述べられている「不登校」とは，どのような状態を指すのであろうか。文部科学省（2002）によると「不登校児童生徒」とは，「何らかの心理的，情緒的，身体的あるいは社会的要因・背景により，登校しないあるいはしたくともできない状況にあるため年間30日以上欠席した者のうち，病気や経済的な理由による者を除いたもの」と定義されている。すなわち，病気や経済的な理由で欠席した日数は，不登校の基準である30日には，カウントされないのである。しかし通常，不登校の最初のサインは，「お腹が痛い」，「頭が痛い」などの身体面での不適応である場合が多い。「お腹が痛い」や「頭が痛い」という心因性の病気が欠席理由の場合，病欠扱いになってしまい，不登校の基準としてカウントされる30日には含まれてこないのである。また，虐待などの家庭の問題や家庭の教育方針等による意図的な長期欠席，発達障害の診断を受けてそれらを背景とした欠席なども扱いが明確でなく，いまだ不登校の実態把握の仕方そのものにも問題が残っている。

（2）　不登校の変遷

　それでは，このような不登校の問題は，いつ頃から社会的問題として認識されるようになってきたのであろうか。不登校の概念の変遷を佐藤（2005）を参考に見ていくこととする。不登校という現象が，社会的に認識されはじめたのは，1960年代頃であり，この当時の「学校に行きたくない」という症状は，小学校低学年を想定して理解されていた。すなわち，不登校の要因は，分離不安を基盤とした学校恐怖症としてとらえられていたのである。しかし，小学校高学年や中学校でも不登校の現象が示されるにつれ，母子分離説のみでは説明がつかず，子どもの劣等感や自尊心の低さ，社会性の未熟さなどが要因として言

及され，神経自閉説，自我未熟説などが唱えられることとなった。このように1960年代〜1970年代にかけての不登校の要因は，おもに子ども自身に寄与する個人的な問題としてとらえられる傾向にあった。

　1980年代に入り，学校病理説が唱えられるようになると，不登校を個人の問題ではなく，個人と学校の相互作用としてとらえるようになった。さらに1990年代に入り，文部省が不登校を誰にでも起こりうるものと説明したことで，その要因は，学校と個人の問題のみでなく，より広く社会状況の影響をも含む，複合的な要因として認識されるようになった。

　それでは，現在の不登校像は，どのように分類されているのであろうか。文部科学省（2003）では，現在の不登校を「学校生活上の影響型」，「遊び・非行型」，「無気力型」，「不安など情緒的混乱型（神経症的不登校）」，「意図的な否定型」，「複合型」，その他に分類している。「不安などの情緒的混乱型」は，いわゆる従来の学校に行きたくても行けないタイプであり，登校刺激に過剰に反応し，外を出歩くことにも緊張を伴うタイプである。一方，「遊び・非行型」は，登校刺激にはあまり反応せずに，行きたいときにはふらっと学校に行き，外で遊ぶことにも躊躇しないタイプである。このように同じ不登校というくくりであっても，その症状はさまざまであり，子どもの状態を的確に把握した上での支援が求められる。

（3）　不登校のサインおよび他の関連症状との区別

　不登校の子どもに対する早期支援の重要性は周知の通りであるが，そもそも不登校のサインとは，どのようなものがあるのであろうか。中桐・岡本・澤田（2008）によると，不登校の要因の一つであるいじめによる自覚症状としては，やる気がないという意欲減退，授業妨害，言動異常などが挙げられる。意欲減退は，中学・高校・大学と幅広く見られるがその中でも中学生に多い。授業妨害や言動異常は，中学生で多く，胃腸症状は中学生と大学生の女性に多くみられることが報告されている。不登校の大きな要因の一つはいじめであることを考えると，これらいじめによる子どもたちのサインを見逃さないことが重要と

なってくる。

　また，その他にも不登校に関連する身体面での反応としては，頭が痛い，お腹が痛い，心臓が痛い，目の奥が痛い，ふらふらする，食欲不振，足が痛い，吐き気がする，めまいや寒気がするなどのストレス反応の症状が挙げられる。しかしながら，これらの症状が繰り返される場合，不登校のサインであると考えると同時に，病理的な可能性を疑い，安易に判断するのではなく，まずは医師の診断を仰ぐことが求められる。

　一方，気持ちや行動面の症状としては，夜寝ることができない，朝起きることができない，集中できない，怒りっぽくなる，不安である，落ち着きがなくなる，やる気が出ない，攻撃的になる，記憶力が悪くなるなどの症状が示される。このように，一見問題行動と思える症状が，急にある子どもに示された場合は，なんらかのサインとして受け止める必要がある。子どもの状態に何か変化を感じたときは，まさに支援開始の合図としてとらえてよいのである。

　以上，不登校のサインについて見てきたが，ここで重要な点は，不登校のサインとして示される身体的，行動的特徴と，いわゆる精神病理が関連する特徴を明確に区別しておくことである。代表的なものとしては，統合失調症，うつ病，神経症，摂食障害などの症状が挙げられる。統合失調症は，前思春期でもその前駆症状が現れる場合がある。たとえば，友達の悪口が寝ていても聞こえる，窓の下で友達が待ち伏せしている，誰かが自分を狙っているなどの訴えが確認されたら，すぐに病院の受診をすすめたい。また，うつ病の症状や強い強迫神経症の症状（例：何度も手洗いばかりする，鍵の閉め忘れを極度に気にするなど），極端な体重減や食べ吐きなどの摂食障害の症状などが，学校に行く必要がない週末や長期休暇（夏休み，春休み，冬休み）のときにも継続されている場合は，子どもの状態を見守るのみでなく，病院との連携が不可欠である。

2　不登校に関連する要因

　不登校に関連する要因は，多面的であるとされるが，ここに一つの興味深い

結果がある。それは，不登校の要因に関する質問を教師に対して行った結果と不登校を経験したことがある子どもを対象とした追跡調査の結果の違いである。

調査方法が異なるため，単純な比較はできないが，教師を対象として調査した「平成17年度生徒指導上の諸問題の現状について」(文部科学省，2005)によると，小学生と中学生を合計した不登校となった直接のきっかけについては，高い順に「本人の問題に起因」(36.9%)，「学校生活に起因」(35.7%)，「家庭生活に起因」(18.3%)となった。これを小・中学生別に見ると，小学生においては「本人の問題に起因」(36.4%)，「家庭生活に起因」(27.3%)，「学校生活に起因」(21.2%)となり，中学生においては「学校生活に起因」(39%)，「本人の問題に起因」(37.0%)，「家庭生活に起因」(16.6%)となっている。小学生では，本人の問題，中学生では学校生活の問題がそれぞれトップとなった。

中学生における「学校生活に起因するもの」の下位項目を概観すると，「友人関係をめぐる問題」(22.4%)や「学業の不振」(8.0%)が上位となり，「教師との関係をめぐる問題」は，1.3%のみの報告にとどまっている。同様に小学生の「学校生活に起因するもの」の下位項目では，「友人関係をめぐる問題」(12.6%)，「学業の不振」(3.3%)，「教師との関係をめぐる問題」(2.1%)となっている。

一方，平成5年度に「学校ぎらい」を理由に年間30日以上欠席し中学校を卒業した者を対象に実施した追跡調査「不登校経験者の実態調査」(文部科学省，2001)では，不登校になった要因は，学校生活に関するものがもっとも多く，その中でも「友人関係をめぐる問題」(44.5%)，続いて「学業の不振」(27.6%)，「教師との関係をめぐる問題」(20.8%)となった。

これらの調査結果の興味深い点は，教師側も不登校を経験した子ども側も両者ともに，不登校要因として学校生活を考えている点は合致するが，「教師との関係をめぐる問題」に大きな認識の違いが示されたことである。つまり，子どもが不登校となった場合，子ども側は教師との関係に要因があると思っていたとしても，教師側は自分との関係により問題が生じているとは，ほとんど認識していないのである。子どもが不登校症状を示した場合，教師は自分のかか

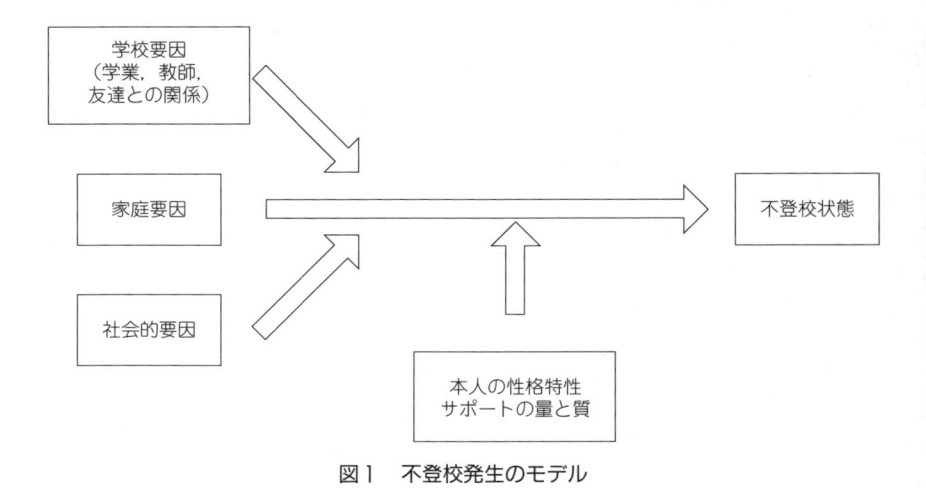

```
          ┌──────────┐
          │ 学校要因  │
          │(学業,教師,│────┐
          │友達との関係)│   │
          └──────────┘   ↓
          ┌──────────┐     ┌──────────┐
          │ 家庭要因  │────→│ 不登校状態│
          └──────────┘     └──────────┘
                         ↑
          ┌──────────┐   ↑
          │ 社会的要因│──┘
          └──────────┘
                    ┌──────────────┐
                    │本人の性格特性 │
                    │サポートの量と質│
                    └──────────────┘
```

図1　不登校発生のモデル

わり方を省みるより，外部に要因を求める傾向が示された。このような教師と子どもの認識のズレは子どもの不登校要因になんらかの影響を及ぼしていると考えられるので，今後の検討課題として挙げておきたい。

　以上のデータを参考に不登校の要因をまとめると，図1に示す通り，不登校の状態には，学校要因，家庭要因，社会的要因が影響し，その媒介変数として本人の性格特性，サポートの量と質が関連すると考えられる。

　学校要因としては，学校の勉強が理解できているかどうか，教師との関係が良好かどうか，友達との関係が良好かどうか，部活や行事への適応が良好かどうかなどが挙げられる。思春期である中学生の場合，仲間関係が重要であり，たとえば厳しい部活風土に適応できなくて，部活をやめた場合，すぐに他の所属が見つかればよいが，多くの場合所属する場所が見つからず孤立しやすい。仲間からの孤立は，孤独感が生じやすく，精神的な苦痛となりやすいのである。

　教師との関係については，小学生の場合，おもに担任との関係が重要である。担任と良好な関係性が形成された場合には，学校への適応がよいが，担任とのコミュニケーションが難しかったり，以前の担任とは違うタイプの担任となった場合，子どもたちの中には適応に時間がかかることもある。中学生になると

教師との関係は，担任のみでなく教科ごとのかかわりとなるため，ある特定の教師との関係が絶対的な影響を示すことは少なくなるが，複数の教師と関係を結ぶのに時間がかかる子どももいるのである。

　また，小学校から中学校にかけて，不登校数が急増している理由としては，小学校風土と中学校風土の違いが関連すると考えられる。たとえば，中学生になると内申書が重視されるため，成績に対する評価が厳しくなり，子どもたちは小学校までとは違う価値観や基準に適応することが求められる。部活などの上下関係，各種の行事なども小学校とは異なることが多く，子どもたちにとっての中学校生活は，まさに異文化適応ともいえるのである。異文化である中学校で，新しく所属した集団が，今までとは異なる高いレベルであった場合，つねに一番を求められ，いい子を貫いてきた子どもたちは，バーンアウトしやすくなる。勉強や運動すべてにおいて，家庭からの要求水準が高く，その期待に応えようと結果を出してきた子どもたちが，自分以上に能力が高い集団に属したとき，今まで通りの結果が出せないことが起こりうるのは当然である。しかし，できない自分を受け入れる柔軟性が形成されていないことが多いため，期待される成果を出せないことが，自己イメージの低下に結びつき，不適応症状を起こすのである。

　次に，家庭要因と不登校について考えてみる。虐待の増加からも推測できる通り，家族内のストレスのはけ口に子どもが犠牲になるケースが増えている。虐待の中のネグレクトでは，子どもの世話を放棄したり，子どもを学校に行かせないケースも示されている。このような虐待以外にも夫婦間の不仲，嫁姑間の不仲，父親の単身赴任，介護や祖父母との同居開始，きょうだいや親の病気，父親のリストラなど，家族をとりまく環境の変化が子どもへの心因的ストレスとなり学校適応に影響を及ぼすのである。

　最後に社会的要因と不登校との関連を考えてみる。社会的要因としては，子どもの遊び環境の減少，教育投資の格差，夜型の生活リズムの問題などが挙げられる。子どもの遊び環境の減少としては，探検ごっこや虫取り，路地遊びなど，地域の環境に主体的に働きかけて仲間と遊び込むという機会が少なくなっ

ている。またゲームや携帯の普及により、一人で遊ぶことが多くなる中で、遊びを通して友達との関係を作り出したり、調整したりということを学んでいく機会が少なくなっている。教育投資の格差では、経済的な理由から塾や習い事など教育投資が可能な家庭とそうでない家庭の子どもでは、学力差が生じているという実態がある。夜型の生活リズムの問題では、夜間のTV番組の普及（子どもが好きなドラマなどが夜にある等）、コンビニやファミレスなどの夜間産業の普及、夜遅くまである塾や習いごとの普及により、親が努力しないと生活の基盤である食事、生活リズムなどを整えることが難しくなっている。以上の社会的要因により子どもたちの対人関係の未熟さ、身体的な未成熟、生活リズムの不規則など不登校を促進する要因が形成されやすいのである。

　続いて、学校要因、家庭要因、社会的要因から影響を受ける不登校状態の媒介変数として、個人的特性とサポートの量と質を検討してみる。

　個人的特性としては、いわゆる気質、性格、発達の偏りが関連する。気質とは、ChessとThomas（1980）によると、手がかからない子、手がかかる子、ウォーミングアップに時間がかかる子の3種類に分類される。この中で、手がかかる子とウォーミングアップが必要な子は、どうしても新しい環境に慣れるのに時間がかかるため、不適応を起こしやすいリスクを有しているのである。次に性格に関してだが、完全主義の子ども、自尊心や耐性力が低い子どもはストレス要因による影響を受けやすい。また、発達の偏りに関しては、衝動性の高さ、場の状況の読み込みにくさ、動作性知能や言語性知能のアンバランスさなど個人の発達特性が学校場面での適応に関連する可能性は高いのである。

　一方、サポートの量と質についてであるが、具体的には学校場面や学校以外の場面において、どれほどのサポートを有しているかが関連する。友達、担任、家族などが重要なサポート源となるが、それ以外にもスクールカウンセラーや養護教諭のサポート、塾の教師や近所の人からのサポート、所属団体（スポーツ、ボーイスカウト、ボランティア等）からのサポートをどの程度有しているかなどが関連する。このように、不登校を取り巻く要因は、多様なものが考えられるため、一つの要因ばかりに固執せずに、多面的な視点から不登校の現象を

第8章　不登校の心理学的理解と支援

とらえる必要がある。

3　不登校の子どもと親の心理的変容

(1)　子どもの心理的変容

　不登校の子どもの心理的変容は，第Ⅰ期：身体症状，第Ⅱ期：合理化，第Ⅲ期：不安・動揺，第Ⅳ期：絶望・閉じこもり，第Ⅴ期：あきらめ・自己探索，第Ⅵ期：回復，第Ⅶ期：学校復帰，第Ⅷ期：完全回復の8期にわけられるとしている（佐藤，2005）。以下に佐藤（2005）を参考にそれぞれの期の特徴を概観する。

　はじめに第Ⅰ期の身体症状であるが，これは前述したとおり，頭が痛い，お腹が痛いなどの身体症状として表れる時期である。第Ⅱ期の合理化とは，「自分が学校に行けないのは，学校の教師のせいだ」「私がこのような状態になったのは部活の先輩のせいであり，悪いのは自分ではない」と合理的に考える時期である。第Ⅲ期の不安・動揺とは，学校や親に苦情を言っても自分の状況はかわらず，不登校の状態が続くことに対して，「本当に自分は学校に行けるようになるんだろうか」「自分の将来はどうなるんだろうか」などの不安や動揺が高まる時期である。第Ⅳ期の絶望・閉じこもりは，「もうどうしようもないんだ」「自分は二度と学校に行けないんだ。社会に出ることはできないんだ」と絶望し，閉じこもっていく時期である。この時期に入ると，自己への問は長く深くなる傾向にある。毎日夜になると涙が止まらないということも少なくない。そして第Ⅴ期のあきらめ・自己探索では，もうどうしようもないというあきらめであったり開き直りの感情を経験しながら，「自分は将来何をしたいのだろうか」「自分は何のために生きているのか」などの自己探索に入っていく時期となる。この時期は，悶々とした時間を過ごすこととなるが，少しずつであるが落着きを取り戻す時期でもある。これらを通して第Ⅵ期の回復，第Ⅶ期の学校復帰につながっていくのである。

(2) 親の心理的変容

上記のように子どもが,不登校の症状を示す中で,親もさまざまな心理的葛藤を経験していくことが明らかになっている(郭,2009)。親の心理的変容は,第Ⅰ期:戸惑い,第Ⅱ期:学校への反感,批判,絶望,第Ⅲ期:子どもの将来についての不安,第Ⅳ期:自責感,第Ⅴ期:家族関係のほころび,第Ⅵ期:世間体へのとらわれ,第Ⅶ期:学校教育へのとらわれ,第Ⅷ期:親の成長,発達というプロセスが示されている(佐藤,2005)。

これも順を追ってみていくこととする。はじめの第Ⅰ期の戸惑いでは,「まさかうちの子どもが……」というショックや戸惑いを感じる時期である。そして,第Ⅱ期の学校への反感では,「うちの子どもがこのような状態になったのは,学校の責任である」という学校への批判の時期である。しかし学校が事態を受けとめてくれ環境調整をしてくれても,すぐに子どもが学校に復帰するケースは少ない。そこで,第Ⅲ期の子どもの将来の不安では,親は子どもの将来についての不安を強く覚えるようになってくる。もし将来子どもが引きこもりになったらどうしよう。このまま学校に行けなくなったどうしようという不安から,第Ⅳ期の自責感では,自分の子育ての仕方を後悔し,自分を責めることとなる。そして第Ⅴ期の家族関係のほころびでは,子どもの不登校状態が続くにつれ,家族の中では緊張感が漂い,その結果,父親はより仕事に熱中してしまい,母は一人で問題を背負い追い込まれていくことも起こりうる。このように家族関係が少しずつほころびて,家族だけではどうしようもなくなってしまってもやはり,第Ⅵ期の世間体へのとらわれであったり,第Ⅶ期の学校教育へのとらわれを再認識することとなる。つまり,子どもの学校以外の居場所として,フリースクールや適応指導教室などの利用を他者からすすめられるものの,その選択には,躊躇を示してしまうのである。これらのプロセスを通して,最終的に親は子どもの声に耳を傾け,子どもに必要な将来を考えようとしていくこととなり,親としての成長が促されるのである。

このように不登校という状態を通して,子どもも親も自己と向き合い,さまざまな気持ちの揺れや変化を経験していくのである。

4　不登校の子どもへの支援

　さて，ここからは，不登校の子どもに対してどのような支援が必要であるのかを検討していく。不登校の子どもへの支援としては，子どもに対する温かい理解と適切なアセスメント，子どもの長所を生かしたチームによる支援，心理的変容に沿った支援の３点について述べていく。

（1）　子どもに対する温かい理解と適切なアセスメント

　はじめに，不登校症状を示す子どもとその家族に対する温かい理解と適切なアセスメントの重要性について述べる。不登校の子どもに対して，ややもすると「あの子はずるい」「あの子は弱い」「あの子は甘えている」「あの子はわがまま」「家庭のしつけが悪い」「家族が甘やかしている」などの声が聞こえてくることがある。また心理学では，コミュニケーションの８割は非言語的行動であると言われているように，言葉に出さないまでも，子どもに対する態度や親に対する態度（目線，口調，配布物の渡し方 etc）などから，周囲がどのような気持ちを不登校の子どもや親に対して抱いているのかが明らかになる。不登校の子どもや親は，他者からの態度や評価に対して敏感になりがちであるため，周囲が何気なく発した発言や態度に傷つきやすいのである。一方，学校風土と呼ばれる用語がある通り，子どもへのまなざしが温かいものであるか，冷たいものであるかは，個人のみでなく集団による雰囲気が影響する。絶対に忘れてはいけないことは，不登校になってもっとも苦しんでいるのは，本人とその家族であるという事実である。あくまでも子どもや家族に対して，温かいまなざしをもち続け，子どもの気持ち，家族の気持ちを理解しようと努めることがもっとも大切である。

　その一方で，不登校の子どもの問題を客観的にかつ多面的にアセスメントし，支援していくことが求められる。その方法としては，石隈・田村（2003）が開発した援助シートなどが活用できる。石隈・田村式援助シートでは，アセスメ

ント項目が学習面，行動面，生活面などに分類されている。たとえば，学習面においては，どの教科でどのようなつまずきがあったのか，行動面では，どういう場面でどのような行動を起こしているのか，生活面では，どのような困難を抱えていたのかなどを多面的にアセスメントすることが可能となっている。このシートのよさは，子どもの学校生活を包括的にとらえていることである。もちろん，場合によっては外部の専門家による心理的なアセスメントや知能検査などの結果も有効であるが，いずれにしろ，目の前にいる子どもがどのような問題や困難さを抱えているのかを多面的に見極めることが重要である。

（2） 子どもの長所を生かしたチームによる支援

　子どもを取り巻く温かい雰囲気が形成され，かつ子どもの問題をアセスメントできたら，アセスメント結果にもとづいて，支援方法を検討していく。この際，重要なことが2つある。一つは，子どもの長所や高い能力を活用していくことであり，もう一つは，チームで支援していくということである。

　前者の子どもの長所や高い能力を活用するということを具体的に考えてみる。たとえば子どもの特性として，目と手の協応運動に困難があり，家庭科と体育が苦手であることが明らかになったとする。その場合，支援方法としては，家庭科の中でも目と手の協応が求められるミシンの練習を何百回とするのではなく，その子が得意とする調べ学習に力を入れてみるなど，まずは子どもの得意分野からかかわっていき，自信をつけていけるようにする。子どもの課題設定の仕方は，いきなり高い目標を掲げるのではなく，スモールステップによる課題を設定し，こまめにポジティブなフィードバックを行い，子どもの達成感を促すことが大切である。

　後者のチームによる支援に関してだが，不登校が長期戦になればなるほど，一人の教師（おもに担任）がすべてを背負ってしまいがちになる。もし担任が体調不良などになった場合，不登校の子どもへの支援の量や質が急激に低下してしまうこととなる。子どもは，担任や親だけでなく，学校や家庭そして地域の中のさまざまな人との関係の中で生活している。すなわち子どもにかかわる

第8章　不登校の心理学的理解と支援

大人は，親と担任以外にもさまざまな人がいるということを忘れてはいけないのである。担任のみが抱え込むという構造は，最終的に担任を追い込む形となりやすい。担任は，子どもにとって重要な人であるが，担任自身も支えられなければならないのである。

　そこで担任中心ではなく，多面的な支援の例を検討してみることとする。たとえば，教室に行くことに不安感が高い子どもの場合，教室に行く前にまず顔見知りの地域の人や門のところにいるセーフティーガードの人がにこやかに声をかけてくれることで少し緊張感がやわらぐかもしれない。そして，教室では，担任が温かく待ち構えてくれていることで安心する。しかし学校は，まだまだ子どもにとって緊張感の高い場所であることが多い。そこで，養護教諭やスクールカウンセラー，メンタルサポーター，担任以外の教科の教師，部活の教師など多くの人が，それぞれの場所で子どもに温かい声かけをしたり，学習や生活の支援の一端を担っていき，子どもが安心できる場所を増やしていくことが望まれる。さらに言うと，学校だけでなく，たとえば通級を利用しているのであれば通級の教師，地域では子育て支援センターや児童館の指導員などその子どもを取り巻く多くの人々があらゆる場面で子どもを支えていけるような支援ネットワークを作ることが理想的である。さまざまな角度，さまざまな価値観で子どもにかかわることで，子ども自身は一つの価値観にとらわれることなく，柔軟な考え方ができるようになるかもしれない。

　じつは，このような多面的な支援は，子どものみでなく親や担任をも支援することにつながる。親は自分の子育てを反省しながらさまざまな葛藤の中で，悩み苦しんでいる。担任のみによる支援の場合，担任が行事などで忙しくなり支援が滞った場合，親はすぐに担任や学校から見放されているんじゃないかという孤独感を生じてしまいやすい。たとえば親は，保護者会などで学校に行ったときに，自分の子どもの机の中にプリントが山づみになっているのを発見すると強いショックを受ける。一方担任にとっては，授業や学校行事の用意などで毎日忙しい日々を送っていると，ついつい机の中をチェックし忘れたりすることが生じてしまうこともありうる。このようなちょっとした不注意でも親は

動揺するのである。もしつねにチームで支援することが習慣になっていれば，担任のみでなく教科の教師も配布物に気をかけておくこととなり，支援者同士の支え合いによりより細やかな支援が可能となっていくのである。さらに親は，担任を含めた多くの人から声をかけてもらうことで，「担任が忙しいときにでも他の教師が気にかけてくれているんだ」「子どもをみんなで見てくれているんだ」という気持ちになり，担任のみでなく学校への安心感にもつながるのである。また，このようなチーム支援は，親に対して安心感を与えるのみでなく，支援者同士が支えあうことにもつながるのである。

（3） 心理的変容に沿った支援

　子どもや親の心理的変容は前節で概観したが，支援の内容もこの心理的変容にそったものが望まれる。たとえば登校刺激との関連でいうと，不登校の子どもにとって，登校刺激は必要でないと一律に決めつけるのではなく，必要な時期と必要でない時期とに分けられるのである。たとえば不登校症状の最初の時期と最後の回復時期などには，後から背中を押してあげる登校刺激はとても有効である。教師が電話をかけたり，心を許せる友達に迎えに行ってもらったりして，登校のきっかけを作ることには意味がある。一方，あきらめ期や自己探索の時期に入ってしまった場合，支援者側も長期戦として構える必要がある。この時期は，ストレスが家庭内暴力などの形で弱い立場のもの（おもに母親）に向かう場合もあり，親の疲弊感が高まるので支援対象も子どもから親へと移行する。つまり，子どもに対しては，登校刺激を控えながらも継続的な関心を伝えるようなかかわりに変え，親への支援を中心に行うように意識するのである。

　このように親中心の支援となった場合，子どもの状態に変化がなく，手ごたえのなさを感じ，ついつい支援がとだえがちとなる。しかしこういう時期にこそ，継続的に温かさや関心を伝え続けていくことが重要である。継続的に温かい関心を向け続けるためには一人では限界があり，やはりチーム支援が重要なのである。担任や相談窓口の教師をまわりの人がサポートし，支援者同士が支

え合うことで質の高い支援が可能となる。

〈文献〉

Chess, S., Thomas, A. 1980 *The dynamics of psychological development*. New York：Brunner/Mazel.（チェス，S., トマス，T.（著），林　雅次（監訳）　1981　子供の気質と心理的発達，星和書店.）

石隈利紀・田村節子　2003　石隈・田村式援助シートによるチーム援助入門，図書文化社.

郭　小蘭　2009　不登校生徒をもつ母親の面接過程：接し方を巡る母親の葛藤．会津大学短期大学部研究年報，**66**，1-14．

文部科学省　2001　不登校に関する実態調査（平成五年度不登校生徒追跡調査報告書）について　〈2009年9月8日〉
http://www.mext.go.jp/b_menu/hakusho/nc/t20010912001/t20010912001.html

文部科学省　2002　生徒指導の諸問題の現状について（概要）〈2009年9月8日〉
http://www.mext.go.jp/b_menu/houdou/14/12/021215e.htm

文部科学省　2003　今後の不登校への対応の在り方について（報告）〈2009年9月8日〉
http://www.mext.go.jp/b_menu/public/2003/03041134.htm

文部科学省　2005　平成17年度　生徒指導上の諸問題の現状について〈2009年9月8日〉
http://www.mext.go.jp/b_menu/houdou/18/09/06091103/003.pdf

文部科学省　2009　平成20年度児童生徒の問題行動等生徒指導上の諸問題に関する調査〈2010年4月13日〉
http://www.mext.go.jp/b_menu/houdou/21/12/1288459.htm

中桐佐智子・岡本陽子・澤田和子　2008　いじめを受けた時の自覚症状と対処行動に関する研究．吉備国際大学保健科学部研究紀要，**13**，27-34．

佐藤修策　2005　不登校の教育・心理的理解と支援，北大路書房.

第9章　いじめの心理学的理解と予防・解決に向けた支援

安藤美華代

1　いじめとは

　いじめは全ての年齢で生じるが，一般的には児童期後期から青年期初期および中期にかけて多く生じ，中学生時代にピークを迎える。いじめは，発達障害・適応障害・メンタルヘルスに直接的あるいは間接的に影響を与える重大な問題であり，適切な理解と予防・解決に向けた支援が必要である。

(1) 定　義
　一般的にいじめは，不均衡な力関係において，繰り返し行われる行為で，身体的・心理的な被害をもたらす攻撃行動として理解されている（Crick & Grotpeter, 1995；笠井, 1998；Smith et al., 1999）。文部科学省（2008a）の調査では，「当該児童生徒が，一定の人間関係のある者から，心理的・物理的な攻撃を受けたことにより，精神的な苦痛を感じているもの。なお，起こった場所は学校の内外を問わない。」と，いじめを定義している。

(2) タイプ
　研究者によってさまざまなタイプ分けが示されているが，まとめるとおもに次の4つになる。まず，直接的な身体への攻撃（叩く・押す・蹴る等）と言語による攻撃（悪口を言う・脅す・罵る等）といった攻撃行為を剥き出しにするタイプのいじめがある。また，間接的に仲間関係を遠回しに操作することによっ

て，ターゲットとした子どもを社会的に孤立状態に追い込んだり，仲間から故意に排除したりする関係性攻撃タイプのいじめがある（Bjorkqvist et al., 1992；Crick & Grotpeter, 1995；笠井, 1998；文部科学省, 2008a；Olweus, 1994；Smith et al., 1999）。

さらに21世紀に入り，インターネットや携帯電話などの電子媒体を用いて，電子メール，チャットルーム，ブログなどによって，相手に屈辱感，恐怖感，無力感を与えるネット上のいじめが新たなタイプのいじめとして急速に広がり，深刻な問題になっている（文部科学省, 2008a, b；Strom & Strom, 2003；Wolak et al., 2008）。

(3) 実 態

いじめ問題は，日本だけではなく世界中で起こっている問題である。青少年におけるいじめ問題（いじめを行うおよび受ける）の発生率の概算は，日本で18～41％（安藤, 2007a, 2009；文部科学省, 1996；森田ら, 1999），米国で30～42％（Kowalski & Limber, 2007；Kraft, 2006；Nansel et al., 2001），英国で38％（Boulton & Underwood, 1992），オーストラリアで25％（Slee, 1995），ノルウェーで15％（Olweus, 1997）と報告されている。

筆者が中学生を対象に行った過去6か月間のいじめの実態調査で，割合が高かった直接的・間接的な攻撃行動は，無視（いじめを行った経験者率：加害40.5％，いじめを受けた経験者率：被害39.3％），仲間はずれ（加害30.7％，被害27.4％），叩く等の暴力（加害30.0％，被害32.7％），悪口（加害26.6％，被害29.7％），けんかの挑発（加害17.4％，被害29.9％），持ち物の奪取（加害14.1％，被害25.2％），ことばによる脅し（加害11.7％，被害17.8％），無理強い（加害17.9％，被害17.9％）であった（安藤, 2007a）。また，中学生を対象に行った過去3か月間のネット上のいじめの実態調査では，からかいでは，加害16.0％，被害15.9％，うわさのネタ・流布では，加害13.0％，被害16.4％，中傷では，加害11.5％，被害15.4％，脅しでは，加害8.5％，被害10.3％の経験者率が示された（安藤, 2009a）。

性差の検討では，欧米の研究同様，叩くといった直接的な身体への攻撃や悪口といった直接的な言語による攻撃は，男子の方が女子より経験者率が高いことが報告されている。一方，仲間はずれといった仲間関係から社会的に孤立させる攻撃やネット上のいじめの経験者率は，女子の方が男子に比べて高いことが報告されている（安藤，2007a，2009a；Bjorkqvist et al., 1992；Crick et al., 1996；Österman et al., 1998）。

2　いじめの心理

いじめ行動には，個人の心理的要因，友達・家族との関係や学校での適応といった社会環境的な要因が複合的に関連していることが明らかになっている。そして，いじめを行う側も受ける側も，身体的精神的苦悩を感じていることが報告されている。以下に，いじめに関連する心理社会的要因，いじめの構造，児童期・青年期の心理社会的発達課題といじめの関連について概観する。

（1）　直接的な身体的・言語的いじめに関する特徴

直接的ないじめを行う青少年のおもな特徴としては，仲間に攻撃性を向けること，敵意的で，協調性が少ないこと（Ando et al., 2005；Craig, 1998；Haynie et al., 2001；Olweus, 1995；Rigby et al., 1997），いじめに関する道徳観，認識が低いこと（Ando et al., 2005；Chisholm, 1998），まじめな学校生活態度をとりにくいこと，いじめを行う友達の影響を受けやすく，いじめの誘いを断る自己効力感が低く，身体的・言語的いじめを受けた経験が多いことが報告されている（Ando et al., 2005；Haynie et al., 2001）。また，抑うつ的で（Kaltiala-Heino et al., 1999；Kaltiala-Heino et al., 2000），身体的精神的訴えが多く（Hawker & Boulton, 2000；Salmon & West, 2000），行為障害（Austin & Joseph, 1996），行動上の問題，多動の問題を示す傾向にある（Kumpulainen et al., 1998；Kumpulainen & Räsänen, 2000；Kumpulainen et al., 1999）と報告されている。

一方，いじめを受ける青少年の特徴としては，社会機能の脆弱さが報告されている (Haynie et al., 2001 ; Kumpulainen et al., 1998 ; Kumpulainen et al., 1999 ; Kumpulainen & Räsänen, 2000)。抑うつ的で，不安が強く，安全感が低く，孤独で，幸福感が低い傾向にあり (Kaltiala-Heino et al., 1999 ; Kaltiala-Heino et al., 2000)，身体的精神的訴えが多い (Hawker & Boulton, 2000 ; Salmon & West, 2000) ことが報告されている。また，自尊感情が低く，注意深く，過敏で，大人しい傾向にある (Craig, 1998 ; Olweus, 1993, 1995 ; Rigby & Slee, 1991 ; Slee, 1994 ; Slee & Rigby, 1993)。

さらに，いじめを行う，いじめを受けるという両方の行動を行う青少年の特徴としては，いじめの他にも行動上の問題を有し，問題行動を行う仲間からの影響を受け易く，クラスメイトとの関係や学校への適応，保護者との関係がうまくいっていない傾向にあり，孤独で，抑うつ的であると報告されている (Haynie et al., 2001 ; Nansel et al., 2001)。

(2) 仲間関係から社会的に孤立させる間接的いじめに関する特徴

間接的ないじめを行う青少年のおもな特徴としては，非行傾向が強く，抑うつ的で，孤独感が強いことが報告されている (Crick & Grotpeter, 1995 ; van der Wal et al., 2003)。また，衝動性や攻撃性が高く，道徳観が低く，いじめを行う友達の影響を受けやすく，いじめの誘いを断る自己効力感が低く，間接的いじめを受けた経験が多い傾向が報告されている (Ando et al., 2005)。

間接的ないじめを受ける青少年のおもな特徴としては，抑うつ的で，孤独で，服従的で，自制的で，心理的ストレスを抱え，他者との関係性について心配しているといったことが報告されている (Crick & Bigbee, 1998 ; Parkhurst & Asher, 1992 ; van der Wal et al., 2003)。

(3) ネット上のいじめに関する特徴

ネット上のいじめを行う青少年のおもな特徴としては，停学・怠学，飲酒・喫煙や非行が多く (Ybarra, Diener-West, & Leaf, 2007 ; Ybarra & Mitchell,

2004），保護者との情緒的親密性が希薄で保護者の子どもへの関心が低く（Ybarra & Mitchell, 2004），いじめを許容する信念が強く，学校の環境における不全感や仲間からのサポートの少なさを感じていると報告されている（安藤，2009a；Williams & Guerra, 2007）。

　ネット上のいじめを受ける青少年のおもな特徴としては，動揺・恐怖・当惑を強く感じ，何らかの心理的ストレス状態を体験しており（Finkelhor et al., 2000），身体症状の訴えが多いことが報告されている（安藤，2009a）。

　ネット上のいじめを行ってもいるし受けてもいる青少年は，心理的ストレスを強く感じ，身体的訴えが多く，非行を行う仲間が多く，飲酒喫煙を行い，ネット外で直接的・間接的にいじめを受けたり，行っており，保護者との希薄な情緒的つながりや保護者の関心の欠如が報告されている（安藤，2009a；Ybarra & Mitchell, 2004；Ybarra, Espelage, & Mitchell, 2007）。

（4）いじめの構造

　いじめは，いじめっ子（加害者）・いじめられる子（被害者）・周りでこれをはやし立てたり面白がったりする子（観衆）・見て見ぬふりをする子（傍観者）の4層構造が絡み合った学級集団全体の中で起こっている（森田，1985）。そして，それらの役割には，一貫した役割行動パターンを示した集団が一定の割合で存在していると同時に，状況によって態度や行動が異なるパターンを示す子どももいる（朝倉，2000）。そして，いじめの被害の重大さは，いじめる子といじめられる子との関係だけではなく，傍観者が集団内の問題自体に対して成員として否定的な反作用を行使しないという点で，問題自体や逸脱に対して許容的な雰囲気を集団内（学級など）に作り，いじめを増加させエスカレートさせていく効果をもたらしていることにある（集団反作用モデル）（森田，1985）。このような先行研究から，いじめは，いじめにかかわる全ての人のダイナミックスによって進行し，そこにかかわる人は，いじめの場面や状況によって異なる行動をとることが明らかにされた。

　筆者が2003年度1年間，中学生の学校生活と問題行動の関連を理解すること

を目的に行った中学校でのフィールドワークにおいては，いじめ（攻撃行動）構造に性差が示唆された（安藤，2007a）。男子の攻撃行動は，比較的固定した上下関係のある群れ集団を軸に，身体を使った激しいかかわりが行われていた。そして，この行動は，群れ集団が集団内のルールをどの程度遵守するか，あるいはターゲットの固定具合・態度・表情によって，遊びの範疇に留まる場合からいじめの様相を呈する場合までさまざまであった。いじめ行動は，群れに所属している個々人が，ターゲットに対して同じ行動をリレー式に何回も行うなど，陰湿な場合が多かった。一方女子の場合は，3～4名で構成される小グループ間の抗争，小グループ内の秘密漏洩などの裏切り行為に対する制裁に用いる手段としての，「黒板に悪口を書く」，「悪口の交換日記を行う」等，悪口や陰口，無視，仲間はずしがおもないじめ行動であった。

（5） 児童期・青年期の心理社会的発達課題といじめの関連

いじめ行動には，児童期・青年期の心理社会的発達課題，中でも自己概念，友達関係や保護者との関係が影響している（Vazsonyi & Flannery，1997）。

とくに思春期・青年期は，自己概念（個人が自己について構築した自分という人間に対する全体的なイメージ：Harter，1990）を構築するために，自己と家族・仲間・学校等について，自分が自分らしくあるためにはどのようなことが大切なのかをはっきりさせようと苦闘する時期である。子どもたちが多くの時間を過ごす学校社会へ適応することは，自己概念の構築に多大な影響を与える。そのため，友達作りや学業・学校生活に困難さを感じている子どもは，失敗体験や劣等感，自信のなさから自分を守るために，いじめにかかわる態度や行動をとる可能性がある（Simons-Morton et al., 1999）。また，いじめを受ける可能性もある。逆に，建設的な仲間との関係や学校とのつながりをもてた子ども，クラスへの満足感が高い子ども，教師がサポーティブで公平だと感じている子ども，良好な友達関係をもてる子ども，学校の価値や規則を受け入れられる子どもはいじめ等の問題行動にかかわることが少ないと報告されている（Resnick et al., 1997；Simons-Morton et al., 1999）。

またこの時期は，気の合う仲間を持つことや仲間に受け入れられることを通して，行動の選択や決定を行い，自己効力感ひいては社会性を向上させていく（Bandura, 1997）。子どもたちは，グループの一員になることに価値をおき，それによって仲間と過ごす時間が増加し，仲間同士で同じような態度をとったり，似たような価値観や興味を持ったり，尊敬し合ったり意見を尊重したりして，仲間同士のつながりを強め関係性を構築していく（Berndt, 1996；Hirschi, 1969/2002；Larson, 1983；Savin-Williams & Berndt, 1990）。この関係性は，ときに仲間同士でプレッシャーをかけあうことで維持されている場合がある（Youniss & Haynie, 1992）。その結果，本当は自分が望まない行動でも，しばしば友達と同じように振舞うことがある。つまり，いじめ等の問題行動を行う友達がいる青少年ほど，いじめ行動や態度を獲得したり，練習したりする機会を多く持ち，逆に適切な行動をする機会が減少する（Snyder et al., 1986）。そのため，自分を大切にし，ほどよい友達関係を築くことや，仲間からの悪い誘いをうまく断る能力や自己コントロールを向上するといった社会性を向上することは，学校への適応を高め，向社会的な友達関係を築く基盤となり，いじめ行動についての態度や認識を変えることへつながり，ひいてはいじめ行動を減少させることが可能と考える。

また，児童期から青年期にかけては，親から独立した個人としての自分になろうとする心理的自立の時期でもある。この時期の子どもは，親の干渉や介入がわずらわしくなり親に踏み込まれたくない自分ひとりの領域を確保しようとする。いじめについても，子どもは自由なインターネットや携帯電話の使用を規制されることを恐れて，保護者にネット上のいじめ等のトラブルを報告しない傾向にあることが報告されている（Kowalski & Limber, 2007；Strom & Strom, 2003）。子どもは，自分に対する親の愛情を確かめ，それを糧として親から分離・独立を果たしていく。筆者が行った中学校でのフィールドワーク研究から，子どもの問題行動に対する親の毅然とした態度は，問題行動の予防につながると考えられる（安藤，2007a）。保護者は，子どもの放課後や週末の過ごし方，友達，活動，健康習慣，興味，学業等日常生活について関心をもち

(Aseltine, 1995 ; Caprara et al., 1998 ; Haynie et al., 2001 ; Jacobson & Crockett, 2000），要求もするが子どもからの要求にも適切に応答する権威と信頼を兼ね備えた養育態度（authoritative parenting）をとることが望まれる（Baumrind, 1991）。

3 いじめ問題解決へのアプローチ

学校教育においては，学業を身につけることに加え，社会的情緒的コンピテンス，人格形成，健康，社会の一員としての責任を育成する等，子どもたちの豊かな心の育成をめざした広範囲な教育が行われている。そのような中，安心して学習できる学校環境づくり，スクールカウンセラーの配置，教育相談や生徒指導の充実化，心理教育や健康教育の実施等，いじめを解決するためのさまざまな取り組みが行われている（文部科学省，2007，2008a）。

2007（平成19）年度の文部科学省（2008a）のいじめに関する学校の取り組みについての調査では，いじめの実態を把握する日常的なおもな取り組みとして，アンケート調査，個別面談，教職員と児童生徒との交換日記の実施が報告されている。いじめ問題に対する日常的な取り組みとして，職員会議等でいじめ問題について教職員間で共通の理解を図る，道徳や学級活動の時間にいじめにかかわる問題を取り上げて教育する，児童・生徒会活動を通じていじめ問題を考えたり生徒同士の人間関係や仲間作りを促進する，スクールカウンセラー・相談員・養護教諭を積極的に活用して相談にあたる，いじめ問題に対応するための校内組織の整備等教育相談体制の充実を図る等が行われている。またいじめが起こった場合には，いじめを受けた児童生徒といじめを行った児童生徒の双方に個別に話を聞き，継続的に面談しケアを行い，場合によっては双方の児童生徒同士の話し合いを実施する，当該いじめについて状況を確認するために他の児童生徒に対してアンケート調査や個別面談を実施する，当該いじめを取り上げて学級全体に指導したり職員会議や委員会等でいじめへの対応を検討したりする等している。

ネット上のいじめについては，青少年たちにはインターネットを使用する際，あやしげなリンクをクリックしない，むやみにダウンロードしない，暴力的な内容・性的な内容や反社会的な内容を含むサイトにはなるべくアクセスしない等を心がけるように働きかけが行われている（Agatston et al., 2007；内閣府政策統括官, 2007；Smith et al., 2008)。また，インターネットによる危険・有害サイトから子どもを守るための情報が，NPO法人によって提供されたり（NPO青少年メディア研究協会，2008），文部科学省（2008c）によって学校や教員向けのネット上のいじめに関する対応マニュアル・事例集が作成されたりしている。

このような現在行われているいじめ解決に向けた個々の取り組みをより有効性の高いものにするために，学校や家庭，地域が連携したさらなる取り組みが大切と考える。

4 いじめを予防する心理教育的アプローチ

前述したようなさまざまな取り組みにより，学校におけるいじめの数はここ数年減少していると報告されているが（文部科学省，2008a），陰湿ないじめによる悲惨な事件の発生は後をたたない。したがって，いじめ問題に対するより一層の対策が求められている。

そこで，これまでおもに児童生徒を対象に，授業を活用していじめを含む攻撃行動等行動上の問題や情緒的問題を包括的に予防し心の健康を育むことをねらいとして実施している心の健康教室：心理教育的プログラム"サクセスフル・セルフ"を紹介する（安藤，2007a, b, 2008a, b, 2009b, c)。

"サクセスフル・セルフ"は，個別の活動やグループ活動等を通して，自分を知る方法，問題解決法，コミュニケーションの方法，友達に対する適切な自己主張・共感・ゆずり合いの方法，葛藤の解決方法，ストレス対処法を学習することにより，自己理解および他者理解を深め，自己コントロール，日常生活に対する適応力，円滑な人間関係，自己効力感を向上し，情緒的問題・行動上

の問題を予防することをねらいとしている。プログラムは，1回1時限（45分〜50分），4〜12のレッスンで構成されている。典型的な実施方法は，まず，各レッスンにおける目標を掲げ，それを達成するための方法の紹介を行う。そして，問題行動に関するシナリオが書かれたワークシートを用いて，個別の活動，グループ活動，全体での共有等を交えながら，自己理解，他者理解を深め，学習を進めていく。

各レッスンテーマは以下の通りである。
①友達関係ビンゴで仲間について知ろう。
②サクセスフル・セルフ（成功していく自分）をイメージしよう。イメージを実現するために，続けたい行動と控えたい行動を明らかにしよう。
③自分を好きになろう。適切に自己主張して，相手を納得させよう。
④豊かな友達関係を築こう。
⑤友達とうまくやっていくためのワザ（適切な自己主張・共感・ゆずりあい）を日頃どのくらい使っているのか，知ろう。
⑥ワザ（適切な自己主張・共感・ゆずりあい）を日常生活で活用しよう。
⑦「私は」で始めるコミュニケーションで，自分の気持ちを伝えよう。
⑧声のトーンや表情を考え，適切に自己主張しよう。
⑨友達からの悪い誘いは断ろう。
⑩こまったことが起こったら，さまざまな方法を考えて，もっともよいと思うものから実行してみよう。
⑪何が起こるか考えてから，行動しよう。
⑫心や体の状態に耳を澄ませ，ストレスの原因に気づき，ストレスマネージメントをして，自分をコントロールしよう。

基礎編の4つのレッスンの概要（表1）と教材例（図1）を示す。

これまで，小学校4〜6年生，中学校1〜3年生，特別支援学級の生徒，特別支援学校高等部の生徒，児童養護施設の小学6年生，中学生の保護者，大学生・大学院生，サポートステーションに通う引きこもり等による休職者を対象に，学校や施設の教職員，スクールカウンセラー，トレーニングを受けた大学

表1 "サクセスフル・セルフ"基礎編の4レッスンの主題・目標・内容

L	主題	目標	内容
1	サクセスフル・セルフ（成功していく自分）への道	サクセスフル・セルフ（成功していく自分）のイメージを膨らませ，それを達成するための目標を立てる。社会の中で自分らしく生きていくために，自己を見つめ，自分の行動のよい面と修正したほうが望ましい面を考えることが重要であるという認識を高める。	自分の行動について振り返り，自分がなりたい自分のイメージをふくらませる。そして，サクセスフル・セルフのカードを使って，なりたい自分に近づくので続けたい行動となりたい自分から遠ざかるのでやめたい行動を明確にし，シートを完成する。（個別の活動）
2	もめごと解決 基礎編	適切なコミュニケーション法（適切な自己主張・共感・ゆずりあい）を学ぶ。自分自身の友達関係の在り方を理解する。よりよい人間関係を築くには，自分を大切にし，程好く自己主張し，共感し，ゆずりあうことが重要であることを学ぶ。	もめごと解決法セルフチェックシートを行い，適切な自己主張・共感・ゆずりあいの程度を自己評価する。（個別の活動）友達関係において適切な自己主張・共感・ゆずりあいを行わず，服従したり，回避したり，不適切に自己主張した時，どのような結果が生じるか周囲や自分の気持ちを通じて考える。そして，どのようにしたら嫌な思いをしないのか話し合う。（個別の活動・グループ討議・全体で共有）
3	もめごと解決 応用編	葛藤をコントロールし，友達からの悪い誘いを断る能力を高める。問題解決法を習得することでコミュニケーション能力を高め，こじれた友達関係を修復したり，友達関係の困りごとを解決できるようになる。	友達のノートに落書きする誘いをうまく断る方法を考え，練習を行う。（個別の活動・グループ討議・ロールプレイ・全体で共有）友達関係で生じるもめごとに対して，問題解決法を使って，仲直りしたり，友達関係の困りごとを解決する糸口を見つける。（個別の活動・グループ討議・全体で共有）
4	ストレスと自己コントロール	ストレスのメカニズムとストレスに対処することの大切さを学ぶ。ストレスの原因に気付き，自己コントロールする能力を高める。	自分のストレスの原因や心や体の反応について振り返る。（個別の活動・全体で共有）ストレスマネージメントについて考える。（個別の活動・グループ討議・全体で共有）

院生，臨床心理士が実施している。

プログラムの前後において，問題行動，いじめ行動，気分状態，学校社会への適応，自己コントロール，自己コントロールに関する自己効力感，問題行動の誘いを断る自己効力感，社会性，対人関係に関する自己効力感の変化を検討

第 9 章　いじめの心理学的理解と予防・解決に向けた支援

図1　教材例（レッスン3）とある中学校の3年生が考えた解決策のまとめ

した。その結果，凡そ共通して見られた変化は，学校社会適応，自己コントロール，問題行動の誘いを断る自己効力感，社会性，対人関係の自己効力感の向上，攻撃行動（いじめ・対人暴力・器物破壊），いじめ被害，抑うつ気分の減少，情緒の安定であった。プログラム後の感想から「相手を思いやって話すことをしていきたいです。」「自分を見直すことができた。」「ふだん言えないこと，やろうとしてもできなかったことをこのサクセスフル・セルフで言い出せた。」等，プログラムは，心が穏やかになり，自己理解，自分の気持ちを相手に伝えることや他者の気持ちを理解することの大切さを体験し，今後の生活に活かす機会になると考えられた。実践した教師の方々から，「子どもと教師の関係が良好になった」「教師が心の健康について考える機会になった」等の感想が聞かれ，教師による学級単位での実践の有効性が示唆された（天野ら，2007；安藤，2007a, b, 2008a, b, 2009b, c；Ando et al., 2007）。

　今後は，学校教職員やスクールカウンセラーが気軽に活用できる有効性の高い・親しみやすいプログラムへとさらに発展させていきたいと考えている。変化を継続させるには，長期の継続的支援や教育（個人面談，短学活での振り返りや話し合い）が必要である（Dryfoos, 1997）。

　近年，個人，学校，家庭，地域等多領域にわたる多面的アプローチを行う包括的なアプローチが，青少年の心の健康を育むのにもっとも重要と報告されている（Greenberg et al., 2003；Weissberg et al., 2003）。したがって，教職員とスクールカウンセラーが連携し，個別のケア，学級・学年全体への心理教育，ひいては家庭やコミュニティを巻き込んでいじめを予防したり減らしたりする，いじめ解決へのアプローチを展開していくことが必要と考える。

〈文献〉

Agatston, P. W., Kowalski, R., Limber, S. 2007 Students' perspectives on cyber bullying. *Journal of Adolescent Health*, **41**, S59-S60.

天野みちる・小川昇希・安藤美華代・夏野良司　2007　児童養護施設における心理教育的プログラムの実践．中国四国心理学会発表論文集，**40**，58．

安藤美華代　2007a　中学生における問題行動の要因と心理教育的介入，風間書

房.
安藤美華代 2007b 青少年の問題行動に対する予防的アプローチ．武蔵大学人文学会雑誌，**38**，105-123．
安藤美華代 2008a 小学生の問題行動・いじめを予防する！：心の健康教室"サクセスフル・セルフ"実施プラン，明治図書．
安藤美華代 2008b 小学生の情緒的および行動上の問題を予防するための心理教育的アプローチ．岡山大学教育実践総合センター紀要，**8**，89-98．
安藤美華代 2009a 中学生における「ネット上のいじめ」に関連する心理社会的要因の検討．学校保健研究，**51**，77-89．
安藤美華代 2009b 中学生の情緒的および行動上の問題を予防する心理教育的プログラム："サクセスフル・セルフ２"のプロセス評価研究．岡山大学教育学研究科研究集録，**142**，93-105．
安藤美華代 2009c 心の健康教育プログラム"サクセスフル・セルフ"大学生版．日本心理臨床学会第28回秋季大会発表論文集，**286**．
Ando, M., Asakura, T., Ando, S., Simons-Morton, B. 2007 A psychoeducational program to prevent aggressive behavior among Japanese early adolescents. *Health Education and Behavior*, **34**, 765-776.
Ando, M., Asakura, T., Simons-Morton, B. 2005 Psychosocial influences on physical, verbal, and indirect bullying among Japanese early adolescents. *Journal of Early Adolescence*, **25**, 268-297.
朝倉隆司 2000 中学生における対人的な攻撃行動パターンに関する研究：性差と小学校高学年時の遊びとの関連．学校保健研究，**42**，123-141．
Aseltine, R. H. 1995 A reconsideration of parental and peer influences on adolescent deviance. *Journal of Health & Social Behavior*, **36**, 103-121.
Austin, S., Joseph, S. 1996 Assessment of bully/victim problems in 8 to 11 year-olds. *British Journal of Educational Psychology*, **66**, 447-456.
Bandura, A. 1997 *Self-efficacy : The exercise of control*, W H Freeman & Co.
Baumrind, D. 1991 Effective parenting during the early adolescent transition. In P. A. Cowan, E. M. Hetherington (Eds.), *Family transitions : Advances in family research series*, Lawrence Erlbaum, pp. 111-163.
Berndt, T. J. 1996 Transitions in friendship and friends' influence. In J. A. Graber, J. Brooks-Gunn, A. C. Petersen (Eds.), *Transitions through adolescence : Interpersonal domains and context*, Lawrence Erlbaum Associates, pp. 57-84.
Bjorkqvist, K., Lagerspetz, K, M., Kaukiainen, A. 1992 Do girls manipulate and boys fight? : Developmental trends in regard to direct and indirect aggression. *Aggressive Behavior*, **18**, 117-127.

Boulton, M. J., Underwood, K. 1992 Bully/victim problems among middle school children. *British Journal of Educational Psychology*, **62**, 73-87.

Caprara, G. V., Scabini, E., Barbaranelli, C., Pastorelli, C., Regalia, C., Bandura, A. 1998 Impact of adolescents' perceived self-regulatory efficacy on familial communication and antisocial conduct. *European Psychologist*, **3**, 125-132.

Chisholm, J. F. 1998 Understanding violence in the school : Moral and psychological factors. *Journal of Social Distress & the Homeless*, **7**, 137-157.

Craig, W. M. 1998 The relationship among bullying, victimization, depression, anxiety, and aggression in elementary school children. *Personality & Individual Differences*, **24**, 123-130.

Crick, N. R., Bigbee, M. A. 1998 Relational and overt forms of peer victimization : A multiinformant approach. *Journal of Consulting & Clinical Psychology*, **66**, 337-347.

Crick, N. R., Bigbee, M. A., Howes, C. 1996 Gender differences in children's normative beliefs about aggression : How do I hurt thee? Let me count the ways. *Child Development*, **67**, 1003-1014.

Crick, N. R., Grotpeter, J. K. 1995 Relational aggression, gender, and social-psychological adjustment. *Child Development*, **66**, 710-722.

Dryfoos, J. G. 1997 The prevalence of problem behaviors : Implications for programs. In R. P. Weissberg, T. P. Gullotta, R. L. Hampton, B. A. Ryan, G. R. Adams (Eds.), *Healthy children* 2010 : *Enhancing children's wellness*, Sage, pp. 17-46.

Finkelhor, D., Mitchell, K., Wolak, J. 2000 Online victimization : A report on the nation's youth. *National Center for Missing & Exploited Children Bulletin*, **NCMEC6-00-020**. Available at : http://www.missingkids.com/en_US/publications/NC62.pdf. Accessed November 23, 2008.

Gofin, R., Palti, H., Mandel, M. 2000 Fighting among Jerusalem adolescents : Personal and school-related factors. *Journal of Adolescent Health*, **27**, 218-223.

Greenberg, M. T., Weissberg, R. P., O'Brien, M. U., Fredericks, L., Elias, M. J., Resnik, H., Zins, J. E. 2003 Enhancing school-based prevention and youth development through coordinated social, emotional, and academic learning. *American Psychologist*, **58**, 466-474.

Harter, S. 1990 Self and identity development. In S. S. Feldman, G. R. Elliot (Eds.), *At the threshold*, Harvard University Press, pp. 352-387.

Hawker, D. S., Boulton, M. J. 2000 Twenty years' research on peer victimiza-

tion and psychosocial maladjustment : A meta-analytic review of cross-sectional studies. *Journal of Child Psychology & Psychiatry & Allied Disciplines*, **41**, 441-455.
Haynie, D. L., Nansel, T., Eitel, P., Crump, A. D., Saylor, K., Yu, K., Simons-Morton, B. 2001 Bullies, victims, and bully/victims : Distinct groups of at-risk youth. *Journal of Early Adolescence*, **21**, 29-49.
Hirschi, T. 2002 *Causes of delinquency*, Transaction Publishers. (Original work published 1969)
Jacobson, K. C., Crockett, L. J. 2000 Parental monitoring and adolescent adjustment : An ecological perspective. *Journal of Research on Adolescence*, **10**, 65-97.
Kaltiala-Heino, R., Rimpelä, M., Marttunen, M., Rimpelä, A., Rantanen, P. 1999 Bullying, depression, and suicidal ideation in Finnish adolescents : School survey. *British Medical Journal*, **319**, 348-351.
Kaltiala-Heino, R., Rimpelä, M., Rantanen, P., Rimpelä, A. 2000 Bullying at school : An indicator of adolescents at risk for mental disorders. *Journal of Adolescence*, **23**, 661-674.
笠井孝久 1998 小学校・中学校の「いじめ」認識. 教育心理学研究, **46**, 77-85.
Kowalski, R. M., Limber, S. P. 2007 Electronic bullying among middle school students. *Journal of Adolescent Health*, **41**, S22-S30.
Kraft, E. 2006 Cyberbullying : A worldwide trend of misusing technology to harass others. *WIT Transactions on Information and Communication Technologies*, **36**, 155-164.
Kumpulainen, K., Räsänen, E. 2000 Children involved in bullying at elementary school age : Their psychiatric symptoms and deviance in adolescence : An epidemiological sample. *Child Abuse & Neglect*, **24**, 1567-1577.
Kumpulainen, K., Räsänen, E., Henttonen, I. 1999 Children involved in bullying : Psychological disturbance and the persistence of the involvement. *Child Abuse & Neglect*, **23**, 1253-1262.
Kumpulainen, K., Räsänen, E., Henttonen, I., Almqvist, F., Kresanov, K., Linna, S., Moilanen, I., Piha, J., Puura, K., Tamminen, T. 1998 Bullying and psychiatric symptoms among elementary school-age children. *Child Abuse & Neglect*, **22**, 705-717.
Larson, R. W. 1983 Adolescents' daily experience with family and friends : Contrasting opportunity systems. *Journal of Marriage & the Family*, **45**, 739-750.

文部科学省　1996　児童生徒のいじめ等に関するアンケート調査結果．Available at：http://www.naec.go.jp/kaigai/ijimeg/04/0416.html. Accessed May 10, 2001

文部科学省　2007　いじめ問題に対する取組事例集．Available at http://www.nier.go.jp/shido/centerhp/ijime-07/zentai00.pdf. Accessed November 22, 2008

文部科学省　2008a　平成19年度　児童青少年の問題行動等青少年指導上の諸問題に関する調査．Available at：http://www.mext.go.jp/b_menu/houdou/20/11/08111707.htm. Accessed September 12, 2009

文部科学省　2008b　いじめ相談の窓口．Available at：http://www.mext.go.jp/a_menu/shotou/seitoshidou/06112210.htm. Accessed November 20, 2008

文部科学省　2008c　「ネット上のいじめ」に関する対応マニュアル・事例集（学校・教員向け）．Available at http://www.mext.go.jp/b_menu/houdou/20/11/08111701.htm. Accessed November 21, 2008

森田洋司　1985　学級集団における「いじめ」の構造．ジェリスト，**836**，25-35．

森田洋司・滝　充・秦　政春・星野周弘・若井彌一　1999　日本のいじめ：予防・対応に生かすデータ集，金子書房．

内閣府政策統括官（共生社会政策担当）2007　第5回情報化社会と青少年に関する意識調査報告書．Available at http://www8.cao.go.jp/youth/kenkyu/jouhou5/index.html. Accessed November 21, 2008

Nansel, T. R., Overpeck, M., Pilla, R. S., Ruan, W. J., Simons-Morton, B., Scheidt, P. 2001 Bullying behaviors among US youth：Prevalence and association with psychosocial adjustment. *JAMA : Journal of the American Medical Association*, **285**, 2094-2100.

NPO青少年メディア研究協会　2008　ねちずん村．Available at http://www.netizenv.org/top.htm. Accessed November 21, 2008

Olweus, D. 1993 *Bullying at school : What we know and what we can do*, Blackwell Publishers.

Olweus, D. 1994 Annotation：Bullying at school：Basic facts and effects of a school based intervention program. *Journal of Child Psychology & Psychiatry & Allied Disciplines*, **35**, 1171-1190.

Olweus, D. 1995 Bullying or peer abuse at school：Facts and interventions. *Current Directions in Psychological Science*, **4**, 196-200.

Olweus, D. 1997 Bully/victim problems in school：Knowledge base and an effective intervention program. *Irish Journal of Psychology*, **18**, 170-190.

Österman, K., Björkqvist, K., Lagerspetz, K. M. J., Kaukiainen, A., Landau, S. F., Fraczek, A., Caprara, G. V. 1998 Cross-cultural evidence of female indirect aggression. *Aggressive Behavior*, **24**, 1-8.
Parkhurst, J. T., Asher, S. R. 1992 Peer rejection in middle school : Subgroup differences in behavior, loneliness, and interpersonal concerns. *Developmental Psychology*, **28**, 231-241.
Resnick, M. D., Bearman, P. S., Blum, R. W., Bauman, K. E., Harris, K. M., Jones, J., Tabor, J., Beuhring, T., Sieving, R. E., Shew, M., Ireland, M., Bearinger, L. H., Udry, J. R. 1997 Protecting adolescents from harm : Findings from the National Longitudinal Study on Adolescent Health. *JAMA : Journal of the American Medical Association*, **278**, 823-832.
Rigby, K., Cox, I., Black, G. 1997 Cooperativeness and bully/victim problems among Australian schoolchildren. *Journal of Social Psychology*, **137**, 357-368.
Rigby, K., Slee, P. T. 1991 Bullying among Australian school children : Reported behavior and attitudes toward victims. *Journal of Social Psychology*, **131**, 615-627.
Salmon, G., West, A. 2000 Physical and mental health issues related to bullying in schools. *Current Opinion in Psychiatry*, **13**, 375-380.
Savin-Williams, R. C., Berndt, T. J. 1990 Friendship and peer relations. In S. S. Feldman, G. R. Elliott (Eds.), *At the threshold : The developing adolescent*, Harvard University Press. pp. 277-307.
Simons-Morton, B. G., Crump, A. D., Haynie, D. L., Saylor, K. E. 1999 Student-school bonding and adolescent problem behavior. *Health Education Research*, **14**, 99-107.
Slee, P. T. 1994 Situational and interpersonal correlates of anxiety associated with peer victimization. *Child Psychiatry and Human Development*, **25**, 97-107.
Slee, P. T. 1995 Bullying in the playground : The impact of inter-personal violence on Australian children's perceptions of their play environment. *Children's Environments*, **12**, 320-327.
Slee, P. T., Rigby, K. 1993 The relationship of Eysenck's personality factors and self-esteem to bully victim behaviour in Australian schoolboys. *Personality & Individual Differences*, **14**, 371-373.
Smith, P. K., Mahdavi, J., Carvalho, M., Russell, S., Tippett, N., Fisher, S. 2008 Cyberbullying : Its nature and impact in secondary school pupils. *Journal of Child Psychology and Psychiatry*, **49**, 376-385.

Smith, P. K., Morita, Y., Junger-Tas, J., Olweus, D., Catalano, R., Slee, P. (Eds.) 1999 *The nature of school bullying : A cross-national perspective.* Routledge.

Snyder, J., Dishion, T. J., Patterson, G. R. 1986 Determinants and consequences of associating with deviant peers during preadolescence and adolescence. *Journal of Early Adolescence,* **6**, 29-43.

Strom, P., Strom, R. 2003 ネットいじめ. チャイルド・リサーチ・ネット (CRN) アドバイザリーボードメンバー (ABM) レポート. Available at http://www.crn.or.jp/LIBRARY/ABM/16.HTM. Accessed November 12, 2008

van der Wal, M. F., de Wit, C. A. M., Hirasing, R. A. 2003 Psychosocial health among young victims and offenders of direct and indirect bullying. *Pediatrics,* **111**, 1312-1317.

Vazsonyi, A. T., Flannery, D. J. 1997 Early adolescent delinquent behaviors : Associations with family and school domains. *Journal of Early Adolescence,* **17**, 271-293.

Weissberg, R. P., Kumpfer, K. L., Seligman, M. E. P. 2003 Prevention that works for children and youth : An introduction. *American Psychologist,* **58**, 425-432.

Williams, K. R., Guerra, N. G. 2007 Prevalence and predictors of internet bullying. *Journal of Adolescent Health,* **41**, S14-S21.

Wolak, J., Finkelhor, D., Mitchell, K. J., Ybarra, M. L. 2008 Online "predators" and their victims : Myths, realities, and implications for prevention and treatment. *American Psychologist,* **63**, 111-128.

Ybarra, M. L., Diener-West, M., Leaf, P. J. 2007 Examining the overlap in internet harassment and school bullying : Implications for school intervention. *Journal of Adolescent Health,* **41**, S42-S50.

Ybarra, M. L., Espelage, D.L., Mitchell, K. J. 2007 The co-occurrence of internet harassment and unwanted sexual solicitation victimization and perpetration : Associations with psychosocial indicators. *Journal of Adolescent Health,* **41**, S31-S41.

Ybarra, M. L., Mitchell, K. J. 2004 Youth engaging in online harassment : Associations with caregiver-child relationships, internet use, and personal characteristics. *Journal of Adolescence,* **27**, 319-336.

Youniss, J., Haynie, D. L. 1992 Friendship in adolescence. *Journal of Developmental & Behavioral Pediatrics,* **13**, 59-66.

第10章　不安・抑うつの心理学的理解と支援

中田　行重

1　はじめに

　子どもでも大人同様，心配事やストレスはあり，不安になることもあれば，抑うつ的になることもある。それに対して学校現場ではどのような対応をとるべきか，難しい判断を求められることがある。まずは，その不安・抑うつが健常の範囲をこえたもの，つまり病気の範囲のものであれば，医療機関へ紹介することを念頭においた対応となる。しかし，病気でない不安・抑うつの場合にも対応は必要である。つまり，病気の場合，そうでない場合を含めて，それがどのような不安・抑うつであり，どのような対応をするか，さまざまな可能性を考えておくことになる。医師と違って，学校現場では，病気の範囲の不安・抑うつの子どもでなくても，感情不安定になっている子どもを支え，健康部分を引き出し，学校適応を目指すことが求められる。また，子どもに対する別室登校の可能性やクラス運営の工夫，親との連携を考えたりする必要もある。不安や抑うつが健常の範囲であれば，それを成長に必要なものとして見守る態度，あるいは成長促進的に活かすことも考える必要があるだろう。
　つまり，学校現場では子どもの不安や抑うつに対応するには，多様な視点からの検討が必要である。本章ではまず，不安・抑うつが病気の範囲である場合とそうでない場合とを紹介し，次にどのような支援が可能かを考える。

2　不安の障害

(1)　不安に関する障害

①パニック障害

　不安の病気の代表的なものとして，パニック障害がある。突然，動悸がして心拍数が上がり，息苦しさ，発汗，めまいなどが起こり，死ぬのではないかという強い恐怖が襲うのをパニック発作という。パニック障害とはパニック発作が繰り返し起こったり，あるいは，起こるのではないかとの予期不安が続く病気である。予期不安のために通学の電車などに乗れなかったり，人の大勢いるところを極度に嫌がるようになったりする。当然，子どもの場合には登校や外出することは，恐ろしいものと感じられるし，それまで何事につけても積極的だった子どもが消極的になったりする。あるいは学校に行くのが怖い，という不登校の子どもの中には，よく話を聞いてみるとパニック障害だったという子どももいる。

②心的外傷後ストレス障害

　英語の省略名をそのまま用いてPTSDと呼ばれることも多い障害で，文字通り，大きな心理的な外傷を受けたために，類似の状況に対する過敏な反応や悪夢が繰り返されたり，同じ恐怖がフラッシュバックしたり，覚醒亢進状態が持続して睡眠が困難であったり，過度の警戒心や過剰な驚愕反応が起こることを言う。心的外傷としては大きな事故，事件などがあるが，間接的な体験（たとえば，テレビで見た事故）もPTSDを引き起こす外傷になることがある。また，いじめられたり虐待を受けることもPTSDを発症させることがある。

③社会不安障害

　ニートと並んで引きこもりは，わが国の若年無業者の深刻な問題である。とくに思考や意識の障害，その他の精神病症状がないのに，成人になっても引きこもり続け，社会との接触を避けている状態である。北西（2007）は引きこもりをDSM-Ⅳ（米国の精神科診断マニュアル）における"社会不安障害"にあた

る，としている。また，これも日本に多く見られる症状であるが，対人恐怖症も社会不安障害にあたる，としている。不登校だった子どもが卒業時期を過ぎてもずっと家にいたり，中退したり，中には卒業しても，進学も仕事もせず，家に居続ける場合も，いわゆる引きこもりであり，つまり，社会不安障害という病気である，と認識する必要がある。

④分離不安障害

　小さな子どもが幼稚/保育園に通園するときに，保護者と別れ際に毎朝のように泣くことがある。しかし，親と別れた後は結構けろっとしているようであれば正常な発達の範囲内の分離不安である。ところが，そのような重要な愛着の対象との別れに極度の苦痛を感じたり，その人に危険が起こることを過剰に心配して，学校生活等に支障が出るのであれば分離不安障害である。

＊

　子どもの場合，①パニック障害や②心的外傷後ストレス障害を患っても，自分の病状を全て言語化できない場合には，親や教師には子どもがただたんに怠け心から登校を嫌がっているように見えることがある。その場合に親や教師が子どもに登校を無理に進めると，子どもは親や教師に対して心を開いて話さなくなるので，一層，子どもの状態把握ができなくなる。大人全般に対する不信感をもつようになることもある。また，たとえ，大人が受容的に子どもの話を聞こうとしても，自分の状態を話すことに罪悪感を持っている場合もあるし，とくに②の場合は話すことが外傷体験を想起させるので，話すことを恐れる場合もある。したがって，これは病的な不安の場合に限らないが，子どもの精神状態は，子どもの話だけでなく，子どもの様子全般，周囲の人からの情報など全般から判断する必要がある。

　その上で，①あるいは②の可能性がかなりあると判断される場合には，心療内科，精神科に紹介することになる。教師がそのように判断した場合は保護者にそのことを伝えて理解してもらう必要がある。逆に保護者がそのように判断した場合は，学校を休んだり，ラッシュ時を外して遅れて登校することを教師に理解してもらう必要がある。もちろん，子ども本人が理解できる場合には，

子どもにも病気とその対応について説明しておくほうがよい。

このように親と保護者が理解を共有しておく必要があるのは、両者のうち、一方は病気と考えているのに、もう片方は怠けと捉えるようだと落ち着いて治療に専念できないからである。また、相互理解のコミュニケーションが十分でないまま、たとえば教師が保護者に"病院に行くように"と言ってしまうと、保護者は"教師に見離された"、"自分の子どもをきちがい扱いした"と感じることがある。

はじめから病院に行くことを勧めにくい場合もある。その場合はスクールカウンセラーや教育センター、カウンセリングセンターなどを勧める方法がある。むしろ、そのほうがよいことも多い。臨床心理士によるカウンセリングから病院に紹介するのであれば、精神科や心療内科に徐々に段階を踏むことになるので保護者や本人の気持ちの上でショックが少ないということが一つの理由である。もう一つの理由は、カウンセラーを通して病院に紹介される場合には、その病院で心理療法を行わない場合には、子どもは病院での治療と、もう一方でカウンセリングの両方を受けることができる可能性があるからである。たとえば、不安障害という病気は治った後でも、病気以外のさまざまな悩みをカウンセラーに聞いてもらえることは、子どもやその家族にとって心強い。

③社会不安障害のうち、いわゆる引きこもりは、学齢期は不登校であった子がその延長で引きこもりになることがあることを心に留めておく必要がある。不登校そのものについては第Ⅰ部第8章を読んでいただくとして、引きこもりへの予防という意味では、不登校そのものへの対応が引きこもりへの予防になる。次第に子どもの年齢があがり、たとえば高校生で不登校が長くなると不登校というよりもむしろ引きこもりという言葉のほうが適切に思える状態になることがある。そうなると、学校との関係は徐々に薄れ、もっぱら保護者が子どもの対応をするようになる。そして、引きこもりに対しては、本人ではなく家族がまず、病院や保健所あるいはカウンセリングセンターなどに相談に行くことがほとんどである。最終的には本人が治療あるいは相談に行く必要があるが、そうなるまでには時間がかかることが多いし、引きこもる期間が長いほど、外

に出にくくなるので，やはり，学齢期に保護者と教師，スクールカウンセラーなどが中心となって不登校への対応を十分しておくことが望ましい。また，不登校が長引いて引きこもりに移行する可能性が見られる場合には，教師やスクールカウンセラーなど学校現場の専門家だけでなく，保健所など地域の専門機関への相談もしておくほうがよい（ひきこもりに対する地域精神保健活動研究会，2004）。

　社会不安障害のうちでもいわゆる対人恐怖症は，自己への意識が高まる中学生から高校生にかけて顕在化しやすい。不登校児の場合は病院を勧めても「自分は病気じゃない」などと言って拒否することが多いが，対人恐怖症の場合は精神科や心療内科に通うことに抵抗はあっても，本人が苦しいので勧めると行くことが多い。あるいは上記の①パニック障害や②心的外傷後ストレス障害と同じく，病院に直接行くよりも，カウンセリングにまず通ってそこから病院に行くほうが本人としても行きやすいことがある。ただし，家族や教師，そしてカウンセラーの中にもカウンセリングだけで何とか対応しようとする人がいるが，薬物療法だけでも著効を示すことがあるので病院という選択肢も大事にしておきたいところである。

　④分離不安障害は，一見，健康な範囲内の分離不安とは程度の差に見えるので，判断が難しいことがある。しかし，多くの子どもが健康な範囲内の分離不安を克服するように，「この子も大丈夫，そのうち慣れるから」などと考えて無理をさせていると，事態は一層悪化することがある。分離不安障害には薬物が処方されることもあるが，基本的には心理的な要因が大きい。家族の特殊な事情が絡んでいるケース（たとえば，自分が学校に行っている間にお母さんが家を出て行ってしまうという不安を持っている子どもの分離不安）もあれば，さしたる理由も考えられないのに，分離不安が強いケースもある。どのような対応をとるかはケースバイケースではあるが，病院，カウンセリングセンターだけでなく，学校側でも対応できることもある。いずれも心理的なアプローチをとることになる。基本的には支持的に接して子どもの心が伸びやかになり，親との分離を考えなくて済むようになることを目指す。その意味でもっともよいのは，

親子関係が改善して，物理的には昼間は離れ離れになっても心はつながっているという実感を子どもがもてるようになることである。

(2) 不安がベースにある障害

以上が不安の障害のおもなものであるが，以下には，不安の障害というよりも，不安がベースにある障害を幾つかあげておく。

⑤強迫性障害

自分自身も無意味でばかばかしいと思いながら，不合理な考えや感情や行動が繰り返し起こり，止めたいと思うのに止めることができないもので，頭に不吉な考えやイメージが浮かぶ強迫観念や，同じ行動を繰り返す強迫行為がある。とはいえ，小さな子どもほど自分だけのちょっとした儀式や完全癖をもっており，ある程度は発達上健康の範囲内のものである。ところが，同じことを2～3時間も繰り返したりするようなら病気である。強迫性障害はその行動の強さ，しつこさなどのため，対応は学校や家庭では難しい。

⑥身体表現性障害

不安など心理的なことが身体症状として表現されるもので，痛み，運動/感覚麻痺，身体症状に対する誤った解釈，癖など，幾つもの種類がある。心理的なことを表現させたら治るのではないか，と考えるのはある意味で正しいともいえるが，実際にはそれがきわめて難しい。表現できないどころか，子ども自身がその自分の気持ちに気づいていないことが多いためであり，専門的な対応を必要とする。

⑦解離性障害

現実感を喪失する離人症，記憶を失ってしまう解離性健忘，突然日常生活から離れて放浪する解離性遁走，多重人格とも呼ばれる解離性同一性障害などがある。心が不安を抱えきれなくなり，その対処として自分の感覚や記憶，自分のアイデンティティを切り離してしまって起こる病気である。

3 抑うつの障害

次に抑うつの障害を紹介する。

①大うつ病性障害および気分変調性障害

いずれもいわゆるうつ病であるが,学校現場ではその区別はとくに必要ないので並べて掲載した。抑うつは気分の落ち込みであるが,うつ病となると,気分だけでなく心身両面でエネルギーが低下している状態といえる。すなわち,心身両面に症状が出現する。精神症状として気分の落ち込みのほか,いらいら感,意欲・関心の低下,集中力低下,罪悪感,自殺念慮などがあり,身体症状としては睡眠障害(不眠あるいは過眠),食欲(低下または亢進),日内変動(朝の調子がもっとも悪く夕方に軽くなる),そのほか頭痛やめまい,胸痛,動悸,嘔吐,便秘,下痢などの症状が出ることもある。うつ病は,脳内の神経化学的変化などの生物学的要因,ストレスや重要な対象の喪失その他の社会・心理的要因,過労や身体の病気の二次的な疾患という形の身体的要因などが組み合わさって起こると考えられている。

②双極性障害

いわゆる躁うつ病である。エネルギーが極度に高まる躁病の時期と低下するうつ病の時期が反復して交互にやってくる。これはおもに生物学的要因による病気である。

*

①の場合,子どもは悩みがあっても大人ほど表情に出ないので,うつ病は少ないように見えるが,実際には大人と同じような症状をもっている子どもがかなりいることが分かってきた(傳田,2006)。子どもの抑うつの病気は精神的な症状としては目立たないからであり,睡眠障害や倦怠感,頭痛その他身体的な症状として現れる。しかし,うつ病ではないか,という視点で子どもの様子をみると,学業で集中力が落ちたり,日常生活での頭の回転が以前ほどには回らなくなっていることが観察される場合にはうつ病の可能性を考えて,病院受診

を勧めなければならない。

　②では子どもの場合は、躁病の時期はたんに元気がいい、機嫌がいい、という風に見えてしまいがちなので、注意が必要である。

　子どもの抑うつの扱いで難しいのは、一つには身体の訴えとして現れることが多いので、内科や小児科を受診してしまうことである。もちろん、内科医や小児科医が、うつと診断して治療したり、専門医に紹介すればいいのであるが、情報が十分でないと、うつとの診断を下せないこともある。もう一つの難しさは子どもの場合、不登校として現れることが多い点である。そのためにうつ病の治療という視点を失ってしまうことがある。うつが治れば不登校も解消するケースもあるが、うつ病なのか、不登校なので気分が抑うつ的なのか、分かりにくいケースもある。

　また、学校現場という場所柄、どうしても目立ちやすい子ども（たとえば発達障害の子ども）に教師の目はいきがちで、大勢の中では大人しいほうのうつ病の子どもは目立ちにくい。その意味では、うつ病でも、罪悪感などからリストカット、大量服薬などの自殺企図のある子どもは派手で目立ちやすいので見落とすことはないが、人格障害を併発していることも多いので、学校現場としては扱いに慎重を要する。

　昨今は発達障害を持つ子どもが学校適応に傷つき、二次障害として不安や抑うつの症状を出すこともある。この場合は発達障害そのものへのアプローチと、発達障害児を抱える環境へのアプローチの両方が必要になる。

4　相談機関の連携

　以上、不安と抑うつの障害について紹介した。病気かどうかの判断のためには、しっかりと子どもの様子を観察する必要がある。しかし、いったん病院やカウンセリングへ紹介することができれば、一段落であり、今後は連携をとりながら子どもを支えることになる。ところが、ここまで書いたことは基本の支援の形式であって、実際には難しい問題が起こる。それらへの対応として、こ

こではとくに複数の機関の連携について述べておきたい。

　まず，病気かどうかの判断である。もちろん，最終的には医者が診断することであるが，そのために，学校側としては子どもの保護者に病院受診を勧めても「私の子どもは病気ではない」と拒否されることがある。したがって病院受診を勧めるべきかどうか，勧めるとしたらどのように勧めるかについて，スクールカウンセラーその他からコンサルテーションを受けることが望ましい。学校側の配慮のなさを保護者が教育センターのカウンセラーなどに訴える事例も少なくない。先に述べたように，保護者や子どもから学校側から見離されたと思われないように配慮すべきである。

　逆に，学校側が子どもへの配慮をしようとしても，それに保護者が応えられないような場合もある。たとえば，子どもが学校でぼんやりして気だるい様子なので，学校側がうつ病の可能性を考えてカウンセリングや病院受診を保護者に勧めると，保護者もうつ病であって保護者に多くを期待できない場合がある。保護者が治療を受けていることもあれば治療を受けていない場合もあるが，いずれの場合も保護者と子どものうつ状態が何らかの連動をしていることが多い。この場合には親にも治療を勧めたり，治療継続を心理的に支えながら，子どもを支えることを考えなければならない。リソースパーソンとして，もう一方の親あるいは親戚などが適当であれば，そのような人と連携をとることも検討するほうがよい。また，学校，病院，カウンセリングセンターなど，その家族にかかわっている機関での連携をするほうがよいことが多い。そのためには，情報を互いに共有してよいかどうかの承諾を保護者から得た上で連携をとることになる。その際，保護者がある相談機関の悪口を別の機関で口にすることがある。たとえば保護者が学校の悪口をカウンセリングセンターで言ったりする。しかし，それ自体をそのまま信用してしまうと，連携する上での信頼関係が築きにくい。実際に相談機関に問題があることもあるであろうが，まずはそれを，保護者のコミュニケーションのパターンとして認識することである。

　連携をする場合に，それぞれの機関の支援の特徴を互いに知っておくことも重要である。たとえば，病院による薬物療法は最適の薬が決まるまでに時間が

かかったり，眠気が強くなることもある。あるいはカウンセリングなどを受けると子どもが元気になる過程で，わがままになることがある。そのようなことを互いに情報共有できていないと，「治療したら状態が悪化した。あそこは受診しないほうがよい」などということになってしまい，連携の上で必要な信頼関係を保つことが難しくなる。

　連携でもう一つ考えなければならないのは，子どもが入院や療養のために長期欠席をする場合である。治療をしてもうまく復学できなければ意味がないし，逆に，復学が困難であればなかなか病気が治らなかったり，再発しかねない。そのため，子どもが安心して復学できるように，相談機関同士で連携をとる必要がある。別室登校，苦手な科目，学校行事や友人関係の調整，保護者との復学方針の共有などの配慮も必要になる。

〈文献〉
傳田健三　2006　小児のうつと不安：診断と治療の最前線，新興医学出版社．
ひきこもりに対する地域精神保健活動研究会（編）　2004　地域保健におけるひきこもりへの対応ガイドライン，じほう．
北西憲二・中村　敬（編）　2007　森田療法で読む社会不安障害とひきこもり，白揚社．

第11章　学業不振児の心理学的理解と支援

串崎　真志

1　学業不振児とは

　学業不振児（underachiever）とは，知能から期待される水準よりも低い学業成績を示す子どもをいう。おもに教育心理学で用いられてきたが，最近ではほとんど耳にしなくなった。学業不振児という言葉が使われなくなった理由としては，定義の曖昧さがあるだろう。これは1950年代当初から指摘され，1980年の時点（日本教育心理学会第22回総会）でも議論されたようなので（石川・河井，1981），不確定な状況はずっと続いていたことになる。
　加えて，1960年代に学習障害の概念が登場したことも大きい。個人内の情報処理能力を測定できるようになると，学業不振児の一部は学習障害で説明されるようになったと思われる。
　また，知能検査（とくに集団式）が実施されなくなっている背景もあるだろう。欧米では，臨床事例でさえ知能検査をする機会は少ないと聞く。その検査結果を目にすることもめったにない。「知能から期待される水準よりも低い学業成績」という定義の前提が，揺らいだというべきかもしれない。
　とはいえ，学業不振児を思わせる子どもたちは，（そう呼ぶかどうかを別にして）現在もいる。たとえば，大野（1958）が考察した小学校5年生の男児の描写は，いまの子どもたちにもあてはまるだろう。
　「算数は九九が満足にできない。7掛以上があぶない。加減は4年程度を出して60％ぐらいの出来。乗除は20％ぐらいのもの。国語は平仮名を拾い読みする程度。漢字はほとんど読めないし，書けない。したがって社会科や理科も理

解するに至らない。学習の態度は全般に注意散漫，うしろをみたり，他児をつついたり。遅刻が多く，朝自習にも遅れる。体育の場合の着替えも一番遅い。」[8]

2　自己調整学習

　それでは，学業不振児の指導はどのように行われてきたのだろうか。田中（1996）によると，「従来の学業不振児の指導は，補充，補習，ドリル等による補いを行うことで，基礎的・基本的な知識，技能の習得をはかるという知識，技能の補充中心の指導であった」という。しかし1980年代後半，三浦ら（1985）のグループによって，学業不振に影響する要因が整理され，いまでいう学習方略を加味したモデルが設定された。[9]これによって学業不振児の問題は，学習不適応として，一般の学習活動の中で論じることが可能になったといえる。

　1990年代に入ると，Barry JimmermanとDale Schunkの「自己調整学習」（自己制御学習：self-regulated learning）が注目されるようになった。すなわち，「自ら学び，自ら考える力」の育成である。[10]このような学習方略は学業成績にも影響すると考えられ，たとえば松沼（2004）は，小学校4年生を対象に，自己調整学習方略が算数のテスト成績に与える効果を検証した。[11]また，伊藤・神藤（2003b）は，中学生を対象に，自己効力感→自己調整学習方略→学習の持続性という影響関係を見いだしている。教育心理学において学業不振は，教育的な介入によって改善しうる現象である。[12]学業不振児においても，自己調整学習のような学習方略（表1）の指導が役立つと思われる。[13]

3　環境要因による情緒的問題

　学業不振児のうち，個人内の情報処理能力のバランスが悪く，器質的な要因が強い場合は，学習障害が疑われるだろう（第Ⅰ部第5章，第6章参照）。また，学習方略の未熟さに起因する場合は，その指導が役立つと思われる。そのほかに，環境要因による情緒的問題をもつ事例が考えられる。たとえば，虐待を受

第11章　学業不振児の心理学的理解と支援

表1　自己調整学習方略の例

一般的認知（理解・想起）方略
・たとえわからなくても，先生の言っていることをいつも理解しようとする
・私はテストのための勉強をするとき，できるだけ多くのことを思い出そうとする

復習・まとめ方略
・私は，する必要がなくても，練習問題をする
・私は，勉強をしているとき，習ったことを思い出せるよう，もう一度，ノートをまとめなおす

リハーサル方略
・勉強内容を読むとき，おぼえられるように，くりかえし心の中で考える
・読んでいるとき，一度，中断して，読んだことをくりかえしてみる

注意集中方略
・私は，授業中，教科書を読んでいるとき，何のことが書かれていたのかわからないことがよくある（逆転項目）
・教科書を読むとき，その中で最も大切なことが何であるかを読みとることは，私には，むずかしい（逆転項目）

関係づけ方略
・何かを読んでいるとき，読んでいることと，自分がすでに知っていることを関係づけようとする
・新しい課題をするのに，以前学んだことを生かす

（出所）伊藤，1996をもとに作成

けた子どもである。

　虐待的な環境にあった子どもたちが，（知能にかかわらず）学習態度や学業成績に問題を生じやすいことは，よく知られている。もっとも，虐待の場合は情緒的な問題のほうが目立つだろう（多動や落ち着きのなさ，盗みや虚言，かんしゃくや暴言，火遊びや性的行動など。もちろん問題が生じないこともある）。ここでは架空の例を示しておく。

　「小学校5年の男児。IQは85。算数がとくに不得手。授業中はぼうっとしていて，課題に取り組まない。クラスでは孤立しがち。低学年の子どもをいじめたり，商店で菓子を万引きするなど問題行動が相次いだ。大人に対しては一見，人なつこいが，都合の悪い話題になると聞こえていない様子。幼児期に虐待を受け，現在は児童養護施設で暮らしている。」

　虐待を受けた子どもたちといっても，一言でいえないほど多様な様相を示す。たとえば，認知や注意記憶に問題があるときは，発達障害の診断をもつかもしれない。思春期に入ると自傷などが始まる場合もある。しかし，もっとも特徴的なのは情緒的な側面，とくに人との信頼関係の形成（アタッチメント）だろ

う。したがって学習指導よりも，まず情緒面の安定を図ることになる。彼らを治療的な環境に導入すると，情緒的な「育ち直し」を体験することが多い。私見になるが，介入のポイントをいくつかあげておこう。

ステップ1　身体感覚にもとづいた安全感を形成する

とくに過去の記憶（というほど明確でないことも多いのだが）に苦しめられている場合，自分の身体感覚（たとえば地に足をつけている感覚，物に触れている感覚）をしっかりと感じられるように介入するところから始める。そして，「人と一緒にいる」という感覚を体験してもらう。身体接触については慎重に判断しなければならないが，一緒にいて安全を感じられる人，場所をつくることが第一である。

ステップ2　共同注意をとおして情緒の共有をうながす

「いま，ここ」での出来事や対象について，感情語を添えつつ，その体験を一緒に味わう（たとえば「きれいだね」「つまらないね」というように）。これは人と信頼関係を形成し，情緒的につながるために必須の体験である。子どもたちは，他者にも「心」があり，自分と同じように感じ，それをとおして交流できることに気づく。同時に，言語的なつながりの素地にもなる。

ステップ3　共同行為をとおして経験を蓄積する

生活習慣から学業課題まで，子どもたちにできないことは多い。ときには大人が適切な判断を手助けしながら（自我の代理），一緒に困難を乗り越え，なおかつ本人のがんばりを褒める。この体験によって，「こうしたい」という意志や「もっとやってみよう」という意欲が芽生える（自我の形成）。大人にとっては，過度の依存やわがままに見えることもある。

ステップ4　深い聴き手になりながら自我を育む

子どもたちはつらいときや苦しいとき，空想の世界でそれを緩和しようとする（実際に安心する物を持ち歩くこともある）。大人が彼らの「物語」に耳を傾け，批判せず認めることで（ディープリスニング），彼らの中に自我を守る「保護ベルト」が形成される。これはセルフケアの素地にもなるだろう。ときには空想が広がりすぎたり，抑うつ的になったり，あふれる否定的な感情を，大人にぶ

つけてくることもある。

ステップ5　自我を信頼しながら無意識への対処を図る

　ここまで成長すると，いちおうの現実適応は可能となる。しかし，しばしば無意識的な衝動，悪意，すさんだ気持ちにさいなまれることは続く。大人は彼らの自我を信頼し，そのような感情にふりまわされないよう，一緒に試行錯誤する。無意識的な気持ちを外在化し（たとえば「あなたの中のいらいら虫が活動するのね」というように），あるいはイメージの中で「封じる」なり「捨ておく」なりして，うまく対処する工夫を身につけてもらう。なかなか本心をうちあけないこともあるが，責めてはいけない。

ステップ6　安定と適応的な広がりを願う

　若干の波はありつつ，おおむね適応的に過ごせるようになる。安定した人間関係に恵まれること，部活動など打ち込むものができること，ある程度の学力があり将来に展望をもてることなどが，奏効の要因となるだろう（その意味で学習指導は重要である。とくに国語は内省する力に関連する）。それでも壁はあり，努力が実を結ぶとはかぎらない。ある種のはかなさは，いつも根底にあるようだ。大人は彼らの語りに定期的に耳を傾け，苦楽を共有し，反抗の相手となる。

＊

　育ち直しといっても，容易ではない。大人から見れば「かわいげがない」子どもになってしまっていることもある。ときには，驚くほど他者の「痛み」に無頓着に見えることもある。ストレス状況では，「逃げるか闘うか」（女子では「逃げるか排除するか」）という反応になりやすい。もっとも深刻なのは，彼らが自分自身を大切に思えないことであろう。成長のきざしは往々にして見えにくく，こちらが一所懸命にかかわっても，すぐに奏効するとは限らない。しかし，数年のケア（される体験）を経て，セルフケアできるようになる可能性は大きい。大人としては根気を余儀なくされるが，「がんばりすぎず，あきらめず」という姿勢でのぞむことが肝要だろう。

〈注〉
(1) CiNii（サイニイ）で検索すると，「学業不振児」を冠した論文は，1949年に始まり，1950年代に30本，60年代に34本，70年代に17本，80年代に28本，そして90年代に9本ある。しかし，70年代の17本のうち12本は『児童心理』誌において発表されたものであり，80年代のうち7本は国立教育研究所による特別研究，9本は千葉大学のグループによる報告である。研究が活発に行われたのは60年代と考えていいだろう。
(2) 大野（1958）は，学業不振児と題した論文を『教育心理学研究』に最初に発表したが，そのときすでに，「学業不振児とは何か。これについては，従来，説がまちまちで，かならずしも定説がない」と書いている。
(3) もっとも，初期の研究は学業不振児と異なる文脈で，脳損傷児に対する神経心理学的アプローチが強調されていた（伊藤，1975）。
(4) たとえば，1960年代にITPA言語能力診断検査（Illinois Test of Psycholinguistic Abilities）やFrostig視知覚発達検査（developmental test of visual perception）が開発された。
(5) CiNiiで検索すると，「学習障害児」を冠した論文は，1970年に登場し，70年代に3本，80年代に33本，90年代に206本と一気に増え，今世紀に入っても発表されている。学習障害はなお有用な概念といえるだろう。
(6) Howard Gardnerの「多重知能」（多元的知能multiple intelligences）など，新しい知能観が登場したこともあるかもしれない。知能研究そのものも，行動遺伝学などとの関連で，いまなお関心をもたれている。
(7) もう一つ例をあげておこう。速水（1981）は，学習障害の子どもたちを大人がどう受けとめているかを調べた。そのときに使った例である。「男子　小学3年生。父親は繊維関係の会社の係長。母親は午前10時から午後3時までスーパーマーケットで働いている。小学5年生の姉がいる。学校から帰ると，すぐに外に出て近所の子どもたちと夕方まで遊ぶ。夕食まではテレビで漫画をみてすごす。7時半ごろに夕食をすませると，また，9時ごろまでテレビをみる。そして，風呂にはいり，雑誌などを読んで，10時ごろには寝床にはいる。授業中はおちつきがなく，友だちに話しかけたり，消しゴムを投げたり，後ろからつついたりする行動がよくみられる。先生から教科書のあるページの練習問題をするようにいわれても，よく聞いておらず，別のところをしていることがある。」
(8) この男児はWISCによるIQが93であった。言語性が100，動作性が86なので，いまでいう学習障害の可能性もなくはない。しかしこの事例報告の特徴は，家庭環境や生育史を詳細に聴取し，各種検査を実施したうえで，治療プログラムに導入している点である。考察も器質因から環境因までバランスよく，いまなお一読の価値がある。

(9) このモデルでは，学業不振は学習活動（授業態度，学習の自律性）によって決定されると考える。学習活動に影響するものとして個人要因（能力，性格，興味関心，学習知識），外的間接要因（対人関係失敗，学校不適応），外的直接要因（親，教師，友人）をあげている。
(10) 自己調整とは，「学習者がメタ認知，動機づけ，行動において，自分自身の学習過程に能動的に関与していること」をいう。「自ら学び，自ら考える力」は，第15期中央教育審議会第一次答申（1996）に「生きる力」として登場した。
(11) ただしテスト成績に対しては，自己調整学習の直接効果はみられず，自己効力感を介しての影響が示唆された。すなわち，「自己調整学習」（「宿題をするとき，授業で先生の言ったことを思い出そうとします」「先生やおやに言われなくても，練習問題をします」）→「算数自己効力感」（「私は算数がとくいだと思う」「私は算数の授業で教えられたことがわかると思う」）→「算数の学年末考査に対する自己効力感」（「あなたは，今から行われる算数のテストで何点とる自信がありますか」）→「テスト成績」というパスが確認された。
(12) 小中学生だけでなく，高校生や大学生の学習不適応も視野にいれている。たとえば，認知カウンセリング（市川，2000）は1989年に発表され，90年代から現在にいたるまで多くの実践が発表されている。
(13) 表1にあげた自己調整学習方略は，認知的側面が中心となっている。そのほかに，動機づけ的側面を自己調整する「自己動機づけ」（伊藤・神藤，2003a）や，クラスメイトや友人を介した学習過程（中谷ら，2008）も重要な要因だろう。自己動機づけ方略の例を表2にあげておく。
(14) 杉山（2007）が「第四の発達障害」と呼ぶ現象である。
(15) 串崎ら（2008）は，アタッチメントの4段階を適用して事例の理解を試みた（表3）。本文のステップ1から5をこれに対応させると，次のようになるだろう。段階Ⅰ：ステップ1とステップ2。段階Ⅱ：ステップ3とステップ4。段階Ⅲ：ステップ5。段階Ⅳ：ステップ6。
(16) Williams & Poijula（ウィリアムズ・ポイユラ，2009）などを参考に，PTSDの機序と介入に通じておくとよいだろう。
(17) 作家の梨木香歩は「物語はファンタジー筋肉を鍛える」と語っている（1999年大阪における講演）。ファンタジー筋肉とは「自分の内と外をつなぐ心の筋肉」をいう。
(18) 老松（1998）は，そういった無意識的なものを「捨てておくこと」の重要性を指摘した。そのことで「決して永遠に続くのではなく，いったんおさまりうる」という。

表2　自己動機づけ方略の例

想像方略
・行きたい高校に受かったときのことを考える
・将来に自分自身のためになると考える
めりはり方略
・勉強するときは思いっきり勉強して，遊ぶときは思いっきり遊ぶ
・短期間に集中して勉強する
内容方略
・自分のよく知っていることや興味のあることと関係づけて勉強する
・自分の生活上のことに関係づけて勉強する
整理方略
・色のついたペンを使って，ノートをとったり，教科書に書き込みをする
・ノートをきれいに，わかりやすくとる
社会的方略
・友だちと教え合ったり，問題を出し合ったりする
・友だちと一緒に勉強する
報酬方略
・勉強が終わったり問題ができたら，お菓子を食べる
・何かを食べたり飲んだりしながら勉強する
負担軽減方略
・得意なところや好きなところを多く勉強する
・得意なところや簡単なところから勉強する

（出所）　伊藤・神藤，2003bをもとに作成

表3　アタッチメントから見た事例の理解

段階Ⅰ
　自他ともに信頼感がもてず，何をしても安心できない。過去の対人経験も現在の対人スキーマも悪く，恐怖を感じてしまう。現実検討力が弱く，認知も極端になりがちなので，自分で自分を慰めたり，適切な判断をすることがむずかしい。セラピストがしっかりとした枠を提供しつつ，クライエントをホールディングすることから始める。
段階Ⅱ
　他者に対する信頼は芽生えつつあるが，自分に対する自信はないので，不安の嵐に圧倒される。同時に，セラピストの不在に対しては，アンビバレントな感情を抱く。クライエントは，行動化の衝動を制御するスキルや，信頼できる人に助けを求めることを学びながら，セラピストとの間で不安を共有する。セラピストが自我の代理（適切な判断）をすることもある。
段階Ⅲ
　自他に対する信頼をもとに，セラピストを安全な避難場所として利用し始める。クライエントは，自分で自分を慰めるスキルを身につけ，自己内対話を深めながら不安をコントロールし，クリエイティヴィティに変えていく。セラピストがアタッチメント対象の役割を引き受けることで，クライエントはさまざまな情緒交流を体験する。
段階Ⅳ
　アタッチメント表象にアクセスすることで，不安を解消できる。セラピストの役割は，クライエントの自己成長を願いつつ，一人の先達として若干の水路づけ（軌道修正）を示唆する程度になるだろう。

（出所）　串崎ら，2008をもとに作成

〈文献〉

速水敏彦　1981　学業不振児の原因帰属：ケース評定尺度によるアプローチ．教育心理学研究，**29**(4)，287-296．

市川伸一　2000　概念，図式，手続きの言語的記述を促す学習指導：認知カウンセリングの事例を通しての提案と考察．教育心理学研究，**48**(3)，361-371．

石川尚子・河井芳文　1981　学業不振児．教育心理学年報，**20**，63-64．

伊藤隆二　1975　学習障害と治療指導．教育心理学研究，**23**(1)，42-49．

伊藤崇達　1996　学業達成場面における自己効力感，原因帰属，学習方略の関係．教育心理学研究，**44**(3)，340-349．

伊藤崇達・神藤貴昭　2003a　中学生用自己動機づけ方略尺度の作成．心理学研究，**74**(3)，209-217．

伊藤崇達・神藤貴昭　2003b　自己効力感，不安，自己調整学習方略，学習の持続性に関する因果モデルの検証：認知的側面と動機づけ的側面の自己調整学習方略に注目して．日本教育工学会論文誌（日本教育工学雑誌），**27**(4)，377-385．

串崎真志・永井知子・酒井　隆　2008　アタッチメントから見た事例の理解．関西大学文学部心理学論集，**2**，1-5．

松沼光泰　2004　テスト不安，自己効力感，自己調整学習及びテストパフォーマンスの関連性：小学校4年生と算数のテストを対象として．教育心理学研究，**52**(4)，426-436．

三浦香苗・中澤　潤・渋谷美枝子・半田　康　1985　学業不振児に関する教育心理学的研究1：学業不振児の定義に関連させて．千葉大学教育学部研究紀要第1部，**34**，19-27．

中谷素之・野崎秀正・伊藤崇達・富田英司・鹿毛雅治・高垣マユミ　2008　ピア・ラーニングと動機づけ過程：社会的文脈における学業達成（3）．日本教育心理学会総会発表論文集，**50**，S56-57．

老松克博　1998　分裂病型人格障害の心理療法．山中康裕・河合俊雄（責任編集）境界例・重症例の心理臨床，金子書房，pp.105-117．

大野　桂　1958　小学校における学業不振児の研究（第1報）．教育心理学研究，**5**(4)，40-49．

杉山登志郎　2007　子ども虐待という第四の発達障害．学習研究社．

田中道代　1996　学業不振児に対するメタ認知形成と数学的な考え方を促す学習指導．日本教育心理学会総会発表論文集，**38**，369．

ウィリアムズ，M. B.，ポイユラ，S.（著），グループ・ウィズネス（訳）　2009　トラウマから恢復するためのPTSDワークブック，明石書店．

第II部　学校現場における支援の実際

第1章　中3不登校生徒の情緒障害学級から通常の学級に向けた指導
　　　——校長による支援の実際

菊山　直幸

1　はじめに

　舞台となった情緒障害学級は，B中学校に設置されている通級学級である。この学級には地区内の公立中学校から何らかの理由により不登校となった生徒たちが，籍は異動させずに通級している。1年生から3年生までで，12〜15名の生徒数である。
　B中学校区にある小学校の一部を間借りしている教室である。この通級学級には教諭が2名と再雇用教員が2名所属している。この他に週1日勤務のスクールカウンセラーや非常勤講師，社会人講師の先生方も指導に来ることがある。
　年度当初は通級してくる生徒は少ない。しかし，夏休みも終わり年度後半となる秋のころから入級希望者が多くなってくる。まず，生徒の在籍校から保護者と本人による見学要請がある。日時等の調整をして見学に来てもらい，通級の意志の確認をする。その後，試験通級が始まり正式入級となるのだが，年度後半になると狭い教室一つでは対応できなくなり，入級を待ってもらう状況となってしまう。
　友だちや先生との人間関係に理由のある生徒，学力面や部活動で自信を無くした生徒，自分の居場所がないと感じて登校できなくなった生徒など，さまざまな理由により登校できなくなっている生徒たちの学びの場であり，人間関係

構築力のトレーニングの場にもなっている。この学級と設置校であるB中学校との想いを一つにした取組により、通常の学級に転校・復帰できた事例を紹介する。

2 事　例

(1) 事例の概要
対象児
　　中学3年生　15歳　男児（A）
主　訴
　　中学1年生後半から体調不良を訴えて、欠席が続くようになる。
生育歴
　　正常分娩で母子ともに健康。乳児時期は、とくに手がかかることもなく育てやすい子であった。4歳で幼稚園に入園し元気に登園していた。小学校時代は父親の事情で転校が数回あり、落ち着いた家庭生活を送ることが困難だった。
　　小学4年生ごろから登校しぶりが見られた。そのときは、保護者が無理矢理に学校に連れて行った。その後、父親と離別している（時期は不明）。
家　族
　　母、本人、妹（12歳）
学校等での様子
　　幼稚園に通園していたときは、友だちも多く活発によく遊ぶ子であった。困難なことにも頑張って取り組む姿勢が見られた。小学校に入学するまでは、悪いことをすると、父親から厳しく注意されていた。
　　小学校入学後も、友人も多くサッカーをよくしていた。学習面は普通レベルの成績であった。表現力もあり、誰とでも話すことができていた。小学校4年生ごろから欠席することが多くなってきた。
　　中学入学後も欠席が多く、1年生のときの欠席日数は約150日であった。家庭では反抗的な態度が目立つようになっていた。ゲームをしたりCDを聞いた

り，漫画を読んで時間を過ごしていた。

　2年生に進級し在籍校であるC中学校の学級担任からB中学校の情緒障害学級の説明を聞き，こちらへの通級を始めた。2年生ではほとんど欠席することもなく通級していた。

（2）　支援の方針

　これまでの家庭および学校での人間関係の中で，人を信じることを難しく感じているAに対して，情緒障害学級における仲間たちとの共同学習および体験学習を重視しかかわっていく。仲間とともに学ぶことを通して，自分への自信回復を図り，対人関係への恐怖心や周りの人への不信感を少なくしていく。

　また，周りに存在する教員・大人やB中学校の生徒たちと交流する場を多く提供していく。大きな集団との触れ合いを数多く体験する中で，人・学級・学校への抵抗感を少なくし，中学校への復帰を希望する気持ちや力を大きくする。

　情緒障害学級での取組をB中学校の教職員が十分に理解できるように，情緒障害学級担当教員と校長（筆者）・副校長が，B中学校内での広報活動と情報提供に努める。

（3）　具体的な支援の経過

合奏への取組

　情緒障害学級の音楽科の指導目標を次の3点に決めた。
① 「歌や合奏を通して表現することの喜びや楽しさを知る」
② 「合唱，合奏におけるハーモニーの素晴らしさを味わうとともに協調性を深める」
③ 「行事等の発表に向け目的意識を持ち士気を高めていく」

　1年生から3年生までの生徒15名前後で行う音楽の授業で，一つの曲を全員で作り上げ演奏するという学習活動を中心に取り組んだ。指導者は非常勤講師で，授業時間は週2時間である。指導内容としては，「手話唱」と「器楽奏」を中心とした。

手話唱には，多くの生徒が興味関心を示した。手話表現のレパートリーも徐々に増えていく中で，歌に合わせて身振り手振りをするなど表現が豊かに変化してきた。Aは，この学習活動の中においてリーダー的な存在となり，下級生の世話をするなど積極的な姿を見せる場面が多くなっていった。

器楽奏でも各生徒の希望する楽器や曲を演奏することを基本としたので，受け入れやすく笑顔の多い授業が展開されていた。ここでは，一人ひとりが楽器やメロディーを受け持つこととなるので，責任感や緊張感も感じながらの学習であった。3年生でもあるAは，楽器の準備を手伝うなどの行動が自然にできていた。

奉仕活動への参加

1学期も半ばとなった6月。音楽の授業の様子を聞いていた校長から，情緒障害学級の近くにある特別養護老人ホームを訪問して慰問演奏をさせてもらわないかとの話をした。この施設には，5月の連休明けからボランティア体験をさせてもらうために，数名ずつ交替で生徒たちが訪問し高齢者との対話をしていた関係であった。

当初は，生徒たちも指導者も演奏に自信がなく慰問演奏を断っていたが，これまでと同様に訪問を中心としてもよいのではないかとの校長からの助言があり，これまでは参加を渋っていた生徒も一緒に訪問するようになった。

その後，特別養護老人ホーム側から短時間でもよいので演奏をしてもらいたいとの要請があり，生徒たちも演奏をすることにした。

初訪問の日。緊張した顔で楽器をセットしあいさつをする。演奏が始まってもなかなか笑顔が出てこない。が，演奏が進むにつれてやっと身体もリズムに合わせて動くようになり，はじめての演奏会が無事に終了した。ここまでの練習に費やした時間の何十分の一の短い発表時間であったが，この経験は演奏とともに多くの人の前に立てたという自信になったと思える。とくにAは人間不信となっていたが，自分たちの演奏に対して心からうれしそうな表情で拍手をしてくれる高齢者や施設所員の方たちだけでなく，辛い練習を一緒にやり遂げてきた仲間，そして，ていねいに根気よく指導してくれた先生たちへの感謝と

信頼の心が芽生えたようであった。

学校行事：合唱コンクールへの出演となるまで

　10月下旬にB中学校の学校行事である合唱コンクールの内容等について検討する時期となった。1学期の授業の雰囲気や9月に挑戦した特別養護老人ホームでの慰問演奏時の生徒たちの表情を見ていた校長は，情緒障害学級担任の2人に対して，次のような提案をした。その内容は，合唱コンクールのステージに情緒障害学級の生徒たちを出演させないかということだった。情緒障害学級主任の最初の答えは，「無理です。特別養護老人ホームで演奏ができたのは，高齢者の前であり，ボランティア活動で交流のある人たちだったからです。大きな生徒集団に入れないから本学級に来ているのに，保護者も入れると500人もの観客の前で舞台に上がり演奏するなどは，絶対に無理です」というものだった。

　しかし，校長は「生徒たちに出演の可能性があるか無いかだけは聞いてみよう」と再提案し，情緒障害学級主任から生徒たちの答えを聞くこととした。

　その結果，15名の生徒の内，半数以上の者が出演したいという願いをもっていることが分かった。そこで，残された約1か月半の期間の音楽の授業は，B中学校の合唱コンクールでの舞台発表を目標として，学級全員で取り組むことを確認した。教員側の確認事項は，「無理にステージには上げない。練習を通してステージに上がりたいとの思いが強くなった者は，舞台発表に参加させる」ということであった。

　B中学校側も情緒障害学級の指導状況を聞き，当日のプログラム編成や印刷・配布を例年より遅らせる対応を取った。また，校長と副校長は何度も情緒障害学級を訪れて生徒たちへの声かけに努め，少しでも緊張感を取り除くように心がけた。

　当日が近づくにつれて，生徒たちの緊張感は高まり，出演するかどうかを迷う生徒も出てきた。発表するものとして練習を重ねてきている「手話唱」と「楽器奏」は，ほぼ全員が暗譜をして演奏できるところまできているのだが，多くの中学生の前に出るということが，かなり大きなプレッシャーとなってい

る様子であった。
　このようなとき，女子生徒が多い情緒障害学級の中でAは，下級生に優しく教えてあげたり，感情の起伏が大きくなり不安定な精神状況となっている同学年の生徒に積極的に声かけをするなど，明るくリラックスした雰囲気作りに努めていた。校長や情緒障害学級主任，音楽の教師もAをリーダー的存在として，指導の方法や全員の悩みなどを相談するようにしていった。A自身も出演に対する不安感を伝えてきたが，校長からの「3つのC（チャンス・チャレンジ・チェンジ）」と「一歩前に」という言葉を思い出し，挑戦することに決めた。
　いよいよ合唱コンクールの前日となった。情緒障害学級の教室からB中学校体育館へ楽器を運ぶ顔に笑顔が少ない。まだ出演を迷っている生徒もいる。体育館に着き楽器を搬入する。そこで校長から「緊張しているな。B中学校のみんなも同じ様に心配だし緊張しているよ」「演奏が終わったときの君たちの笑顔が楽しみだ」との声がかかった。Aは，とてもうれしそうな笑顔で聞いていた。

合唱コンクールのステージへ
　B中学校体育館での合唱コンクール当日となった。生徒数約350名と200名以上の保護者や地域の方々が参加する大きな行事である。プログラム通りに1年生，2年生のクラス合唱の発表が進んでいく。
　昼食後，いよいよ情緒障害学級の発表となった。15名中の12名が会場に来ている。その中の8名がステージに上がるとのこと。直前になって1人は出演をしないことにしたが，その生徒もステージ上で楽器の設置を手伝い，演奏中もステージの袖で仲間の演奏を応援していた。生徒8名と教員3名がステージに整列しあいさつをする。体育館全体から盛大な拍手である。それも温かな気持ちが伝わる拍手である。
　最初は「手話唱」である。テープの音楽に合わせて恥ずかしそうに手と指を動かす。その内，生徒会役員や合唱コンクール実行委員の生徒たちもステージに上がって来て一緒に手話唱を始めた。そして，館内の全校生徒に参加を呼びかけると，大半の生徒たちが立ち上がり，情緒障害学級の生徒たちの動きを見

よう見真似で一緒に演奏を始めた。情緒障害学級の生徒たちはビックリしていたが，真ん中に位置するAを中心として，これまでの動きよりもはるかに大きな動作で楽しげに演奏しはじめた。

　次は「楽器奏」である。Aが演奏曲と情緒障害学級での練習の様子を説明すると，B中生や保護者から大きな拍手があった。Aがうれしそうな顔で礼をして演奏開始である。先ほどまでの恥ずかしそうな表情はなくなり，演奏だけに集中し一生懸命な様子が伝わってきた。予定の2曲を無事に演奏し終えた。館内全員からの大きな大きな拍手と声援をもらい，全員が満足げな顔になっていた。客席にいた情緒障害学級生の保護者の目からは涙が流れていた。

教員やB中生の働きかけ

　Aは3年生でもあり，中学校卒業後の進路を決めていかなくてはならない時期となっていた。情緒障害学級担任との進路相談の中で，中学校卒業までの学習や生活をどのようにしていくかが話題となった。担任からの「情緒障害学級の目標は，各生徒がそれぞれ自分の中学校に戻ることである。進路決定まで半年となった今，どうするか」との質問に対し，Aの口から，「合唱コンクールのときの雰囲気やその後の校長・副校長やB中学校の先生たちからの声かけで，B中学校なら通常の学級へ通うことができるのではないかと感じるようになっている」との答えがあった。下校途中などで出会うB中生から「手話唱や楽器奏が素晴らしかった」などと声をかけてくれていたことも心が動く要因となっていた。B中生たちは，合唱コンクール後の全校朝礼で，校長から情緒障害学級生たちの悩みや心配事，今回の発表までの努力や不安感，そして挑戦してきた強さなどについての講話を聞き，彼らの努力を理解していたのである。

　早速，学級担任は母親にAの気持ちを伝え，家庭でもどのようにするかを相談するようにお願いをした。母親は驚いていた。本当にB中学校で続くだろうかという不安もある。しかし，本人がそのように思っているのならば，挑戦させたいとの返事が情緒障害学級主任に届いた。

B中学校：通常の学級への転校，そして卒業

　校長はAに対して不安や心配事の有無について確認をした。Aからは「上手

くやっていけるか，友だちができるか，勉強についていけるかなど心配は一杯ある。でも，合唱コンクールのときの雰囲気や応援してくれるB中生を見て大丈夫，何とかなると思っている」との返事であった。校長は相談したいことが出てきたら，いつでもいいから校長室に話しに来るように伝え，先生たち全員で応援することも伝えて励ました。

2学期も後半となる11月，AはB中学校の3年生に転校し新しい学校生活を始めた。1週間2週間と時間が過ぎていく中で，Aの緊張感も取れてきた。この頃になると周りの生徒たちは自分の進路決めに一生懸命で，Aはその雰囲気の中に入り切れていない様子が見られた。そのようなときに，元担任である情緒障害学級担任や校長からの声かけが安心感を持たせていた。Aも新しく担任となった通常の学級の先生と母親との三者面談などで受験校が決まり，少し安心した様子となった。

3月。心配だった進学校も決定し，みんなとともに卒業式の練習に参加するAに再び笑顔が多くなった。新しい学級での友だちも増え，楽しげに卒業式歌の練習をする姿や最後の球技大会でボールを追って走り回っている姿があった。

そして，卒業式。名前を呼ばれ壇上で卒業証書を校長から渡されるAの姿。その姿を見て涙を流している情緒障害学級の教員たちとAの母親。合唱コンクールの様子を知っている多くの保護者も在校生たちも来賓も，本当に式場全員の心が温かくなったと感じた瞬間だった。大きな拍手は，Aだけではなく，Aを自然な姿で受け入れ，仲間としてともに進路決定に向けて頑張った3年生全員への拍手であった。

3 考　察

この事例は，情緒障害学級での学習内容と地域の協力で実施できたボランティア活動が実践されていたことが基盤となっている。このような基盤の上で，校長が情緒障害学級やそこに通級してきている生徒に対する観察や情報収集に努め，生徒理解が十分にできていたという要素が重なり，いい結果が出てきた

と考えられる。
　一番のきっかけとなった合唱コンクールに出演しないかと生徒に声をかけるという発想は，情緒障害学級の教員から出てこなかった。これは多くの生徒は恐怖感や自信喪失から出られない，出ようとは考えないだろうという先入観が原因と思われる。たしかに大きな壁を感じて，ステージに立つことなど考えられない生徒もいるが，中には挑戦してみたいという想い・願いをもっている生徒もいるということが分かった。今のままではよくない，何とか前進したいという願いをもっているということであろう。
　また，Aを受け入れようという雰囲気，受け入れて一緒に学校生活を送れる力をもっていたB中学校の学校力があったからこそ実現できたとも考えられる。とりわけ校長を中心とした教職員の組織力，実践力や生徒掌握力が重要と思える。生徒指導においても高圧的な姿勢ではなく，生徒たちの心に入っていく講話力や生徒理解力が発揮されていたと言える。このような中で育まれている生徒集団だからこそ，AはB中学校ならば登校できると感じ，卒業式まで一緒に学校生活を楽しめたものと考える。
　情緒障害学級で指導に当たっていた教員の文章を紹介する。
　D教諭「通級してくるほとんどの生徒が，人間関係に傷ついて来ているので，人に対して信じることを怖がっている。しかし，内心は人を信じたいし，友だちと楽しく過ごしたいのです。集団を拒否した生徒たちが，自ら，今，集団の中に存在しています。信じられないような光景でした。」
　E教諭「この１年は，B中学校合唱コンクールに参加，通常の学級に復帰した生徒……と子どもの底力を見せつけられた年でした。しかし，どれもけっして彼らが背伸びしたわけではなく，情緒障害学級で身につけた力をバネに挑戦し手にすることができた現実でした。彼らに挑戦できる場を与え，力を貸してくださった方々に感謝しています。」
　F講師「何百人の前に立ち誰に頼ることなく自分の力でこなした演奏。広く明るい舞台に臆することなく堂々と前を向き披露した手話唱。その姿が会場の気持ちを一つにし，素晴らしい空気をつくった。正直，本当に情緒障害学級に

通ってくる子なのだろうかと夢を見るような気分だった。いつも思うことだが，中学生の力は素晴らしく，本当に頼もしい。この頭も心も新鮮で柔軟な彼らの限りない可能性を信じて，これからも指導を続けていきたい。」

4　おわりに——本事例を振り返って

　本事例を振り返ってポイントを考えるに，学校内のさまざまな情報が校長を中心に関係する教職員内において，しっかりと共有されていたということであろう。その共有している情報を基にして，それぞれの立場で気付いたことやアイデアを出し合って考えること。ともに考え話し合いの中から結論を出していること。その後，実践し点検もしていたことが大きな力となっていたと言える。
　一つの取組に成果が有るか無いかということは，たんにそのことが上手くできたかどうかということではなく，全教育活動において教員と生徒・保護者の信頼関係が構築されているかどうか，地域社会からもその中学校に対して愛情を持たれているかどうかなど，学校全体の取組，雰囲気，存在によるものと考える。

第2章　学習障害・注意欠陥/多動性障害をともなう中1生徒とのかかわり
——担任による校内支援体制づくりにもとづく支援

平野　雅仁

1　はじめに

　2007（平成19）年4月に改正学校教育法が施行され，すべての小・中学校で，児童・生徒の一人ひとりのニーズに応えるために特別支援教育の推進体制が整備された。

　各学校では，特別支援教育コーディネーターを指名し，校内支援委員会を設置した。担任は，個別の教育支援計画を活用し，保護者と共通理解を図りながら，個別の指導計画を作成し，幼稚園・小学校・中学校・高等学校と継続的な支援を続けている（第Ⅱ部第3章p.207参照）。

　また，多くの教員は，校内研修会等を通じて，発達障害という概念（学習障害（LD），注意欠陥/多動性障害（AD/HD），高機能自閉症等）によって子どもを理解し，認知できるようになった。しかし，日々の教育の現場では，複雑な要因と状況によって，症状があらわれるため，一概に「この子は，こういう子である」とは，決めがたいところがある。ただし，子どもと接する教員の側としては，無闇にその子の失敗や不注意なことを責めず，「この子は，こういった特性のある子なのだ」と，認識する手立てができたことは一つの成果である。

　現在は，発達障害といえることが，障害としてではなく，本人にとっての一つの特性であり，逆に一つの強みとして，語られるケースも増えてきた。特別支援教育が普及する以前は，かなり偏見と誤解があった。たとえば，「読み書

き障害（ディスレクシア）」の子どもは，「何度教えても，何で丁寧にきちんとした文字が書けないの」と，注意や叱責を受けることが，多かった。この子どもには，この子どもにあった学び方やアプローチの仕方があるのだと，教員の側が知っていれば，その子にとっても学びの工夫や喜びを体験することができるのだ。有名な話では，俳優のトム・クルーズは，せりふを読んで覚えるのに時間がかかる。そこで，せりふは，すべてをテープに吹き込んでもらい，覚えるという自分なりの学びの方法を身につけた。学び方の工夫と支援で成功した俳優の一人である（上野，2006）。

　子どもたちと接していて思うことは，一人ひとりの背丈や顔が成長の過程でまったく違うように，子どもが，持っている特性も一人ひとりまったく違うということである。ただし，教室という社会の中では，一つの秩序と調和が，集団生活全体の維持のために必要になってくる。

　とくに，中学校では，義務教育の最後の3年間として，社会に出て行くための規範・規律を身につけさせるために教師も保護者も躍起になる。当の本人たちも何とかしなければならないと感じているが，多感な時期でもあり，自分自身をもてあましている。現在，広く知られるようになった発達障害という特性をもつ子どもたちは，集団生活の中でみんなと同じことをしなければならないことにつまずき，大きな疎外感を感じている。子どもたちは，いつの時代でも生きていく上での不安や悩みを抱え，さまざまなつまずきを体験している。

　現在のように法的な整備や私たちの知識が増えたとしても，依然，教室には，学校生活を送る上での生きづらさや，学習を受ける上でのつまずきを感じ，「困り感」（佐藤，2006）を増幅させている子どもたちがいる。

　また，「困り感」を増幅させているのは，教室にいる子どもたちだけではなく，小・中学校などでは，学級担任や教科担任が，つまずきを感じている子どもたちに対して，大変な時間と労力を費やすあまり，子どもたち全体への指導や学級経営が疎かになってしまうことに悩み，一人ではどうにも立ち行かない状況が生じている。その一方では，そのような子どもたちの保護者もまた，躾や育て方で苦慮し，孤立し，疎外感を感じている。

このようにLD，AD/HD，高機能自閉症等の子どもたちや彼らにかかわる者たちが，それぞれの状況で，孤立し，行き詰まりを感じている。そのような場合，通常学級で教員の支援の力が発揮されるためには，子ども・保護者・教員それぞれがつながりをもって，協力し合いながら，よりよい改善策を見出していくことが大切である。

次にあげる2つの事例は，10年程前の事例1と，ここ数年の中で，特別支援教育のアプローチをもとにして行った事例2である。なお，事例は見聞した幾つかのケースを再構成している。

2　事 例 1

(1) 事例の概要

対象児

　中学1年生　12歳　男児（A）

主　訴

　Aは，「どうせオレなんか」「オレは先生からあきらめられているから」等という言葉をよく口にする。自己効力感が，極端に低く，自暴自棄の生活を送っている（LD，AD/HDと診断される）。

生育歴

　Aは再婚家庭の子どもである。Aが小学5年生のときに，両親が離婚した。現在，一緒にいる母親は，実母であるが，兄（定時制2年）とAとが，前の父親の子どもであり，新しい父親との間に生後3か月の妹がいる。思春期の多感な時期であり，情緒的にも落ち着かず，小学校で習得すべき学習内容も身についていない。さらに，母親は，生まれたばかりの妹に手のかかることから，Aが行うさまざまな問題行動に対しては，強く叱責することが多い。

家　族

　父，母，本人，兄，妹

学校での様子

　Aは，自分にとって都合の悪いことが起こると，すぐイライラし，ドアや壁をなぐったり，蹴ったりしてものにあたる。掲示物や壁紙をカッターで切り，マジックで落書きをする。授業等で配布されたプリント類は，紙飛行機にして，飛ばすか，小さく切り刻んで花吹雪にして撒き散らす。給食は，準備の段階で食べ始め，立ち歩いて食べ散らかす等，日々問題行動の数々である。身体は小さいが，強い者への憧れが強く，虚勢を張ることが多い。

　学習にはまったく興味がなく，授業中は，寝ているか，しゃべっている。通常の授業は，50分間教室に座っていることができず，トイレや保健室に勝手に行ってしまう。体育や美術，技術といった実技系の教科においては，運動や作業の器用さに能力の高さがうかがえる。本当の友達は少なく，不良グループからは，パシリとして利用されている。

　生活指導部の教員が校内パトロールを行い，あまり落ち着かない場合は，教室から保健室や教育相談室等へ移し，別室での指導を行うこともある。

（2）　支援の方針

　Aの場合，自己効力感が極端に落ちていることから，このまま注意され，叱られ続けると，反抗性挑発障害（ODD），行為障害（CD），反社会性人格障害へと発展し，非行や犯罪に至る可能性もあると考えた。

「できることを伸ばす方向」で支援する

　通常学級で，担任，教科担任として，30～40人の生徒集団と向き合うとき，Aは，話の通じない，神経を逆なでし，癇に障る生徒として見えてしまい，どうしても注意をすることが多くなる。Aの特性である「多動」「注意が移りやすい」「幼稚，単純」等を教員の側が発想を変えて，「活動的で活発」「好奇心が旺盛」「子どもらしく，裏表がない」等と見ると，ずいぶん支援の仕方も変わってくる。Aには，美術や技術において，素晴らしい作品を作る能力があり，部活動では，野球部に所属し，運動能力の高さを示す。このような秀でた点を最大限に認め，伸ばす指導が大切であると考えられる。

「具体的な指示の場面」で支援する

　Aも，まったく学習に興味がないわけではない。国語の場合，漢字の学習を真剣に行うことはできるが，人前で教科書を読まなくてはならない場合は，極端に拒否をし，場合によっては，教室から出て行ってしまう。この場合も「できないこと」を周りに知られると格好がわるいので，「やりたくない」ことを強く主張すると考えれば，学習する内容や興味の対象によって，Aへのアプローチの仕方を工夫すればよいことになる。

　そこで，以下のような点を配慮しながら，授業や指示を行った。

- 集中することが必要な場面でゆっくりと静かに声をかける。
  「Aさん，今，先生は君に話してるんだよ。先生に協力して，ちょっと顔を上げて，こちらを向いてください。」
- 指示するときは，一つずつする。
  「一つ目は，○○やるよ。二つ目は，○○だよ。」あまり多くを望まず，一つずつ。
- 否定的な表現ではなく，できるだけ肯定的な表現で伝える。
  「〜はダメ」「〜するな」という表現を「〜しよう」「〜の方が○○だよ」等と表す。
- 必要なところ，大事なところは繰り返し，具体的に言う。
  「ちゃんと」「しっかり」「きちんと」○○するではなく，繰り返し，具体的に伝える。
- 分かりやすい具体的な表現を使って伝える。言い換えて，いくつかの伝え方をする。
  「手振り，身振りも交える」「絵や写真，文字カードなどを使う」「教員によるモデルを示す」等。
- できたところを意識してほめる。ほめる機会を多くする。
  「自分もこれでいいんだ」「次もやってみよう」という気持ち，自己効力感を高める。
- スクールカウンセラーが，授業観察を行い，学年の教員と個別の指導計画に

ついて意見交換を行う。授業や学校生活での改善に生かす。
「Aを担任一人だけではなく、多くの人から多面的にみてもらい、アドバイスを受ける。」

「保護者との連携」で支援する

　Aのような生徒は、現在でも、「生活指導上問題のある生徒」と一言で括られてしまうかもしれない。学校の秩序を乱す者は、力ずくでも型にはめられるか、それでもいうことを聞かない場合はその場から排除するか、別の場所に隔離するかの対応をされている。問題行動の程度によっては、家庭訪問をするか保護者に学校に来てもらい保護者同伴での指導になる。そうした場合、本人や保護者を責めるようなことばかりでは、効果が上がらない。担任としては、信頼関係を基盤に保護者の置かれている状況や悩みに寄り添いながら、スクールカウンセラーや関係機関にもつなげていくことが大切である。本人も保護者も孤立させることのないように、今後も学校と家庭が協調姿勢で臨むことが求められる。

（3）　具体的な支援の経過

　2年生の野球大会の新人戦で、セカンドを守り、二番バッターとして、活躍したのをきっかけに少しずつ生活態度も落ち着いてきた。Aには、「自分を受け入れてくれる大人」が一人でも多くいることが必要である。Aにとって、家庭が一番の心の拠り所であればと、願うのであるが、そのことは難しい。まわりの大人たちが、A自身に寄り添いながら、ほめて伸ばす指導を心がけた。A自身も定期テストの時期や集中しなければならないときなどには、暴れたり、大声を出すことを我慢し、まわりの友達に対して、迷惑をかけないように努力するようになった。精神的な安定にともなって、学習面でも、少しずつ授業に集中するようになってきた。放課後の補充授業に参加したり、高校へ進学することにも意欲を示すようになった。今後もAを受容しながら自己効力感を高め、将来の夢（グラフィックデザイナー）に繋げるように支援していきたい。

3 事 例 2

(1) 事例の概要

対象児

中学1年生　12歳　男児（B）

主　訴

中学校の入学前に，小学校からの聞き取りによって情報が入る。合わせて，保護者から校長宛に手紙が届けられる（AD/HDと診断される）。

生育歴

Bは，父親が小児科の医師であり，小学校の時点でAD/HDと診断を受け，中学に入学した。事前に父親や小学校の先生から情報を得ることもできたので，比較的スムーズに中学校生活に馴染んだ。小学3年の頃より，学習でのつまずきや落ち着きのない行動，また，嫌なことがあると，窓から飛び降りようとする衝動的な態度が目立ってきた。家庭内においても母親からの強い叱責には，暴言や暴力的な振る舞いで反抗する。Aが中学校2年生のとき，尊敬する年の離れた兄は，コンピュータ関係の会社に就職し，寮生活を送ることになった。

家　族

父，母，兄，本人

学校での様子

中学に入学してからまもなく，目を閉じて，瞑想的なポーズをしていたことから，「カミサマ」とあだ名がつけられる。授業中は，おとなしくしているが，心はここにあらずといった表情で，興味のあるところだけをノートに大きな字で写し，あとは落書きをしていることが多い。作業は，粗雑ではあるが，なにごとも早く片付ける。体育はみんなと合わせた動きがとれないので，注意を受けることが多い。自然と見学することが多くなる。入学後の顕著な行動としては，教室に一番早く登校し，一番最後まで，教室に残ることがしばしばあり，担任と一緒に机や椅子を几帳面に整え，黒板の桟を丁寧に雑巾で拭く。拭いた

あとに，誰かが黒板にいたずら書きをすると，すごい剣幕で怒っていた。読書は，長編物（シリーズもの）を好んで読む。没頭すると，授業中でも給食の時間でも読み続けている。また，兄の影響もあり，パソコンでの対戦型（インターネット）ゲームを外国の人とも行う。どちらかというと，仮想現実（ファンタジー）にのめり込む傾向が強い。友人関係では，とくに大きなトラブルはなかったが，特定の友達とは，長くは続かない。

（2） 支援の方針

　Bに対する支援としては，事前の情報もあったことから，B本人や保護者のニーズに応えるように，また，担任が一人で問題を抱え込んで，悩まないように校内での支援体制を整えることが，最優先の課題である。

「学級に学習支援員を配置」し支援する

　学校の閉鎖性を打開し，学級担任と副担任に加えて，保護者の了解のもと，学生ボランティアによるTA（ティーチングアシスタント）や民間の学習支援員をつねに学級に配置する体制を導入した。学習においては，Bを特定することなく，クラス全員に等しく声をかけてもらう。ただし，休み時間の過ごし方や友達との関係については，とくにBを中心に注意してもらう。また，学習支援員のみではなく，学年の教員も交代で必ず，教室付近や廊下にいるようにする等の人的な配置を行う。課題としては，TAや学習支援員とBとの相性や同一の人物が毎日，継続的に行うことができるか等，いくつか克服すべき点はある。

「特別支援教育アドバイザーを招聘し，ケース会議を開催」し支援する

　担任が，個別の指導計画を作成し，それをもとに大学の教授等の特別支援教育アドバイザーに定期的に訪問調査をしてもらう。その際，ケース会議を開いて，より専門的なアドバイスを受け，アプローチの仕方を学ぶ。集団の中で身に付けさせたいこと，また，個別に指導していくことなどを場面に応じて，適切に指摘してもらう。

「校内外の資源を活用し，校内支援委員会を構築」し支援する

　①スクールカウンセラー

スクールカウンセラーのおもな活動は，まず，心理的・発達的な視点から生徒の特徴をとらえることである。また，子育ての迷い，戸惑いなどを受け止め，子どもの課題を保護者と確認し，共有することも重要な活動である。学校外の専門機関を紹介することも行う。

②養護教諭

生徒が保健室にやってくる理由は，けがや病気，精神的な落ち込み，教員の注意や友達とのけんかによる興奮状態，睡眠不足による虚脱感などさまざまである。養護教諭は，このような生徒から支援ニーズをそれとなく聞き取り，適切な処置をとる。

③部活動

発達障害のある生徒や学習や生活に困難を感じている生徒が，部活動を通して生き生きと活動する場合もある。また，学級では見せない言動を見せることもある。顧問との連携が欠かせない。

④校長室

生徒によっては，校長室を訪れて，さまざまな話をする場合もある。

⑤主事室

用務主事や事務主事との何らかの接点をもつ（たとえば，掃除の手伝いや金魚などの世話をする）ことで，役割意識をもち，生き生きと活動することもある。

⑥通級学級

不登校生徒の学校復帰に向けた支援教室である。それぞれのペースに合わせて参加できる校外資源である。

⑦子ども家庭支援センター

ネグレクトなどの虐待があった場合に相談する。校外資源の一つである。

⑧児童相談所

虐待，非行などを相談し，連携が図れる，重要な校外資源の一つと言える。

⑨警察・家庭裁判所など

非行などがあった場合，緊急対応あるいは危機対応として連携できる重要な校外資源と言える。予防的な連携としては，少年係やスクールサポーターと連

絡をとりながら，セーフティ教室，薬物乱用防止教室等を開催する。
　⑩医療機関
　精神的な病や発達障害などの対応では，効果的な校外資源であるが，守秘義務の制度等が関係するので，教員との面談は制度的にやりにくい場合がある。
　⑪巡回相談員
　年間で数回の巡回相談が実施されている。対象となる生徒や学校のニーズの把握と指導内容・方法に関する助言などを行う。

（3）具体的な支援の経過

　Bの場合，校内の支援体制がしっかりと整備されたので，本人もパニックを起こしたりすることなく，落ち着いた中学校生活を送ることができた。小学校から中学校へのスムーズな移行が行われたことと，入学後の周りの人たちが，共通の認識をもって，対応できたことが大きな成果である。

　課題は，Bに対する支援に比重をかけすぎた場合，Bの周りでさまざまな問題行動を起こす子どもたちがいることである。①Bの問題行動を真似する子ども（自分にも注意を引こうとする行動）②Bにわざと嫌がることをしたり，刺激したりする子ども（仲良しの振りをするいじめっ子）③Bのパニックの原因を引き起こし，裏でコントロールする子ども（頭のよい，愉快犯）④野次馬・ギャラリーの子どもたち（Bがパニックを起こし，騒ぎになることを期待する）。担任は，学級の力学をうまくコントロールしないと，学級崩壊が起こったり，偏った学級経営を行う恐れがある。日頃から，子どもたちとは公平に接し，物理的，人的な環境を整え，学級風土を醸成しておく必要がある。その後，Bは，理解ある友達にも恵まれ，高校に無事合格することができた。

4　おわりに

　クラスが落ち着かない状況になると，学級担任として，自分の指導力の不足がこのような事態をまねいているのではないかと，一人で悩んで孤立してしま

第2章　学習障害・注意欠陥/多動性障害をともなう中1生徒とのかかわり

校内支援委員会（毎週○曜日に開催）
【構成員】
校長／副校長／養護教諭／スクールカウンセラー／
生活指導主任（主幹）：特別支援教育コーディネーター・校内の調整役・外部機関との連絡役／
教務主任（主幹）：1学年代表／2学年代表／3学年代表
【会議の流れ】
司会：特別支援教育コーディネーター
1　スクールカウンセラーの報告（先週・今週）
2　生活指導主任の報告（全体（学校）の報告）
3　保健部の報告
4　各学年の報告
5　協議（支援方針，支援方法の検討）

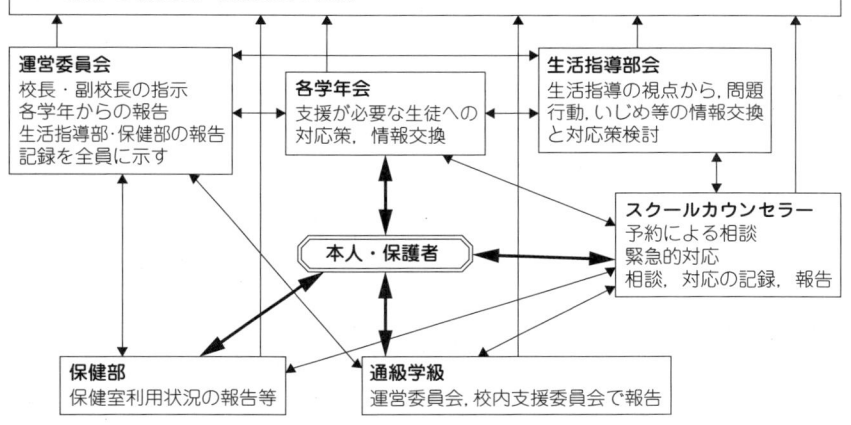

運営委員会
校長・副校長の指示
各学年からの報告
生活指導部・保健部の報告
記録を全員に示す

各学年会
支援が必要な生徒への
対応策，情報交換

生活指導部会
生活指導の視点から，問題
行動，いじめ等の情報交換
と対応策検討

スクールカウンセラー
予約による相談
緊急的対応
相談，対応の記録，報告

本人・保護者

保健部
保健室利用状況の報告等

通級学級
運営委員会，校内支援委員会で報告

校内支援への流れ
① 支援対象生徒の発見（主として学年会）
② 校内支援委員会に報告，運営委員会，職員会議でも報告
③ 校内支援委員会で支援方法の検討など
④ 支援対象生徒の実態把握（主として学年会）
⑤ 実態把握から個別の指導計画を作成
　＊本人・保護者のニーズを聞く
⑥ 保護者の了解を得られれば，巡回相談にかける（年○回）
⑦ 個別の指導計画に基づき支援する
⑧ 結果の確認（学年会）
　＊本人・保護者の評価を聞く
⑨ 校内支援委員会で報告
　上記において，発見，実態把握，個別の指導計画作成，支援の随所で必要に応じて，スクールカウンセラー，養護教諭，外部機関，保護者に関わる。

図1　校内支援体制

う場合がある。深刻な場合は，鬱病になったり，休職してしまうこともある。自分一人で悩んでしまう教師は，周りにいる校長・副校長・学年主任や養護教諭に相談することに躊躇しないことである。担任や子ども・保護者をそれぞれ孤立させないことが大切である。学校として，組織として，サポートシステムを整え，チームとして支援していく体制を今後も構築していく必要がある。

　特別支援とは，一般に発達障害のある子どもを対象としての教育と捉えられがちだが，本来，これまでの生活指導の困難な子どもをも含めて，「心穏やかで，落ち着いた学校生活を過すためには，いかに環境を整え，わかりやすい楽しい授業を実現するか」「学校に行って友達と会えることが嬉しいと感じられるか」というもっとも基本的で当たり前の教育活動を行うことができているか，ということである。主として，認知や行動のアンバランスさなどを克服するための指示を視覚化したり，スモールステップで示したりするなど，いかにわかりやすく子どもたちに提示し，授業等を作り上げていくかにかかっている。このようなことは，どの子どもたちにも心の拠り所となる場所の提供，そして，分かりやすく楽しい授業の提供へとつながっていくのだといえる。「明日が待たれる学校」を作るためには，校内支援体制の整備（特別支援教育コーディネーターの指名・校内支援委員会の設置・個別の指導計画の作成）や，アセスメントの視点や脳科学をも取り入れた科学的な支援が今後においてさらに重要になると考えられる。

〈文献〉
阿部利彦　2006　発達障がいを持つ子の「いいところ」応援計画，ぶどう社．
かなしろにゃんこ。田中康雄（監修）　2009　うちの子はADHD，講談社．
小池敏英・雲井未歓・窪島務（編著）　2003　LD児のためのひらがな・漢字支援：個別支援を生かす書字教材，あいり出版．
黒柳徹子　1981　窓ぎわのトットちゃん，講談社．
諸富祥彦（編）　2001　カウンセリング・テクニックを生かした　新しい生活指導のコツ，学研．
中川信子　2009　発達障害とことばの相談：子どもの育ちを支える言語聴覚士のアプローチ，小学館．

大石勝男・飯田　稔（編）　1998　問題行動への対応：いま，学校は何をすべきか，東洋館出版社．
太田昌孝（編）　2006　発達障害，日本評論社．
笹森洋樹（編）　2009　明日からできる教室での特別支援教育，小学館．
佐藤　曉　2006　見て分かる困り感に寄り添う支援の実際，学研．
嶋崎政男　1994　対応の流れ・方法が一目でわかる　図解・生徒指導，学事出版．
嶋崎政男　1998　緊急時の対処の仕方が身につく　生徒指導の危機管理，学事出版．
嶋崎政男・吉田　順・内田雅顕・斉藤武雄（編著）　1997　個性と生きる力を育てる規律指導，学事出版．
杉山登志郎（編）　2001　学校における子どものメンタルヘルス対策マニュアル，ひとなる書房．
杉山登志郎（監修）　2009　子どもの発達障害と情緒障害，講談社．
柘植雅義　2008　特別支援教育の新たな展開：続・学習者の多様なニーズと教育政策，頸草書房．
月森久江（編集）　2005　教室でできる特別支援教育のアイデア172　小学校編，図書文化．
内山登紀夫（監修）　安倍洋子・諏訪利明（編）　2009　こんなとき，どうする？発達障害のある子への支援　2　アスペルガー症候群［高機能自閉症］，ADHDを中心に，ミネルヴァ書房．
上野一彦　2003　LD（学習障害）とADHD（注意欠陥　多動性障害），講談社プラスアルファ新書．
上野一彦　2006　LD（学習障害）とディスレクシア（読み書き障害），講談社プラスアルファ新書．
矢幡　洋　2006　平気で他人の心を踏みにじる人々：反社会性人格障害とは何か，春秋社．
吉田　順　2000　〈事例から学ぶ〉生徒指導24の鉄則，学事出版．

第3章　言語性学習障害のある児童とのかかわり
——特別支援教育校内委員会と特別支援教育コーディネーター

北　和人

1　はじめに——特別支援教育校内委員会とは

　通常の学級に在籍する児童の中には，特別な教育的支援を必要とする児童が存在し，学校内外の生活において，さまざまな困難な状況を抱えている。
　担任教員をはじめ，指導者側の対応が不適切であるとその児童の抱える困難な状況はさらに悪化し，二次的障害に発展していく場合もある。
　その児童の担任だけに任せるのではなく，特別支援教育校内コーディネーターとして，学校体制（個人ではなく，チームとして）を組織し，保護者への指導やかかわり，医療機関との連携などをコーディネートし，対象児童への支援に取り組んでいった事例を紹介する。
　事例の概要に入る前に，本校での特別支援教育校内委員会（以下，校内委員会と記述）についての紹介を行っておきたい。

（1）　発足の経過

　特別支援教育を推進するための校内委員会は，現在では，ほぼどこの小中学校においても設置されているが，本校では，校内に通級指導教室（ことばの教室）が設置されていたこともあり，2004（平成16）年度に通級指導教室担当者が中心となって，校内委員会が設置されたという状況があった。校内委員会においては，児童像を捉える視点として，①全体的知的発達，②学習面の認知発

達，③対人社会性の認知発達，④行動面（衝動コントロールと認知）の発達，⑤心理社会的要因，⑥身体発達，健康面，⑦養育環境因の7点についての確認を行いながら，支援・指導の方法を検討していた。また，校内委員会を設置するだけでなく，できるだけ機能させていこうということで，毎月1回定例会議を開催するなど，支援を必要としている児童の実態把握，困難な状況への手立ての検討，実施について，取組を進め，困難な状況を抱える児童の負担を少しでも軽減していこうとしていた。

当時すでに，京都府では，特別支援教育体制モデル事業巡回相談が始まっており，校内委員会の中で話し合われていた課題の大きく見られる児童について，コーディネーターを通じてそこへの相談の要請もしていった。

(2) 構成メンバー

校長・教頭・教務主任・特別支援教育部長・通級指導教室担当者・教育相談部長・生徒指導部長・養護教諭・特別支援教育校内コーディネーター（コーディネーターについては，年度により他の担当と兼ねる場合もある）

(3) 役割

・特別な教育的支援が必要な児童の発見，実態把握と具体的な支援方法を検討する。
・対象児童への支援とその保護者との連携について，全教職員の共通理解を図る。
・個別の指導計画（一人ひとりの実態に応じた指導内容・方法等を工夫した，継続的，発展的な指導が一貫して行われるようにするための計画），個別の教育支援計画（乳幼児期から卒業後までを通じて，福祉，医療，労働等の関係機関，関係部局の密接な連携協力の下に，一貫して的確な教育的支援を行う計画）の作成と評価をする。
・保護者相談の窓口となり，理解や啓発の中心となる。

（4） 機　能

校内委員会に相談をあげるシステムとしては，次のようになっている。

学級担任 ⟶ 学年会 ⟶ 校内コーディネーター ⟶ 管理職 ⟶ 校内委員会の開催

相談があがってきたものの中から，緊急性，重要性を考慮し，その時点での優先順位を付け，校内委員会の検討課題として取り上げる。

検討された児童への具体的支援の方策「いつ，だれが，どこで，どんな内容を，どのような方法で取り組むか」について，職員会議などで全教職員に報告し，共通理解を図り，取組を実践していく。実践する中での児童の様子，変化を観察，記録し，手立ての変更などの検討を続けていく。

（5） 特　徴

年度初めに，特別支援教育部，生徒指導部，教育相談部の3部の合同による児童理解研修会を実施し，全教職員で課題の見られる児童についての実態把握とその児童への支援手立てについて研修，交流などをして共通理解を図っている。

各学級担任はクラスの配慮児童の一覧表の作成をし，実態報告をするだけでなく，その中でとくに課題の大きな児童については支援シートを作成することにしている。また，年度末に，その支援シートに指導の経過や現段階での課題を記入し，次年度に引き継ぐことで，担任が交代しても今までと同じような形での支援が受けられるようにしている。

2　事　例

（1）　事例の概要

対象児

小学4年生　10歳　男児（A）

主　訴

友達とのトラブルによるけんかや教室からの飛び出しの多発

生育歴（問題）

　低学年時より，自分の身の回りの整理整頓ができず，教室の自分の席のまわりには，鉛筆や消しゴム，ノートなどの学習用具が散乱していることがあり，担任から日々指導を続けられてきた。また，友達へのかかわり方がうまくできずに，後ろから他児の背中を叩いたり，その子の気にしているような悪口を投げかけたりすることがあり，けんかになってしまうことがよくあった。3年生になり，とくに国語の学力面での課題が大きく見られるようになってきた。低学年時に比べて，説明文や物語文の文章量も長くなり，出てくる語彙も増え，Aの読解力では，内容が読み取れないことが多くなり，学習に対する意欲も減退してきつつあった。「考えても，どうせわからない」というようなあきらめが見られることもあった。

家　族

　父，母，本人，妹

学校での様子

　休み時間，放課後等に友達とのトラブルが頻繁に発生し，トラブルがエスカレートして，けんかが激しいものとなってしまう。そのトラブル後の担任による指導に納得ができず，教室から飛び出して行ってしまったり，授業が始まっても，教室に戻ってくることができなかったりすることが日々続いているという状況であった。また，給食当番など自分のやらねばならない活動をきちんとしないことが見られるので，学級担任が指導すると，そのことに対して反抗的な態度を見せることもよくあった。まわりの児童はそのようなAの態度に対して，「わがままな行動」という見方をすることがあり，また，A自身もまわりの児童から疎外されているという感じを受け，ますます友達関係でのトラブルが発生するようになってきた。

（2）　支援の方針

・Aの学校での様子を保護者に伝え，知能検査の受検，医療機関での受診を勧める。

- 検査の結果により，ことばの教室（通級指導教室）での指導，特別支援学級担任による個別指導の時間をとり，言語力やコミュニケーション能力を高めていく。
- 通常学級の担任のかかわりや支援の方法について，校内委員会で検討したことを実践していく。

(3) 具体的な支援の経過

保護者の理解を得るための対応

　通常学級の担任とともに特別支援教育コーディネーターが同席して，保護者との懇談を実施した。担任からは，日常の学校での様子とAの行動に対する指導の内容について，保護者に伝えた。特別支援教育コーディネーターからは，学習面や生活面において，Aの困っている点をより深く理解し，支援の手立てをより適切に考え，実施していくための一つの方法として，ことばの教室での知能検査（WISC-Ⅲ）を受けてみるように説得し，理解を得た。また，医療機関の受診についても軽く打診してみたが，それについては，「今のところ考えていない」という返答であった。今回については，強く勧めることはせずに，とにかくWISC-Ⅲの検査の了解を得たことを一歩前進ととらえた。

知能検査の結果から

　ことばの教室の担当者が，WISC-Ⅲを実施したところ，言語理解の力が弱く，獲得している語彙も同年齢の子どもに比べて少ないことがわかった。そのことがもとで，友達とのトラブルが頻繁に発生しているのではないかという仮説を立てた。

　検査結果を保護者に伝えるときに，言語能力を高め，コミュニケーション能力をつけていくことで，トラブルを減少させることができると考え，ことばの教室と特別支援学級での個別指導の時間を毎日最低1時間とっていくことを提案したところ，「現状がよくなるなら，そのようにしてほしい」ということを言われて，個別指導の取組を開始することとなった。

第3章　言語性学習障害のある児童とのかかわり

ことばの教室での支援

　週2回ことばの教室に通級し，指導を受けることになった。とくにことばの教室では，おもな目標を対人関係でのトラブルを減少することとし，コミュニケーション能力を高めていくための取組を開始した。

　とくに校内で発生する現実のトラブル場面を想定して，その対処の仕方を学習していくためのソーシャルスキルトレーニングを中心に指導した。

　一つの例として，「クラスのボールを取り合いになった場面」の指導を紹介する。

　休み時間になり，クラスにおいてあるボールをAより先に，他の児童が持って運動場へ行く場面で，「ボールを使って一緒に遊ぼう」ということが言えずに「ボール貸せ」と言って，無理やり奪ってしまうということがあり，それが原因で激しいけんかになってしまったことがあった。

　後日，ことばの教室での指導で，「ボールの取り合い」の場面の絵カードを使って，「他の児童が先に使っているボールを自分もどうしても使いたい場合には，どうしたらよいのか」を考えさせた。最初は「その子に『ボールを貸して』と言って，貸してもらう」と答えた。そこで，「もし，ボールを貸してくれなかったらどうする」と尋ねると，「無理やりとる」と答えたので，「無理やりとったら，その後どういうことになると思うか」を考えさせた。「その子がボールを取り返しに来るので，ボールを持って逃げる」と答えた。「ボールを持って逃げ回っていたら，遊べない」ということに気付かせ，ボール遊びにいっしょに入れてもらって遊ぶことがよりよい解決方法になるということを指導した。このように，実際に起こりそうな具体的な場面を想定して，対人関係を円滑に行っていくためのスキルトレーニングを積み重ねていった。そして，通常の学級の中で，トレーニングの成果としての行動が見られた場合には，学級担任からの評価を即座に返した。また，そのことをことばの教室の担当者にも伝えて，ことばの教室においても，大きく評価をして，Aの努力を認めていった。

特別支援学級での支援

　特別支援学級では，毎日1時間国語の時間に個別指導を開始した。ここでのおもな目標としては，国語の学力補充をすることにより，「話す」「聞く」「読む」「書く」などの言語活動能力を高め，Aに自信をつけさせていくことを目指して取り組んだ。

　具体的には，下学年の国語の教科書を使用して，音読，漢字の読み書き，説明文や物語文の読解などについて，Aの能力を配慮し，そのペースに合わせて，ゆっくりと個別指導を進めていった。

　たどたどしい読み方であったのが，何度も繰り返し音読練習を重ねることで，少しずつではあるがスムーズに読めるようになってきた。そのことにより自分自身でも「うまく読めるようになった」という実感を持つことができ，自信をつけることにつながった。通常の学級の中では，今までは担任教員に指名されても，自分自身で「うまく読めない」ということがわかっていたので，読もうとはしなかったのが，短い文章なら読むようになってきた。また，文章の読解についても，個別指導を受けることで，自信がつき，今までは考えようとせずに「わからない」と投げ出してしまっていたが，自分なりに考えて答えられる場面も見られるようになってきた。

通常の学級での支援

　まず，Aが「ことばの教室」や「特別支援学級」に通うことをクラスの児童に理解させるための指導を学級担任が行った。日頃，Aのトラブルが多いことはクラスの児童はよくわかっていることなので，「Aは今までの行動を改善していくために，個別指導を受けるようになったこと」と「Aも努力していくので，クラスのみんなもAを見守り，応援してあげてほしいということ」を訴えた。

　そして，毎日の終わりの会で，その日一日の学校生活を振り返り，Aにかかわるトラブルが減ってきたことや学級からの飛び出しがなくなってきたことをクラスのみんなの前で評価し，クラスのみんなにもAを認めさせるような働きかけを続けていった。

また，友達関係を円滑にしていけるように，クラスの中で，リーダー的な存在である男子Bに，Aに対し，意識的にかかわっていくように指導し，休み時間の遊びの中で，BからAを誘うことにより，他の友達の中に入っていけるようにしていった。遠足のグループ決めのときにAがなかなかどのグループにも入れずに困っているときに，Bが「ぼくのグループに入るか」と声かけをして，同じグループに入れ，遠足当日も，大きなトラブルを起こすことなく，行動できるなど，友達関係も徐々にうまくやれるようになってきた。

医療機関との連携

夏休み明けに保護者から，「医療機関で，一度診てもらおうと思っているので，専門的な病院を紹介してほしい」という申し出があった。背景には，夏休み中に本人が家庭内や近所で起こすさまざまなトラブルがあり，保護者もその対応に非常に困られて，医療機関での受診を決断されたということがあったようだ。

特別支援教育コーディネーターから，児童の発達障害について専門的に診ていただける病院の医師に連絡をとり，本人の状況を伝え，受診の手続きについての情報を把握した。この医師は京都府の巡回相談チームの担当医師でもあり，学校現場のことも熟知されており，的確なアドバイスをしていただけるという点から，保護者に紹介した。

受診の結果（医師からの情報提供）

紹介した病院を受診されたところ，受容性言語障害と診断された。

ICD-10（国際疾病分類）の基準によると「受容性言語障害」とは，次のA～Dを満たすものとなっている。

A．言語理解が，標準化された検査で評価した場合，その小児の年齢の2標準偏差以下である。

B．受容性言語能力が，標準化された検査で評価した場合，非言語性IQから期待される得点より少なくとも1標準偏差劣る。

C．受容性言語に直接影響を及ぼすような，神経学的・感覚的・身体的な障害がなく，広汎性発達障害でもない。

D．主要な除外基準：標準化された検査で非言語性IQが70以下。

　医師の所見は，他児とのトラブルやけんか，教室からの飛び出しなどの問題行動については，二次的障害によるものと思われるので，注意欠陥/多動性障害（AD/HD）や広汎性発達障害（PDD）ではないとのことであった。

　2回目の受診時には，脳波検査が実施された。結果は右側頭部に異常波が数箇所認められたということで，易刺激性や衝動性と関連する可能性があるため，投薬を開始することとなった。投薬による行動面での変化について詳しく観察するように，医師から指示を受けた。投薬の日より，Aの行動面で今までとは異なった面が見られた場合についての行動の記録を細かにとり，1週間ごとに医師に記録を送り，投薬後の反応について経過観察をしてもらうことができた。

（4）考　察

　本事例で，ポイントとなったのは，次の3点と考えられる。

　①保護者との懇談により，WISC-Ⅲの検査を受けることの了承を得て，実施できたこと，そしてその結果からAの弱点克服のための個別指導に取り組むことができたこと。

　②医療機関の受診をしてもらうことができ，脳波検査や投薬などの医療措置がなされたことと，医師との連携により，行動面での改善が図れたこと。

　③ことばの教室でのソーシャルスキルトレーニングの取組により，「コミュニケーション能力」が向上し，社会性が育ってきたこと。特別支援学級での個別指導により，国語面での学力補充ができたこと。通常の学級において，「日常の学級集団の中における行動力」をつけていけたことなど，それぞれの場で何を主たる目標として指導をしていくのかを分担して取り組めたこと，また，それぞれの場での取組状況やAの様子について密に連絡を取り合ったこと。

　また，上記の3点以外に本事例における特別支援教育コーディネーターの役割の特色をあげるとするならば，当該年度は，コーディネーターである私自身が偶然にも，生徒指導部長と特別支援教育部長を兼務することになっており，校内全体の児童のさまざまな課題についての把握とその課題解決に向けての取

組の提起を中心的に行い，推進していく立場にあったことがあげられる。そのために，通常の学級の担任とはもちろんのこと，特別支援学級の担任や通級指導教室の担当者との連絡を密に取り合っており，日常的に担任教員からの相談に乗ったり，さまざまな面においての実質的なサポートを行ったりしていたため，Aの指導にあたるそれぞれの担当者のパイプ役として十分に機能できていた。このことは，学校体制として組織的にAを支援していくには非常に大きな意義があったといえる。また，私自身が，前年度は少人数指導のための加配教員として，Aの在籍学年の国語・算数の授業を担当し，Aの学習状況の把握やAとの信頼関係をある程度構築できていたことも，本事例において保護者との懇談や医療機関の紹介などをしていくうえで，効果的であったのではないかと考えられる。ただ，保護者への対応などにおいてとくに留意した点は，Aの担任教員が前面に出てAやAの保護者にかかわっていくというスタイルを基本とし，あくまでもコーディネーターである私は担任教員の支援者として側面からかかわっていったということである。担任教員よりもコーディネーターが前面に出てしまうと，AやAの保護者と担任教員との関係が希薄になってしまう可能性もあり，配慮を要すべき点であると考える。

3 おわりに

　特別支援教育コーディネーターの経験を通して，コーディネーターとしての役割をまとめてみると，学校内の関係者や外部の関係機関との連絡調整役，保護者に対する相談窓口，担任への支援，校内委員会の運営や推進役といった役割を担っていると言える。
　コーディネーターは，自らが児童への教育的支援を直接に行うのではなく，具体的な教育的支援を推進する中心的存在として位置付けられており，学校内のそれぞれの機能，たとえば特別支援学級や通級指導教室における教育的支援機能，特別支援教育支援員等の補助的指導員の支援機能，その他の学校内の教育的資源を結びつけ，より有効的に機能させることや，地域に点在する関係機

関の情報を把握し連携をとり，児童のニーズに結びつけていくことが具体的な役割ということができる。

　コーディネーターに必要な資質・技能としては，保護者の相談窓口となったり，学校内外の関係者及び関係機関の連絡調整役になったりする中で，児童への支援を推進する役割がある。そのためには，特別支援教育にかかわる諸活動の中で，さまざまな機能を果たすことが期待されている。現在，コーディネーターを中心とした取組が，確実に児童の理解や支援に結びついているということができ，今後も，一人ひとりの児童への教育的な支援の方法を丁寧に検討し行っていくことが，特別支援教育の推進と充実につながるものであると考える。

〈文献〉

中央教育審議会特別支援教育特別分科会　2005　特別支援教育を推進するための制度の在り方について（最終報告）

国立特別支援教育総合研究所　2006　特別支援教育コーディネーター実践ガイド：LD・ADHD・高機能自閉症等を含む障害のある子どもへの支援のために

国立特殊教育総合研究所　2006　「特別支援教育コーディネーターに関する実際的研究」報告書

文部科学省　2004　小・中学校におけるLD（学習障害），ADHD（注意欠陥/多動性障害），高機能自閉症の児童生徒への教育支援体制の整備のためのガイドライン（試案）

山梨県総合教育センター　2006　小・中学校における特別支援教育の校内支援体制に関する研究：特別支援教育コーディネーターの実際的な役割とその課題について

第4章　特別支援学校における地域支援(教育相談)の取り組み
——特別支援教育コーディネーターによる支援の実際

内田　直美・仲矢　明孝

1　はじめに

　2007年4月，特別支援教育を推進するための学校教育法等の一部改正により，特別支援学校のセンター的機能が明確に位置づけられ，小・中学校等に対するより一層の支援の充実が求められている。このセンター的機能にかかわり，本校においては，4名の特別支援教育コーディネーターが，おもな支援対象（地域支援・校内支援）によって役割分担をして，必要な支援を行っている。地域支援では，来校による教育相談と巡回による支援を中心に行っている。来校による教育相談では，保護者のみ，保護者と子ども，支援を担当する教師など，来校の仕方はさまざまであるが，保護者と子どもの場合がもっとも多い。相談内容でもっとも多いのは学習面に関することであり，次に多いのが，特性に応じた対応の仕方である。教育相談への対応は，地域支援担当のコーディネーターである筆者が中心となり，校内支援担当のコーディネーターの協力を得るとともに，大学との連携した取り組みにより学生のサポートを得ながら実施している。

　ここでは，筆者（内田）が担当している地域支援における教育相談の2事例を取り上げ，学習面や行動面への具体的な支援，家庭および在籍校との連携について紹介する。

2 2つの事例——教育相談の進め方

　ここで紹介する2事例については，相談開始当初，保護者への対応と子どもへの支援のいずれについても筆者が行っていた。その後，大学と連携した取り組みの一環として，学生が子どもへの支援にかかわるようになり，筆者は，おもに保護者との相談に多くの時間をあてることができるようになっている。どちらの事例についても，月2回，1回1時間を目安としており，子どもへの支援内容は，学習面の支援が中心であり，保護者との相談内容は，学校との連携，家庭での対応がおもなものとなっている。

　学習面への支援については，筆者が保護者と相談して支援目標や内容を設定し，実際の支援は学生が行う。支援結果を受けて，必要な場合には大学教員と相談し，学習内容の修正等を行っている。

　保護者への支援については，家庭での支援の仕方（環境を整えること，子どもへの対応の仕方など）や学校との連携の仕方（担任との相談の仕方，情報の整理や解説など）を中心に，相談を行っている。保護者とは，月2回の相談ができるため，家庭や学校での出来事，学習のつまずきなどについてタイムリーに情報を得ることができる。そこで，家庭での支援については，具体的な対応の仕方について検討し，それを実践してもらい，次回の教育相談時に，その結果についてともに検討し，修正するようにしている。学校との連携については，保護者の了解を得て，学校に出向き，相談内容を伝えるとともに，具体的な支援について，担任や直接対応する教師と一緒に検討するようにしている。

3 事 例 1

(1) 事例の概要

対象児

　保育園年長～小学2年　5歳～7歳　男児（A）

主 訴
　会話がうまくかみ合わない。語彙が少ない。
家庭での様子（保育園年長時）
　母親が保育園での出来事についてAに尋ねると，「ズギュンってしたら，バタンってなって，ドーンとした」のように，擬音語，擬態語で答えることが多く，保育園で何があったのかがよく分からない。また，保育園の昼寝の後のことについて，「昨日，保育園で，朝起きたら…」と言ったり，入浴中，母親に，「お風呂から出たら，保育園に行く？」と尋ねたりするなど，時間を表す言葉や一日の時間の経過などが，よく分かっていない様子であった。
園での様子
　友達から，「Aくん，何のお話ししているか分からない」と言われたり，うまく言い返せなくて，トラブルになったりすることがある。トラブルのとき，何があったのかを保育士に尋ねられても，事実を説明できなかったり，自分が悪くない場合でも「ごめんなさい」と謝ったりすることもある。また，全体への指示の理解が難しく，周りの子の様子を見て行動することが多く，話を聞く場面では，じっとしていることが難しく，つねに身体のどこかが動いているように見えた。
実態把握（保育園年長時）
・絵画語い発達検査によると，生活年齢より1歳程度の遅れがみられた。
・WISC-Ⅲの検査結果では，知的発達に遅れはみられなかった。
・話し言葉の特徴として，擬音語が多く，「低い」を「高くない」，「夕方」を「夕焼け小焼けになったとき」と言うなど，語彙が少ない。

（2）支援の方針
・ゲームに楽しく取り組む中で，言葉の基礎となる力を育てる。
・語彙（理解・表出）を増やす。

（3） 具体的な支援の経過

保育園年長時：しりとり，音韻分解（言葉の基礎となる力）

①しりとり

　しりとりを始めた頃は，ルールの理解や語の想起が難しく，「ま」のつく言葉では「まみむめも」，「き」がつく言葉では「かきくけこ」と言うなど，該当する単語を言えないことが多かった。この頃はまだ平仮名文字を読めなかったが，筆者が単語を書いて読んで聞かせるとともに，最後の音に○を付け，その音の単語を考え出すようにして進めた。それでも単語が思い浮かばないときは，筆者がヒントとして，該当する事物のイラストを描いてみせたり，言葉によるヒント（「ま」のとき，「寝るとき使うもので，頭の下にあるもの」，「まく・」など）を与えたりするようにした。Aは，徐々にイラストではなく，言葉によるヒントで単語（「まくら」など）が想起できるようになり，6か月後には，ほとんど自分で考えることができるようになった。

②音韻分解

　絵カードや模型を見せ，その名称の音韻数だけ（「かえる」は3回，「うま」は2回），カスタネットを打つゲームをした。当初，「きりん」では，「き・りん」と2回，「ぞう」では「ぞ・お・う」と3回打つなど，音韻分解の難しさが見られた。カスタネットを打ち間違えた場合，筆者がゆっくり打って見本を見せたり，カスタネットを打った数だけ紙にシールをはり，それを指で押さえながら単語を言ったりすることを繰り返した。その結果，「しんかんせん」「れいぞうこ」などの撥音や長音についても正確に打つことができるようになった。

1年生時：文字カルタ・平仮名チップや片仮名チップを使った単語の合成
　　　　　（文字の読み・書き）

①文字カルタ

　カードの表面に平仮名で単語を書き，裏面にその単語の絵や写真をはって文字カルタを作成した。ゲームでは，作成したカルタ数枚を，文字面を表にして並べ，支援者（学生）が読んだカードをAが選んで取るようにした。Aも次第に文字を覚え，自ら読み手になろうとするなど意欲的に，楽しく取り組むこと

第4章　特別支援学校における地域支援（教育相談）の取り組み

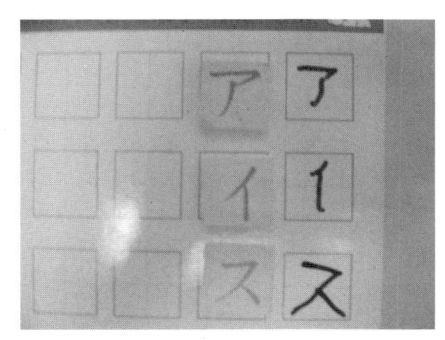

②平仮名チップや片仮名チップを使った単語の合成

Aが読むことのできる平仮名文字チップ8枚を使い，2～3文字からなる単語の合成から学習を始めた。徐々に，使用する平仮名チップの枚数を増やし，合成する単語についても，濁音，半濁音，拗音，長音などを含むものを取り上げていくようにした。

また，「片仮名は苦手」「片仮名はきらい。頭が痛くなる」と言うなど，片仮名に抵抗感を示していたため，Aが好きな食べ物や身近な事物の中から，文字数の少ない単語を一つずつ取り上げるようにした。「イ」「ス」「ア」のように3枚の片仮名チップをランダムに並べ，「これで，何ができるかな」と尋ねると，「わかった！」と嬉しそうに言って，「アイス」と並べ替えることができた。Aは，さらに「書いてみようか」と言って，自分からペンを持ち，文字チップを見ながら書くことができた。

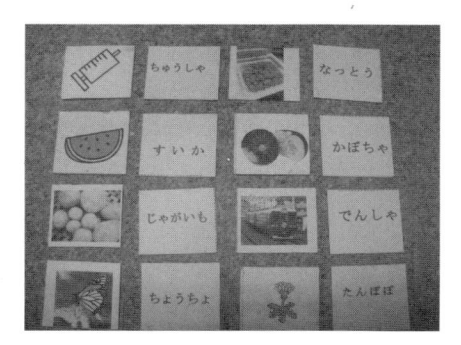

図1　文字カルタ

図2　平仮名チップ

図3　片仮名チップ

2年生時：言葉で伝えよう（説明する力）

　出来事を順序立てて話すことを目標として，学校や家庭で経験したことを相手に話して伝える学習を行った。まず，付箋紙に「いつ」「どこ」「だれ」「なに」「どうした」「きもち」と事前に書いておく。そして，Aの話を聞きながら，その内容をメモ書きしていき，話が終わると，2人でメモを見ながら，書かれている内容を確かめ，付箋紙の内容が分かる箇所に該当する付箋紙をAにはらせていった。さらに，相手に伝えるために必要な内容が話せているか，分かりやすく伝えるためにはどの順に話せばよいかについて，付箋紙を使って確かめていった。次に，付箋紙を並べ替えた順にAが話し，それを聞いたサポート学生に感想等を伝えてもらうようにした。Aは，自分の話が伝わったことを確かめることができ，学生の評価を楽しみにするようになった。

家庭との連携

　保育園の頃，家庭においては，Aと話をするとき，Aの気持ちを言語化すること，また，しりとりやことば探しなど，楽しみながら語彙を増やすようなかかわりをすることを心がけてもらうようにした。

　小学校入学後，宿題に多くの時間を費やすことが，Aにも保護者にも負担となっていることを聞き，宿題のすべてをAに自力でさせるのではなく，重点を置いた取り組みをし，宿題に時間を取り過ぎないように提案した。その結果，漢字テストの前日には，漢字テストに向けた学習だけをするなど，重点を置くことで，負担が軽減されるとともに，次の日の漢字テストで学習の成果も見られるようになった。学習した結果が見えることで，Aの学習に対する意欲の低下を防ぐことにもつながっている。

保育園・学校との連携

　保育園では，友達とのトラブルを解決するとき，Aの気持ちをゆっくり聞いてもらうこと，当事者だけでなく，周囲の子どもにも何があったのかを聞いてもらい，出来事を整理してAに伝えることを依頼した。保育士の仲介により，Aも周りの園児も納得できる解決が増えていった。

　小学生になってからは，担任の教師が来校して，本校での取り組みの様子を

見学したり，筆者が在籍校に参観に行ったりするなど，情報の共有と対応の共通理解を図っている。また，保護者の了解を得たうえで，宿題の量や内容について，保護者が悩んでいることを担任に伝え，個人懇談時に，宿題の量の調整や学習課題について話し合いができるようになるなど，保護者と担任とがAに対する支援方針を共有できることを意図して支援を行っている。

(4) 考　察

　本事例では，Aが自分の気持ちを正確に説明できないことによる友達とのトラブルについては，着実に減ってきている。まだ，まれにトラブルが見られるものの，担任や保護者がAの状態をよく理解して対応しているため，深刻な状態にはなっていない。

　学習面では，徐々に困難さが増してきており，学年相応の内容の習得が難しくなってきている。今年度からは，個別指導の対象となり，週2時間程度，教師一人に児童2名という体制で，きめ細やかな指導を受けている。また，家庭では，宿題の量を減らし，負担を軽減するとともに，学習内容が確実に身につくよう，重点を置いた取り組みを行い，少しずつではあるが，その成果も見られている。

　保護者は，Aの特性を早い時期から受け入れ，必要な支援について考え，叱責ではなく，できるところをほめて伸ばす対応を行っている。本校の教育相談では，その時々のAの状態を分かりやすく保護者に説明し，在籍校とも連携した取り組みを行ってきた。周囲の人たちは，Aの実態を踏まえた適切な対応ができるようになり，Aにとって，分かりやすく，負担の少ない環境になってきていると思われる。しかし，学習については，通常学級の中では，困難なことも多く，達成感をもちにくくなっている様子もうかがえる。今後は，自分の得意なことと苦手なことを知り，自分にとって何ができるようになることが大切なのかに気づかせるような支援も必要である。そのため，保護者や学校との連携をさらに深め，Aが必要とするサポートを見極め，適切な支援を行っていくことが大切である。

4 事 例 2

(1) 事例の概要

対象児

　小学2年〜6年　8歳〜12歳　男児（B）

主　訴

　書くことを中心とした漢字の習得が困難である。

学校での様子

　朝の自主学習の時間，「どうせできない」と言って，机に伏せてやろうとしない。友人がほとんどおらず，休憩時間には一人で過ごすことが多い。教師と話すことを好み，進んで手伝いを申し出るなど，よく気がつき，実行できている。正義感が強く，友人がルールを守らないと，それを許すことができず，まれにトラブルになることもみられる。穏やかな性格で，日常生活面では問題行動もなく，これまでに特別な配慮はなされていない。

家庭での様子

　「どうせ，やってもできない」「ぼくは，何をやってもわからないから」という発言が増えており，母親が心配している。小さな物音にすぐに反応し，集中できないことが多い。電気製品の分解や組み立てが好きで，説明書を見なくても，ビデオとテレビの接続ができたことがある。また，繰り返し学習を行う塾や硬筆の塾に通わせるなど，書字にかかわるサポートを行っている。

　漢字の宿題を嫌って取り組もうとせず，始めても終わるまでに長い時間を要する。

実態把握

　WISC-Ⅲ，フロスティッグ視知覚発達検査，K-ABCの検査結果とともに，Bの書いた文字や保護者からの情報を基に，学習面についての実態を把握した。

　WISC-Ⅲの検査結果によると，知的発達に遅れは見られなかったが，動作性IQが言語性IQより有意に高かった。フロスティッグ視知覚発達検査では，

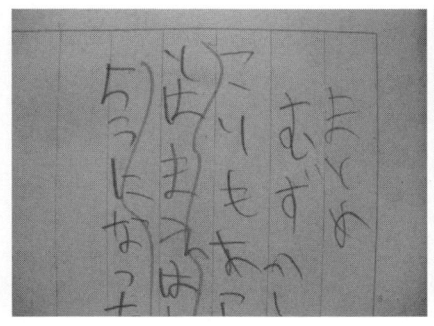

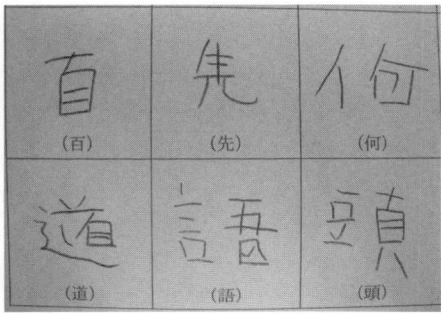

　　　　　　　　　　　　　　第4章　特別支援学校における地域支援（教育相談）の取り組み

　　　　図4　平仮名　　　　　　　　　　　図5　漢字

視覚と運動の協応と形の恒常性について，生活年齢より2歳以上の遅れが見られた。K-ABCでは，同時処理が継次処理より有意に高かった。
　Bの書いた文字を見ると，平仮名（図4）では止めや跳ねがあいまいで形がとれていないもの，画数の多い漢字（図5）では，横線や縦線の数が正確でないものがみられた。

(2) 支援の計画（目標・方針）
　支援の第一の目標を，自己評価を高めることとした。生活面においては，Bが得意なことやできていることについて，周囲の人がそれに気づき，その都度ほめるようにする。学習面については，できていないことを叱るのではなく，小さなことでも，できたことを取り上げ，できていることを具体的に分かりやすくほめるようにする。
　第二の目標は，楽しみながら学習に取り組むことができる時間を増やすこととした。とくに漢字の書字については，楽しく取り組める教材を提供すること，学年相応の学習内容の習得にこだわらず，Bの実態に適した学習内容を取り上げることを支援の方針とした。

（3） 具体的な支援の経過

学年ごとの経過

　2年生：「やればできる」経験を重ねることで，「やってみよう」という意欲をもつことと，「自分にもできることがある」という気持ちを持つことを目標に，楽しく取り組めるゲームの中に漢字を書く活動を取り入れた。ここでは，Bが習得している漢字を多く取り上げることで，自信を持って意欲的に取り組むことができることを期待した。

　3年生：書くことへの抵抗感は減少していたが，書けない漢字があったときには「もう，いやだ」と言って，意欲を失うことが多かった。引き続き，ゲームを通して，楽しく漢字を書く学習に取り組んだ。

　4年生：学校では，できないことがあっても，取り組もうとすることが増えてきた。スポーツ少年団に参加するなど，積極的に活動する姿も見られ始めた。しかし，徐々に学年相当の内容の習得が難しくなっていた。とくに，画数の多い漢字については，覚えにくかったため，偏と旁に分けて覚える方法を取り入れた。学年末までに，1年生の漢字は90％，2年生の漢字は50％程度習得したが，3年生の漢字については，画数が10〜11画までのもののうちのいくつかを習得したにとどまった。

　5年生：保護者と相談し，漢字の学習については，3年生で学習する漢字が確実に書けることを目標とした。漢字を偏と旁に分解したカードを使った学習や，興味のあるキャラクターを題材にした漢字プリントなどにより楽しく取り組めるように配慮しながら，画数の多い漢字についても学習を進めた。学校では，個別による指導の対象となったため，個別指導担当の教師と担任，筆者とでケース会を開き，学校で取り組む内容と本校の教育相談で取り組んでいる内容について情報交換し，共通理解を図った。

　6年生（現在）：引き続き，偏と旁に分解したカードを使った学習を行っている。取り上げる漢字は3年生までとし，すでに書くことのできる漢字と未習得ではあるが自分で覚え方を考えた漢字，これまでの教育相談では取り上げていなかった漢字をバランスよく取り入れたプリントを作成し，学習を継続して

具体的な支援の例

①漢字ビンゴ

2年生時には，1年生の漢字の中からBが書くことのできる漢字と，読むことはできるが書くことができない漢字合計16字を取り上げ，その16字の漢字の見本カードを用意しておいた。見本カードを見ながら，プリントの16（4×4）マスに自由に1文字ずつ書いていき，すべて書き

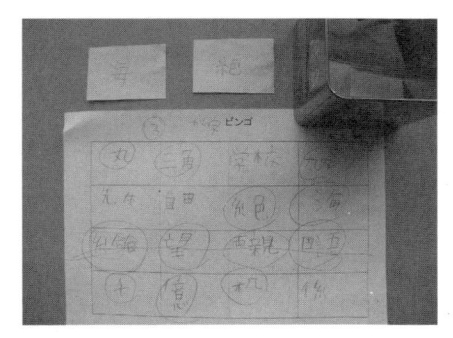

図6　漢字ビンゴ（6年生時）

終わったら，その見本カードを容器に入れ，1枚ずつ引くようにした。すべてBが読むことのできる文字を取り上げており，カードを選び出すのはBの役割とし，取り出したカードの文字をBが読み上げるようにした。ビンゴは，ゲーム感覚で漢字を書くことができ，書きにくい文字は，筆者や学生が書いたものを見ながら書くことができるようにしたため，抵抗感なく楽しく取り組むことができた。

②漢字迷路

Bは，迷路を得意としており，自分でも好きだと思っていたことから，漢字迷路のプリントを作成した。2年生時に作成したプリントには，1年生の漢字の中でも画数の少ない文字を20文字ずつ取り入れて行った。書くことのできない漢字については，筆者がヒントを出すようにした。一

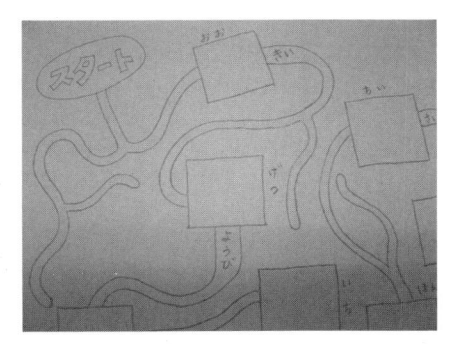

図7　漢字迷路

度書くことができた漢字であっても，時間の経過に伴い，忘れていることもあったため，定着（3回連続正解）するまで繰り返し，出題していった。

③漢字の分解と合成

学年が進むにしたがって，画数の多い漢字が増えたこともあり，形を整えることが難しかったり，偏と旁が似た文字を書き誤ったりするなどの問題が生じてきた。そこで，偏と旁を分解したカードを作成し，それを合成して漢字を作る学習や，「木へん集めゲーム」などの学習を行い，偏と旁を意識し，整理して覚えられるようにした。いずれも操作的な課題であったため，抵抗感は少なかった。

図8　漢字の分解と合成

④漢字の覚え方（漢字を書く）

5年生になってからは，間違えた漢字について，自分なりの覚え方を考え，その方法で次の教育相談までに覚えてくるという取り組みも行った。たとえば，「雪」という文字について，Bは，「雨と片仮名のヨで雪」という覚え方を提案したため，筆者はその覚え方を文字で書き表し，それを見て唱えながら書く練習を行った。「雪」については，次の教育相談時には正解することができていた。この方法は，Bが知っている漢字や片仮名，偏に分解できるときには効果的であったが，形が複雑で，うまく言語化できない漢字の場合には，効果がみられなかった。

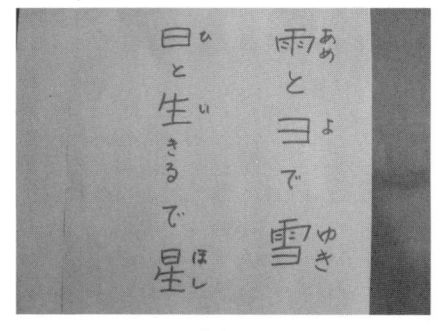

図9　漢字の覚え方

（4）考　察

来校当初，「どうせできない」とあきらめることの多かったBであるが，現在では，漢字の学習や計算に抵抗感を示すことなく取り組んでおり，来校する

なり「今日は，県名ビンゴにすることに決めてきた」と言うなど，教育相談での取り組みを楽しみにしている様子も見られるようになった。Bの実態を踏まえた課題の量や内容にすること，楽しく取り組める教材にすることで，学習に対する抵抗感が軽減したと思われる。また，できないときには，「もうやりたくない」と言うことが多かったが，最近では，頭を抱えつつも漢字を思い出そうとする姿が多くみられるようになっている。学習を重ねることで，できること，今できなくても次回できることもあることなどに気づき，学習意欲を維持できることが多くなったと感じている。

　Bは，現在小学校6年生である。中学校に進学して，これまでのような支援が受けられるか，Bが新たな環境に慣れることができるかなどについて，保護者は不安を感じている。そこで，Bの将来の姿を想定し，その姿に近づくために必要な力は何か，どういった場で，どのような支援を受けることがBにとって必要なのかについて，現在，保護者とともに検討しているところである。

5　おわりに

　特別支援学校の地域におけるセンター的機能の一つである教育相談の実際を紹介した。本校で行っている支援の内容や方針について，在籍校園や家庭とも共通理解し，子どもたちが，自分に自信をもち，安心して学校園に行き，学ぶことができることを目指し，特別支援教育コーディネーターとして可能な支援を行っている。筆者が在籍校園に参観に出かけて，そこでの様子を把握したり，担任や在籍校園のコーディネーターと電話やメールなどを活用して，連絡を密に取り合ったりしている。さらに，大学の附属校としてのメリットを生かし，必要に応じて大学教員からのアドバイスを受けたり，教育相談の際，学生の協力を得たりしている。

　保護者に対しては，子どもたちの将来を一緒に考え，今必要な支援について共通理解するとともに，保護者の気持ちを受け止めながら，保護者の子育てに対する自信回復や子どもの特性の受け入れについてもサポートするよう努力し

ている。

　今後も，子どもたちの持てる力を伸ばし，学校園や家庭において，子どもたちの安心した穏やかな表情，明るい笑顔が増えることを願いながら，必要な支援を行っていきたい。そのためには，子どもたちの実態を的確にとらえる力，実態に最適な支援を考える力，支援に必要なネットワークを構築し，活用する力など，コーディネーターとしての専門性の向上に努めることが必要だと考えている。

　〈文献〉
　文部科学省　2004　小・中学校におけるLD（学習障害），ADHD（注意欠陥/多動性障害），高機能自閉症の児童生徒への教育的支援体制の整備のためのガイドライン（試案）
　文部科学省初等中等教育局特別支援教育課　2005　特別支援教育体制推進基礎資料

第5章　集団生活不適応児童への理解と組織的支援
——養護教諭のコーディネーター的活動

岡﨑由美子・安藤美華代

1　はじめに

　特別支援教育の「子どもの視点に立ち，ひとりひとりの教育的ニーズに的確に対応する」という立場は子どもの心と体の健康課題に適切に応えるという養護教諭の執務の特異性に共通した立場である。また，養護教諭の利点「学校全体にかかわる」「全校の子どもたちの情報を把握している」「地域の医療機関・専門機関の情報を持ち，連携の窓口になることができる」「子どもの心と体の両面にかかわっている」「いつでも誰でも利用できる保健室で，居場所の提供の糸口が作れる」「子どもや保護者が相談しやすい」は，特別支援教育コーディネーターに求められる役割にも活かせるものである。この利点を生かして養護教諭（岡﨑）がキーパーソンとなり，コーディネーター的存在としてさまざまな立場の教職員や外部の支援者と連携してかかわった，集団生活への適応が困難であった1事例について紹介する。

2　事　例

（1）事例の概要
対象児
　小学校5年生　10歳　女児（A子）

家　族
　父，母，A子

（2）具体的な支援の経過

1年生

　入学時からしばらくの間は，他の児童と変わりなく学校生活を送っていたが，1年生の半ば頃から，家庭で「学校へ登校したくない」という訴えが出るようになった。しかし，登下校時の保護者（父）の送り迎えや教室に入りにくい場合の生活支援員の援助によって，通常学級で他の児童と同様に過ごしていた。就学前には，「周りの環境に慣れにくく，気分の変化が起こりやすい傾向があった」という連絡は受けていたが，対人関係において顕著なものではなかった。

　登校がしにくいときに，A子が「保健室なら行ってもいい」と言ったことで，担任が保健室にA子を連れてきたことが，A子に養護教諭がかかわるきっかけとなった。担任は，A子とのかかわりに困ったということはなかったが，人間関係の取り方に特徴があると感じていた。養護教諭は，A子が教室に入れないときに気持ちを安定させるように寄り添うかかわり方をしていた。また教室内での集団への指示を理解しやすいように支援をしていた生活支援員から「A子のことが心配である」と時々聞いていたこともあり，機会をみつけては校内で担任や支援員をはじめとした教職員から，A子についての情報を収集した。情報から，「集団の中で言葉による指示を理解しにくい」「一つの話題に固執する傾向がある」「好きなことに偏った集中がみられる」といった特徴が見受けられ，A子に添った学校での支援の方向性を決定するには専門機関での診察が不可欠と考えられた。

　そこで養護教諭は，保護者に今後の支援の方向性と専門機関での診察の必要性を理解してもらうための懇談会の実現にむけて，保護者と学校の懇談の場を設定することを学校長に働きかけた。

2年生

　進級して間もなく，A子は登校してもすぐには教室に入らなくなった。教室

の近くの畑で，生活支援員と一緒に花をながめ，水まきをして過ごした。ときには同級生と保健室に来て遊ぶこともあった。

　5月の初めには，スクールカウンセラーから助言を得て，保護者と学校との懇談会が実現し，専門機関での診察を勧め，保護者から前向きな理解を得た。養護教諭は，保護者，担任やスクールカウンセラーとの連絡調整を行い，A子に対して今何をしていくことが必要なのかを明確にしていった。

　その結果，保護者の理解を得ることができ，A子は，専門機関（B病院）に受診し，「自閉症」との診断を受けた。その後，B病院に通院を始め，療育部門で，療育を始めた。養護教諭は，保護者の了解のもと，担任や保護者とともにB病院の主治医をはじめ療育担当者からA子の状態と療育方針について話を聞くことができた。

　A子には，「やるべきことを具体的に示す」「不安でどうしようもなくなったときの対処のし方を教える」「集団に入るきっかけになるものを探す」「時間や場所の変更など，前もって変化を教える」「肯定的な言葉かけをする」などの具体的なかかわり方が必要であることについて，主治医，療育担当から指導を受けた。教育委員会から派遣される専門家チームによる巡回相談では，学校で「A子に対してどのようにかかわっていくかを考え，積み重ねていく」ことの大切さについて指導を受けた。学校でもこれらの指導をもとに職員会議等で，A子への今後のかかわり方を共通理解した。そして，担任と生活支援員は大勢の児童のいる集団の中で，「A子への指示をわかりやすくする」「A子が学級内で落ち着ける場所をつくる」など，できる限りの努力をしていった。

　2年生の1年間だけでも，専門機関の主治医，療育担当をはじめとして，スクールカウンセラー，巡回相談の専門家スタッフなど学校外部とのかかわりが生まれた。学校外部機関と内部教職員の協力体制を整えることは，A子と保護者への支援に欠くことができない大切なことであった。しかし保護者にとって，それら複数の機関や専門家がかかわることで，それぞれの機関や専門家からの指導が重複し複雑化して，そのことがマイナスに働く可能性もある。そのため，養護教諭は保護者が複数の機関からの指導に対する理解を深められるようにパ

イプ役として，保護者の了解のもと時間を作っては，専門機関の療育担当，スクールカウンセラー，巡回相談の専門家スタッフなどとA子についての支援の共通理解を深めるために話し合いを行った。

3年生

　専門機関から助言されたA子への具体的な支援方法をもとに，始業式前日に養護教諭が保護者と①登校時間，②教室での座席の位置，③教室への入り方，④始業式への参加のし方について打ち合わせを行った。そして，新しい担任につなぐまでのA子にとって不安な期間に，養護教諭が具体的な過ごし方を示すことで，旧担任から新担任への，橋渡しの役割を行った。

　3年生になり，他の児童から見られることや集団の中に入ることへの抵抗が強くなった。父親は，車での登下校時の送り迎えなど努力をおしまずA子に寄り添っていたが，学校に車で到着しても車からなかなか降りられないことが続くようになっていた。車から降りられない場合は，そのまま仕事にでかける父親と下校してしまうという状況になっていた。そのような時期，母親はA子が興味を持っている英語を使って，①学校へ行きます，②車から降ります，③うさぎにえさをあげます，④保健室で健康観察をします，と朝登校してきてからのスケジュール表を作って取り組んでみた。はじめは，うさぎのえさを準備してきて楽しみにしているように見え，スケジュール通りに順調にいくかと思われたが，数日で興味を示さなくなった。

　そこで教育委員会から派遣された巡回相談の専門家スタッフに相談したところ，A子が学校に登校することの大切さやA子を支える人の明確化についての助言を得た。保護者とA子のつながりに比べて，学校とA子とのつながりがなかなかしっかりとしたものになっていかないもどかしさばかりがつのっていった。学校で過ごせる時間や空間は小さくなっていくばかりにみえた。

　また，朝の車での登校時になかなか車から降りることができない状況を変えようと，父親と母親は1週間仕事を休んで車から降りるきっかけ作りに取り組んだ。しかし6月頃には，父親が仕事の時間を削って，A子の登下校時にかかわることによる負担は，そろそろ限界となり，保護者から，当分休ませたいと

いう申し出があった。このままではA子と学校とのつながりがますます細くなってしまうという危機感をもった養護教諭は、管理職に相談し、父親にA子が学校へ登校することの大切さやそのためには父親の協力が不可欠であるということを、学校としての思いとして管理職から伝えてもらった。父親の理解のおかげで、今までどおり仕事前に学校に連れてくるということが継続されることとなった。スケジュールに従って保健室に入れたら、昼前頃まで過ごして父親の迎えで下校するということがA子にとって一番いい状態ということが定着しつつあった。保健室では、他の児童と折り紙を折ったり大好きな絵を描いたりして過ごしていた。他にも保健室登校の児童がおり、折り紙の得意な児童と一緒に嬉々として競争のように折り紙を折って楽しんでいるときもみられた。しかし、支援の計画性という意味でA子の時間の過ごし方に課題があるという反省が養護教諭の中にあった。A子が喜ぶかかわりをする一方で、本人は抵抗を示すがA子にとっては必要な支援（スケジュールにそって課題に取り組む）を十分に行うことができず、かかわり方の難しさを身にしみて感じている時期でもあった。

　この時期には、担任からの勧めでA子は、地域支援センターで休日や放課後の支援を受けたり、音楽の個人レッスンの先生からの支援等、家庭外のA子の居場所づくりの模索が続いていた。養護教諭は担任とともに地域支援センターに出かけて懇談に加わったり、音楽の先生と懇談したりとA子にかかわる支援の人間関係づくりにむけて努力を積み重ねていった。また、学校ではA子にとって一番学習するのに適した場所は、特別支援学級であるということを保護者に理解をしてもらうための働きかけも並行して行っていた。養護教諭には、保護者からA子の能力をもっともっとのばしてくれる場所があるはずという強い思いが伝わってきた。

　図1に、この時期のA子をとりまく支援の関係を示した。学校と外部支援の「専門機関」「巡回相談専門家スタッフ」との関係は、支援に関して有効に機能していたが、それは学校と各機関との協力体制の中で「A子への理解を深めてもらえるような情報を伝える機会を増やす」といった養護教諭の働きによる

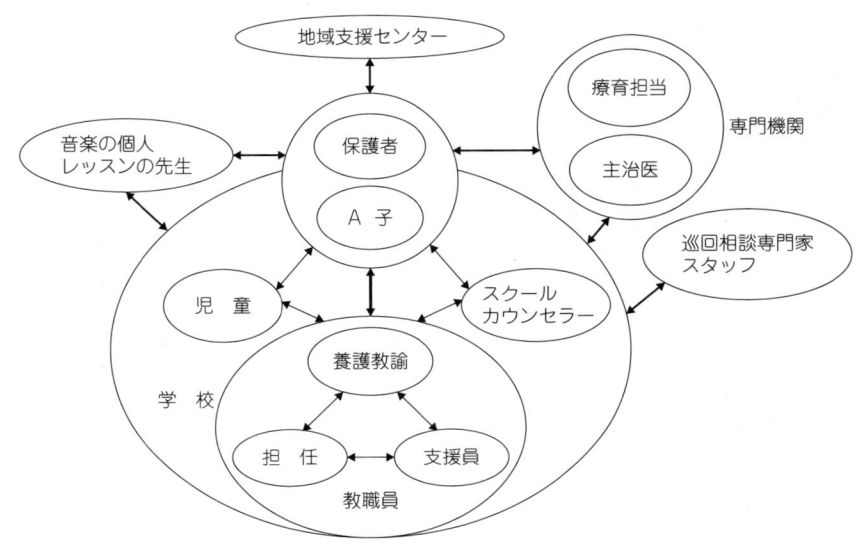

第II部　学校現場における支援の実際

図1　A子をとりまく支援の構図

ものであった。また、学校の中の教職員の協力関係の中心的役割もはたしており、とくにA子に直接かかわる時間の多い「担任」「生活支援員」の支えとなれるように努力していた。

　保護者は、父母ともに仕事がありA子へのかかわりについて研修にでかける時間を生み出すことは難しかったが、ある日曜日、A子が音楽の個人レッスンを受けている先生と養護教諭が研修に出かける機会に声をかけ、一緒に加わってもらうことができた。保護者と一緒に同じ研修を受けることができたことは有意義であった。

　秋になり、養護教諭は引率等で保健室を留守にしなければならない日が続き、留守の間のA子へのかかわりを特別支援学級にお願いすることになった。このことは、A子への個別指導が教室という場所で成立することにつながり、結果的には特別支援学級への入級のきっかけとなり、大きな意義があったように思う。ただ、正式な学級での指導計画に基づいた計画的な支援という目標にはまだまだ遠いものであった。

3学期になり，正式な特別支援学級での生活がスタートした。登下校は父親にお願いし，午前中を教室で過ごすこととした。朝のあいさつで始まり，健康観察，学習と進んでいくのであるが，登校時のA子の機嫌の良し悪しがその日を左右するという状態ではあった。しかし，決まった担任と個別にかかわるという形が整ってスタートをすることができたことは進歩であった。特別支援学級は保健室から近い場所にあるので養護教諭にとっても何かあったときにはかかわりの援助がしやすい場所であり，A子の気配を感じていられた。

4年生

3年生に引き続き特別支援学級に父親の送り迎えで通学し，午前中の2時間を学級で過ごし昼前に下校するという生活であった。昨年度途中からの入級でA子は担任や教室にも慣れてきていたが，本年度になって教室の在籍人数が増え，教室内の配置に少しの変化があったことが刺激となったのか，不安定な様子が強くなった。また，教室の外からの刺激にも思春期特有の反応が表れ，教室の外を通る異性に対して恥ずかしがる様子が見られるようになった。担任は，保護者と相談し，A子にあった「学校で過ごす時間のスケジュールの作成」や「学習教材や内容」「学級内の構造化」などさまざまな工夫を重ねながらA子にとってよりよい環境作りに努めていた。養護教諭は，必要に応じて担任や保護者の相談相手となっていた。

この頃から，A子に学校で勉強することを楽しむ様子が少しずつではあるが見られるようになってきた。これは，担任が，A子の学習内容について実際の学年相当より少し下げた取り組みを行ったことで，理解がしやすくなり肯定的な体験が増えてきた結果と考える。特別支援学級がA子の安心できる居場所となりつつあった。また，保護者からも学校でもできるだけA子の能力を伸ばしたいという意欲的な言葉が聞かれ始めた。

学校教職員は，機会を見つけては専門機関の指導や巡回相談での専門家スタッフの指導を受けていた。しかし直に学校でそのような指導を受けることができるのは僅かな回数であるため，必要に応じて時間や場所の確保のための連絡調整をしながら助言を受ける役割を養護教諭が果たしていた。また，支援の

あり方についてつねに課題をみつけ修正していくために，養護教諭は定期的にスクールカウンセラーから助言を受けた。

4年生になって，A子にも自分のやりたいことを保護者が決めるのではなく自分で決めたいといった保護者からの自立の兆しが見えてきた。保護者や担任をはじめA子を支援してきた人たちの協力と努力の成果がほんの少しではあるが表れてきていた。

振り返ってみると，4年生になってA子に転機が訪れたといえる。その要因について「家庭」「学校」「専門機関」に分けて整理してみた。

①家庭

今まで両親はA子に過保護であったが，思春期を迎えて「自我のめざめ」「アイデンティティの芽生え」といったA子の成長によりA子の行動を見守るようになった。養護教諭は，思春期を迎える子どもへの対応についての保護者の不安に対して，保護者の理解が進むように支援をした。

②学校

特別支援学級への入級に加えて，4年生になって学級内の児童数が数人に増えたことで，A子にとって学習への取り組み方のモデルが身近にできた。

学習内容を理解しやすいように工夫したことで，自信を回復させることにつながった。

③専門機関

専門家スタッフからの指導で，Cクリニックを受診し「不安を軽減し，気分を楽にする薬」の投与が始まり，保護者と一緒に，担任と養護教諭も主治医から指導を受けることができた。

専門家スタッフより，専門機関同士がネットワークを持つことの提案があり，保護者の了解のもとに教育委員会が中心となるネットワークがスタートした。

5年生

自立が進んだことで，A子が学校で取り組めることが少しずつ増えていった。A子の自尊心を大切にしながら，遅れていた学習内容を学年を少し下げて取り組むことで成功体験を増やし，学習に取り組む意欲を取り戻すことができ始め

た。生活支援員の力を助けにして，A子なりの運動会参加ができた。以前はできなかった大勢の児童が集う体育館での集会活動には，目立たない位置にいることで安心して参加することができた。このように次々と成長していくA子の姿にまぶしさを感じると同時に，このまま続くことはないのではという不安感もあった。特別支援学級での日々の取り組みやA子の様子について，定期的に行われるケース会議（特別支援教育コーディネーター，特別支援学級担任，養護教諭をはじめA子の支援にかかわる学校内の教職員による）の中で反省や課題解決に向けての意見交換が行われた。さらに，専門家スタッフの指導も学校から積極的に連絡をとって続けられていた。

しかし，不安を感じていた通り，A子には少し疲れが出てきていた。いつだったか，他の事例で"課題をこなすとどんどん課題がふえてくる"ことに抵抗する子に接した経験がある。A子に対してもそのような大人の側の過度な期待感から新しい課題が続き，A子を疲れさせてしまったかもしれない。

5年生の後半になって，養護教諭は保健室登校の児童たちへのかかわりに時間を費やすことが多くなり，A子へのかかわりを以前のようには持てなくなっていた。養護教諭にとっては，保健室に来室している児童へのかかわりが優先されることが通常であり，特別支援学級の隣の保健室にいるにもかかわらず，時間的にA子にかかわりにくくなった。A子にかぎらず，なんらかの心身の健康上の理由が原因で支援を必要としている児童は，いつ現れるかわからない。保健室はつねに平等に扉を開いていなければならない場所であり，養護教諭はその中で児童の課題を発見し見極める力を備えていなければならない。

（3） 5年間を振り返って

この5年間を振り返り，「A子の他の児童と違った特性を理解し受け入れる」「A子が普通学級から特別支援学級に移籍することを受け入れる」「学校の考えと保護者のA子への思いとの違いを理解する」など，保護者は多くのハードルを越えなければならなかった。A子を支えるために一つひとつ努力を惜しまなかったことに敬意を表したい。養護教諭は，つねにA子やA子の保護者に寄

り添うことを心がけていたものの，どれだけ寄り添っていくことができたであろうと振り返り，反省している。

養護教諭の執務の特性や専門性を生かしながら，A子やA子の保護者にかかわり，支援したことを以下のように整理した。

①A子が登校しにくくなり始めたときに，保健室を登校しやすい場として開放し，柔軟な対応を行った。

②複数の外部機関からの指導や支援を整理し，調整した。

③校内で支援にかかわる職員が特別支援に関する専門的理解を深めるために，A子の事例をはじめとして他の事例も併せて学校内での共通理解を深めるための中心的役割を担った。

④専門機関とは別に外部からA子にかかわり支援をしてくれる人たちと連絡を取り合い，よりよい支援が行えるように調整した。

⑤担任に協力して，支援の手立ての参考になるように学校内外でのA子の生活の様子を系統的に記録し整理した。

⑥専門機関へ繋ぐ必要性とタイミングをA子の生活の様子から判断し，担任や教職員に必要な助言を行った。

⑦保護者には，今何が必要なことなのかを助言するように心がけた。

⑧よりよい支援のために外部での研修や専門機関での情報交換を積み重ねた。

以上の支援の中でも，とくに②と⑥はA子の支援の方向性を決めていくために重要な役割を果たしたと考える。

支援機関はそれぞれの立場で，それぞれの言葉で必要な内容を伝えてきたが，養護教諭がそれを一本化して伝えることで学校内の教職員の理解を図ることができた。

5年間の間には，担任をはじめ専門機関のスタッフ，スクールカウンセラー，支援員など担当者が次々と異動し変わっていったが，A子への支援が同じ方向性で続くように，支援内容の確認を養護教諭が継続して行った。さらに直接に保護者とともに専門機関での指導を受けることができたことは，保護者と同じ方向での支援を進めていくためにも必要なことであり，それが実現したことは

保護者の理解とともに、「学校内でのA子に関しての共通理解」「担任や養護教諭が勤務を調整して、B病院に出かける」といった養護教諭の努力の成果である。

　このように、長期にわたって同じ役割を同一の人間が果たせたことは意義があることであった。時間を見つけては、またときには正規の時間を超えて、学校内の支援のコーディネートや外部の支援者や機関の各々と個別に連絡調整等をおこなってきた。学校の時間帯と外部の機関の時間帯にはいくらかズレがあり、両者が集うための時間を生み出すためには、学校側が時間を作り出すことが必要であり、養護教諭はその時間をつかって外部機関へでかけていた。

　A子の事例には、複数の外部の個人や機関が支援にかかわってきたが、この複数の外部の横の関係をコーディネートする役割をだれが果たすのかが一番よいのであろうかと考えると、学校内では養護教諭が一番近い位置にいると考える。

3　おわりに

　養護教諭は、支援の必要な児童や児童を支える保護者に縦横無尽に柔軟に対応できる立場にある。しかし、A子の事例でも後半そうであったように、複数の事例を抱えた場合に、各事例に必要な支援を行っていくことが困難になってくるという現実がある。その解決には、学校内外にとらわれない支援ネットワークの基盤を日々固める努力と研鑽がかかせないことを、A子の事例は養護教諭としての私に教えてくれた。

　養護教諭としてのA子へのかかわりは、1年生から5年生までの5年間であった。その間、A子は一進一退を繰り返しながらも、少しずつ成長していった。学校は、A子やA子の保護者に必要な課題を示すために教職員の共通理解を図ることに努めてきたが、その中で養護教諭は中心的なキーパーソンとして働いてきたように思う。この事例とのかかわりで、さまざまな立場の支援者との協働の意義が明確になったように思う。養護教諭の執務におけるコーディ

ネート力の重要さを認識せずにはいられない貴重な5年間であった。

　現在，学校には特別支援教育コーディネーターが学校教育法によって正式に位置づけられている。特別支援教育コーディネーターは，学校内での特別支援教育の体制作りや整備をはじめとし，保護者や担任の相談窓口になったり，他の専門機関との連携や調整を行ったりすることが中心的な役割である。A子の事例で筆者が養護教諭として取り組んできたことはまさにこの特別支援教育コーディネーターの職務内容と同じである。A子とのかかわり以後に，職務上の立場が体制として確立した。しかし，養護教諭の職務上の特性を生かして，新しい体制の中でも，養護教諭が特別支援教育コーディネーターと協働して支援の必要な児童や支援を中心とした学校内外の人間関係にかかわっていくことは，欠かせないことと考える。

第6章　不適応生徒の理解と組織的かかわり
——養護教諭による支援の実際

冨岡　淑子・安藤美華代

1　はじめに

　学校生活に不適応をきたす子どもたちが増加し，不登校対策支援事業など行政や学校をあげてさまざまな取り組みが行われている。とくに中学校は思春期の真っ只中の生徒が，学習面や人間関係，家庭の問題などさまざまな悩みや不安を持ちながら集団生活を行い，そこで出会うさまざまな人との関係を通して自分を見つめ，自己を再確認しながら自立への道を歩んでいく場所である。その中で保健室と養護教諭の役割はますます重要になっている。生徒に不適応行動が見られると，担任教師をはじめ多くの教師がかかわっていくが，養護教諭は集団よりも個人に目を向け，個人の成長を養い護る視点で子どもとかかわっていく。保健室や養護教諭（冨岡）の特性を生かしながら教師と連携してかかわった2つの事例について紹介する。

2　事 例 1

（1）事例の概要

対象児
　中学1年生　12歳　男児（A）

主　訴
　腹痛を訴え，欠席や保健室での休養が増え教室へ入れない。

生育歴

　出生時2,500gの未熟児寸前で誕生し，生後2週間で母親と離別し，父と祖母に育てられた。祖母はAが小学校入学前に死亡し，それ以降父と子2人で生活してきた。父子とも穏やかな性格で仲がよく，喧嘩をしたり反抗したりすることなく育った。

家　族

　父，A

学校等での様子

　幼稚園の頃は，体調を崩すと1週間くらい続けて欠席していた。おとなしい性格で女子と遊んでいるほうが多かった。小学校低学年の頃は，休み時間一人で過ごすことが多かった。4年生のとき1か月ほど学校に行きたがらなかったが，担任が迎えに来てくれたことで登校できるようになった。高学年になって活発な男子と仲良くなり，授業でも積極的に発言したり，学習発表会でも主役を演じたりした。小規模の小学校で6年間を過ごし中規模の中学校へ入学した。専門委員に立候補し積極的に授業に取り組むなど，担任はおとなしいがしっかりした生徒という印象を持っていた。2学期になり体調不良を理由に欠席が増加し，登校しても保健室で休養したり早退したりするようになり教室へ入れなくなった。養護教諭との会話から，「クラスの雰囲気が騒がしく先生によく叱られる。ぼくは静かに授業を受けたいのに，また今日もうるさくて叱られるのかと思うと，同級生や教師に対して嫌な気分になりおなかが痛くなる」と教室へ入れない理由を述べた。

（2）　支援の方針

　以下の点を支援の方針とした。
・病院受診や家庭での様子から心因性の腹痛と考えられる。教室へ入るとしんどいという気持ちを大切にし，Aが自分の気持ちを表現でき自己主張できるよう，安心できる場と人を提供し見守っていく。
・父親との連絡を密にして，学校や家庭での様子を情報交換しあい，焦らない

でAの心理状態にあったサポートを行い，教室へ入るエネルギーが蓄えられるようにかかわる。

(3) 具体的な支援の経過
Aの気持ちを伝える代弁者として
　保健室に養護教諭を訪ねて来た時点で生徒は「つながる力」を持っていると考えられた。生徒の力を信頼し，受容・共感的にかかわることを通じて，Aとの信頼関係が築かれ，問題の解決に向けて一緒に考えていくことができた。重要なことは，Aの行動の意味を教職員間で共有し，同じ生徒理解の立場に立って支援していくことである。そのためにAと教職員の間の橋渡しを行い，互いに誤解や無理解が起こらないよう潤滑油としての役割に心がけた。登校できない時点でAは大きく自尊感情を下げていた。スクールカウンセラーを交えてAの発達上の課題を理解し，「がんばらなければという気持ちとがんばれないという気持ちの間で葛藤していて，どうしていいかわからない」というAの気持ちを受け止め，教師も保護者も焦らず見守っていくことがAの成長を助けることにつながることを理解して，Aのその時々の状態にあった援助の方法を話し合った。

　Aだけでなく，登校しても保健室や相談室にいる「学校へ来ても教室に入らない生徒」のことを，うらやましいとかずるいと感じる生徒がいる。養護教諭には周囲の生徒の心に響くような問いかけが必要になる。「いいなあ。俺も勉強しないで好きなことしていたい」という思いに，「そうだね。ときには保健室でホッとしたいときがあるものね。あなただってそんなときは来ていいんだよ。でもどうだろう？　毎日それが続いて教室へ行くことができなかったら，それでもやっぱりうらやましい？」と生徒の気持ちも理解しながら「教室へ入りたいけど入れない生徒」の思いについて問いかけていった。このような繰り返しの働きかけを通して，同級生や保健室を訪れる周囲の生徒も，Aを受け入れ見守ってくれたように思う。Aに対しても「周りの人もいろんな悩みをかかえながら学校生活を送っているんだろうね」とけっしてAを責めているわけで

はないことを伝えた。

Aにかかわるさまざまな人たちのサポート役として

　Aが安心安全に過ごせる場所として相談室への登校が認められ，登校時には利用するようになった。A以外にも複数の生徒が相談室を利用していた。相談室担当教師は，個々の生徒の状況に合わせて具体的な場面でどのようにするのか細かくサポートしていった。担任や担当教師以外にも学年団教師が学力保障のために時間割にそってAにかかわっていった。Aに対して共通理解をしたとはいえ，受容的にかかわるのが苦手な教師もいる。ときには少し厳しいととれる対応もあったが，それぞれの教師が個性や得意分野を生かしてAにかかわっていった。かかわり方がわからず迷っている教師には，指示的ではなく受容的にAを受け止められるようAの現状を伝えていった。学年を超えて相談室を訪れ，学習の補助だけでなく教師と生徒としてではない人間的なつながりをもつ教師もいた。養護教諭も時間割に入りAの情緒面でのサポートを行ったり，親や教師に上手く言えないで困っていることを代弁したりするなどの橋渡しを行った。エゴグラムや文章完成法などを利用してAが自己の再確認をする手助けも行った。この間，保護者との定期的な連絡会にも参加し，現象的には欠席が増えたり消極的な行動が見られたりしても，それを今のAにとって必要なこととして受け止め成長を見守り支えられるよう父を援助した。

　相談室の生活に慣れるに従って徐々に自己を表現する場が増え，自分で決定し行動に移す場面が増えていった。もっとがんばらせたいという周囲のあせりを抑え，Aの気持ちを尊重し，提案はするが決定するのはAに任せ，その決定を尊重し受け入れられるよう教師をサポートした。定期の相談会議にも参加し，Aの成長の様子について互いの情報を共有することでAの力を信じ，「心のエネルギー」が蓄積するのを支えるようにした。

いつでも利用できる居場所として

　積極性が見られるようになったところで，教師が教室へと押し出す役，養護教諭はAの気持ちに寄り添う役をしながら，2年冬のスキー実習への参加を目指して徐々に教室へ入れるようサポートしていった。1年余りの相談室登校を

経て，Aの中に「クラスや教師の雰囲気が嫌でどうしても教室に入れなかったが，今はそんな先生や生徒がいることも受け入れられる。受け止め方を少し変えることができた」と自分なりに整理をつけ，3年進級時には新しい担任と新しい学級集団に入っていった。高校への進学意欲も高く教室でがんばろうという強い意志が見られ，ほとんど保健室に来なくなった。A自身の成長と，配慮したクラス編成の効果もあり楽しく生活するAの姿が見られるようになった。保護者ともども，急激な変化を喜ぶと同時に息切れを起こすことを心配し，手はかけないが目はかけるという姿勢で見守った。「中学校の先生は厳しい人という印象があったけど，わかろうとしてくれる優しい先生もいっぱいいることがわかった。後は自分ががんばる」という発言から，困ったときにはいつでも利用できる居場所として保健室や相談室があり，助けてくれる教師がたくさんいるという安心感と，保健室や相談室から巣立つことができた喜びが感じられた。

その後

　中学1年の2学期から欠席が増え，2年生では教室以外の居場所を中心にエネルギーを蓄え，3年生では教室で新たなスタートをきり希望の高校へ進学していった。「高校は友人に恵まれ，風土も自分に合っている」と楽しく生活している様子を報告に訪れ，3年後には希望大学への入学を果たした。折に触れ父子から連絡があるが，中学時代を振り返って「優しいとか丁寧とか厳しいとか，あの先生のかかわり方が良かったというのではなく，そっとしておいてほしいときには距離をとってくれ，がんばろうかなと思ったときには押し出してくれる，そのときの状態にピタッときた先生とのかかわりによって，前に一歩踏み出すことができたと思う」と語った。

（4）事例1を振り返って

　不登校になると，親も教師もどうにかして登校させ教室に入れたいと一生懸命になる。担任教師や親のあせりを理解しながらも，本人の気持ちに立った援助が行えるよう養護教諭がAの代弁者となったこと，Aへの理解を通して保護

者も教師も状況を冷静に捉え，長期の展望を持ってかかわったことが今回の結果につながったと考える。Aの場合，周囲や自己に対する葛藤から教室に入れなくなったが，自分の存在を守り見守ってくれる場所と人の中で，ゆっくりと時間をかけて自尊心を回復し自己肯定感を高めていったように思う。

3　事例2

（1）　事例の概要

対象児

　中学1年生　12歳　女児（B）

主　訴

　選択性緘黙があり，みんなと同じように行動することができない

生育歴

　少し厳しい父親と，心配性だが優しい母親，元気で活発な妹と弟，両親を支えてくれる祖父母に囲まれて育った。家の中では兄弟と話したり喧嘩もしたりできるが，外に出ると引っ込み思案で，集団に入ると片隅でじっとしており誰かから声をかけられるのを待っているような子どもだった。

家　族

　父，母，B，妹，弟，祖父母

学校等での様子

　幼稚園時代は，取り立てて語るような問題行動は見られなかった。小学校に入学し，徐々におとなしい子，声を出さない子になっていった。学校の誰もがお互いに知っているような規模の小学校だったので，動けないで固まっていたり，困っていたりする場面では，教師や友達が自然に手助けを行っていたので通常学級で6年間を過ごすことができた。担任は中学校での機敏な行動が要求される学校生活を考え，特別支援学級への入級を勧めたが「とにかく普通の子と同じように教室で過ごさせたい」というBと家族の意向により，大規模中学校の普通学級でのスタートとなった。

中学校入学時にはサポートが必要な生徒として学年団で情報を共有していたが，入学後2か月目から体調不良を訴え，保健室を頻回に利用するようになった。

(2) 支援の方針
以下の点を支援の方針とした。
- Bや家族の願いである「とにかく普通の子と同じように教室で過ごしたい」に添って具体的な援助の体制を作りサポートする。
- 保護者に対して，Bの学校での様子や困り感を伝え，Bにとっての最善の方法をともに考える。

(3) 具体的な支援の経過
新しい環境に適応しようとがんばるBを見守った時期

新しい環境の中で，「みんなと同じようにがんばりたい」と行動するが，どうしていいかわからず困っても自分から周りに助けを求められず，周囲から取り残されてしまう場面が増える。様子に気づいたときは教師や友人が声をかけるが，一人で努力する生活が続いていた。Bと担任，保護者の間で連絡を取り合っていたが，「よくがんばっているけど，もう少しここができたらいいね」というBへの励ましの形になっていた。

教職員がそれぞれの思いでかかわった時期

腹痛（生理痛），喘息，息苦しさを訴えて保健室を頻繁に利用するようになり，養護教諭とのかかわりが始まった。「不安と緊張がいっぱいの中学校生活を，よくここまでがんばってきたな」という印象を受けた。教室以外でBが過ごせる居場所はなく保健室での休養，早退が続いていた。Bの行動を理解するために，全職員でスクールカウンセラーの研修を受け，「能力としてできないのではなく，状態としてできないということであって，できる可能性は持っているけれど今はできないと理解するのがよい。できないことを要求するのでなくできるように環境を整えるかかわりが必要」という示唆を得た。養護教諭は

折に触れ学年団教師にBの困り感を伝え，Bが自分の気持ちを表現できるまで時間をかけて待つことが必要であると理解と協力を求めた。

　登校しても教室に入れず職員室の前で動けなくなり，教師と一緒でなければ教室移動ができない場面では，担任や養護教諭，Bの困り感に気づいた教科担当の教師などが援助をしたが，かかわる教師への負担が大きく組織としてBを援助する必要が出てきた。

教室以外の居場所を作り，チームでBを援助した時期

　「学校には行きたいけれど教室には入りたくない。勉強はしたいけれど誰かの手助けがないとできない」というBの希望を実現させるためにチーム会議が開かれた。会議は，担任，学年団，相談室担当者，スクールカウンセリングチーフ（SCC：教育相談担当教師），スクールサポートパートナー（SSP：生徒支援を行う非常勤職員），学校司書，業務員，スクールカウンセラー（SC），養護教諭など20名近くの関係職員が集まり，情報交換とそれぞれが可能な援助の役割を確認した。会議では，石隈・田村（2003）の『石隈・田村式援助シートによるチーム援助入門』を参考に，それぞれが知っているBの学習面，心理・社会面，健康面，特技や趣味，進路の考えなどについて，①いいところ，Bの自助資源，②気になるところや援助が必要なところ，③してみた援助とその結果を交換し合い，④この時点での目標を立て，⑤これからの援助方針として，何を行うか，誰が行うのか，いつからいつまで行うのかについて話し合われ，それぞれの教師が具体的な役割を決め行動に移していった。毎月の定例会議でBのがんばりを出し合うことで，できなくて困った生徒という見方から自分なりにがんばっている生徒として理解し合えるようになった。定期会議の開催により，個々の教職員の役割が確認でき，みんなで取り組むという意識がよりはっきりとし，責任範囲が明確になり，個人にかかっていた負担が軽減され，互いに連携を取り合いBにかかわるようになった。図1は援助チームの構成と居場所の変化を表している。図1のAの段階では保健室を中心に生活し，緊急避難の場所として学年団教師が引率して相談室を利用していたが，途中から相談室での受け入れ態勢を整え，登校後は相談室からできるだけ授業に参加するよう

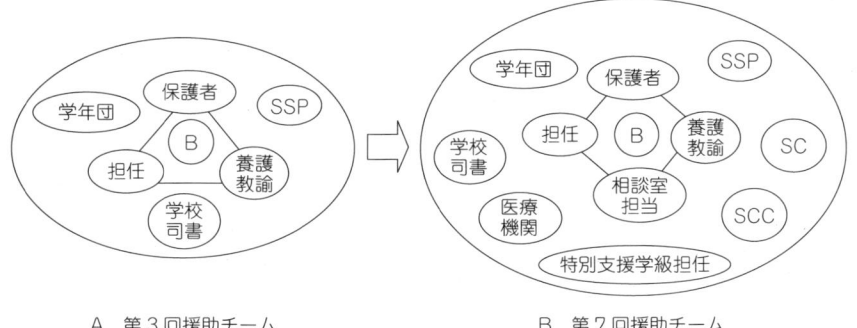

第6章　不適応生徒の理解と組織的かかわり

A　第3回援助チーム　　　　　B　第7回援助チーム

図1　援助チームの変化

表1　援助のポイント（第5回会議）

援助のポイント
・1日の予定表をつくり，自分で決め，行動する。
・その日の感想を書き，担任・家族もそれに応えてメッセージを送る。
・わからないことや困っていることを積極的に伝えられるよう，時間的にも精神的にも教師は待つ姿勢で接する。
・学年団は全体で役割分担をし，Bとの接点を増やし信頼関係をつくり，情報交換をする。
　（朝の会や授業への引率，給食の工夫，掃除・帰りの会の補助など）
・学力保障について相談室担当と教科担任で，役割分担し工夫する。
・学年団と養護教諭で相談室の運営に協力する。
・Bと保護者はSCのカウンセリングを受け，教員はコンサルテーションを受ける。

時間担当を決めてBを支援した。職員室にはBの予定表が貼られ，支援した教師ができたことや気づいたことを記入し，誰もがBの様子を知り，教師間でお互いに連絡をとりながら学校生活が円滑にいくようにかかわった。図1のBの段階では，保健室中心から相談室や特別支援学級と居場所が増え，それぞれの担当がBの学校生活をサポートした。表1は，第5回チーム会議で話し合われた援助のポイントである。このようにチームの構成や役割は必要に応じて変化したが，2年生に向け特別支援学級への進級も視野に入れながらチームの輪を広げていった。

自分の居場所を見つけ，安心して生活ができるようになった時期

　保護者への連絡は担任と養護教諭が行い，定期的に来校してもらい保護者会

を開いた。教室に入れないことや授業をきちんと受けていないことに対する父の不満も，学校でのBの様子や取り組みの様子を伝えることで「とにかく教室に居ればいい」という思いから，「Bのためにはどうすることが一番いいのか」とともに考えるようになった。1年生の終わりには「Bが社会に出て独り立ちできるようになることが目標。素敵な自分だと思えるようになってほしい」と変わっていった。

　2年に進級するまで7回のチーム会議を開き，援助の体制を変えながらBの学校生活を支援した。進級時には特別支援学級を選択し，少人数の中でBに合った指導を受け，Bらしさを発揮して学校生活が送れるようになった。

（4）　事例2を振り返って
　長期欠席になる可能性はあったが，早期にBの行動の意味とBが持っている力を教師間で共有できたこと，Bを支える組織的な体制ができたこと，互いに連絡を取り合うことで多忙な中にも連帯感や充実感を持つことができたことがよい結果につながったと考える。また，家族の思いを受け止め日々の連絡を細やかにしていったこと，定期的な保護者会を持ち保護者と学校の足並みをそろえ，互いに協力してBの成長を援助していったことが，将来を見据えた選択につながったと考える。

4　考　察

　生徒をどのように理解するかが，その後の援助の要になる。生徒が持つ性格や資質，能力，環境などの要因について関係者間で情報や意見を出し合い，その時々の生徒理解を深めることが大切であり，そのためのきめ細かい連絡を取り合うことが大切だと考える。
　生徒のために教師が組織的に動いたとき，そのエネルギーはすばらしい効果を生み出し，普遍的な援助の方法を見つけることが可能な場合がある。養護教諭や担任は生徒を抱え込まず，学年団や学校全体に問題として投げかけ，組織

を作り役割を分担し責任を持ち，互いに協力して援助していくことが大切だと考える。

5　おわりに

　養護教諭は学校の中で授業時間に拘束されず自由に動ける存在であり，教師間の連絡調整を行うことができ易く，誤解と連絡の不十分さからバラバラに切り離されやすい関係者をうまく結びつける働きができる。機会があるごとに保健室から見えてくる生徒の現状を教師や保護者に伝え，潤滑油の役割が果たせるよう取り組んでいる。
　複雑な家庭事情や自己の発達上の課題，また発達障害を抱えながら学校生活を送っている生徒は増加している。生徒の笑顔が増えるよう，養護教諭の専門性を生かし，生徒理解に努め，関係者とのネットワークを大切にし，生徒とつながり保護者とつながり教師とつながっていきたいと考えている。

〈注〉
(1)　毎月1回，保護者と担任教師，相談室担当教師，教育相談係が集まり，学校での様子や家庭での様子の情報交換を行い，足並みをそろえて生徒を援助するために設けられている。

〈文献〉
石隈利紀・田村節子　2003　石隈・田村式援助シートによるチーム援助入門：学校心理学・実践編，図書文化．

第7章 不登校を契機に支援を開始した特定不能の広汎性発達障害の生徒とのかかわり
―― スクールカウンセラーによる支援の実際

植山起佐子

1 はじめに

　公立中学校には，スクールカウンセラー（SC）が全校配置されているが，小学校や高等学校には配置されていないところもある。また，その配置タイプは，単独校配置，拠点校方式（拠点となる学校に出勤し，近隣の学校からの要請を受けて出向），巡回型（教育事務所などを拠点とし，要請による巡回，あるいは全対象校を巡回）などがあり，配置タイプや学校状況によって，SCの活動内容はさまざまである。

　筆者はこれまで東京都内の公立中学校6校（単独校配置）を経験しているが，その中で発達障害のある生徒に対して行った支援の実際を紹介する。

2 事例

　X年1月，隣接するA小学校より，別室登校児童の理解と対応についてのコンサルテーション依頼があり，養護教諭と担任が中学校SCである筆者のもとを訪れたところから本事例への支援は開始された。以下が事例の概要と支援の経過のまとめである。

第7章　不登校を契機に支援を開始した特定不能の広汎性発達障害の生徒とのかかわり

（1）　事例の概要

　小4男児Z輔。小4の2学期より教室に入れず，保健室や校長室でほとんどの時間を過ごす。好きな鉄道の話や歌の話などは喜々としてするが，教室や友だちの話題になると表情が硬くなり応答しなくなる。教室に入れなくなった契機ははっきりせず，なんとなく居づらい，友だちの言葉が気になるなどと言う。学力は上位。体育や図工は苦手。まじめでおとなしい性格。家族は両親と2歳下の弟。

（2）　具体的な支援の経過

中学校入学まで（小4～小6）の支援の経過

　次年度，学校体制が変わる。クラス替えとともに教員の人事異動で管理職も養護教諭も担任も異動予定で，Z輔の支援体制が大きく変化してしまう。現状では，教室に入ることを勧めなければ，穏やかに楽しく生活し，ときにわがままと思える言動も出始めている。このまま，別室登校を続けさせて良いのかどうか判断に迷っている。両親は教育熱心で，とくに父親はもっと厳しく接するべきではないかと考えている，とのこと。本来，この時点では公表できない人事異動の可能性にまで言及されたことから，当該事例について学校側が持っている切迫感が感じられた。両親もSCとの相談を希望しているとのことなので，勤務校の管理職と話し合い，小学校教員と両親へのコンサルテーションを行うことにした。

　保護者面接の初回は父親が一人で来校し，「Z輔をどう理解したらよいのかわからなくて困っている。生活リズムを整えるためにも何らかの施設への入所を検討した方が良いだろうか？」との話になる。父親は，Z輔の状態を「怠けている」「逃げている」と捉えており，「困難に向き合えるような強さを身につけさせたい」と考えていた。しかし，Z輔とはほとんど話し合っていないとのことだったので，まず本人の気持ちや考えを良く聞き，本人なりに問題に気づいて，自分の力で解決に至れるような支援をすることを提案した。この時点では，SCは当該児童にも面接しておらず，発達障害を強く疑うことなく，一般

的な不登校対応を提案したにとどまっている。担任と養護教諭にも，学校体制として別室登校を継続するにあたって，Z輔なりに自分の課題を意識し，達成可能な目標を設定してそれをクリアすることによって自信をつけられるような対応をしてみることを提案しただけだった。5年生の前半は教室に入れる時間が長くなり，学習にも取り組むようになったため，SCとの面談は継続していなかった。5年生の後半から，再び別室登校の日数が増え，欠席も目立つようになったので，学校への訪問コンサルテーションと保護者面接（母親が中学校の相談室に来室）を再開した。その中で，Z輔の興味関心の偏りや独特の感性があることがわかってきたので，発達障害の可能性を視野に入れた支援を実施する必要を考えた。3学期からはほぼ全面不登校になってしまったので，SCが定期的に家庭訪問をすることにした。家庭訪問を開始するにあたって，Z輔の希望を母親に聞いてもらい，拒否感がないことを確認した。家庭訪問は，当該児童生徒にとっての最後の守りの砦である家庭に侵入することになるので，慎重にその決定をしなければならない。幸いZ輔は自分でも強い困り感を持っていて，SCと会うことを却って待ち望んでいる印象だった。

　初回訪問で，明らかに発達障害を疑う必要性を感じた。それは，あまり動かない表情や女性的で丁寧な，年齢以上に大人びた話し方，興味関心の偏り，感受性の過敏さが見られたからである。Z輔は自分自身がいじめのターゲットになっていなくても，嫌がらせを受けている友だちがいることやそれを担任が守れないことに強い嫌悪感を感じ，担任への不信感へとつながっていることがわかった。母親ははじめてZ輔の気持ちを知り，「もっと早く言ってくれていたら…」と困惑していたが，話すと母親が担任に言いつけに行くと思っており，それも嫌だったという。定期的な家庭訪問で，これまでZ輔が不安・不満に思いながら解決できず抱えていた事柄（友達関係や担任の対応など）を一つひとつ整理し，解きほぐす作業（認知行動療法的アプローチ）を行った。その結果，ストレス対処法や物事に対する感じ方や考え方が少しずつ変化して対処がうまくなり，別室登校可能な日数が増えてきた。しかし，学校のある時間帯は知り合いに会うのを嫌がって外出を避けていた。そのため，母親は体力の回復を促す

ことを目的に夜間の散歩に誘い、ともに歩きながら話を聞いてZ輔が自己理解を深めるのを助けた。父親は、厳しく登校を促されて以来、Z輔にとって"厳しい"というよりも"自分を理解してくれない人"という認識が強くなり、話をするのを避けるようになった。そのため母親がほとんど一人でZ輔の気持ちを聞き取り、見方や考え方のクセに気づけるよう促す作業を行った。これらのアプローチが効を奏して、学習への意欲も高まり、遅れている学習に取り組み始めた。小6の2学期以降は、中学校の様子をSCに質問し、中学校での仕切り直しを希望するようになった。進学先をSCの勤務校に決め、仕切り直しのための準備に専念しながら、入学を心待ちにしていた。中学校側も受け入れ態勢を整え、クラス編成などへも配慮した。ところが、入学式当日、クラス編成表を見て、情緒的に混乱し、入学式に参加できなかった。それ以降、まったく教室に入れず保健室登校となった。

中学校入学時の希望と挫折

　Z輔の希望を入れて人間関係に配慮したクラス編成だったが、Z輔が言及していなかった生徒の中に苦手な生徒がいたことがわかった。この事態はZ輔にとっては非常に大きな衝撃を与え、ひどく落ち込んだ。1週間余り欠席した後、保健室への登校を開始した。クラスメートには体調不良と説明し、調子が良いときは授業に参加するが、できないときは保健室や相談室で学習をし、回復を待っている状態であると理解を求めた。Z輔はクラスメートが自分をどう思っているかを気にしながらも保健室登校を続け、定期的にSCとの面接を行った。その中で、現在気にしているクラスメート（Y君）とのトラブルは小学校の低学年のときのことであり、現在はY君も成長している可能性が大きいので、一度クラスに行って確かめをしてみるのはどうか？との提案を受け入れ、クラスの様子を見に行こうとした。しかし、階段の途中で動悸が激しくなり、めまいや吐き気を訴え、教室に近づくことができなかった。1学期の半ば頃、保健室の隣にある特別支援学級（I組）の家庭科の授業に誘われ参加する。以後、美術や音楽、技術、体育など実技教科を中心に特別支援学級の授業に参加するようになる。自分の所属クラスではないことに抵抗は強かったが、授業内で課さ

れる課題はかならずしも容易にクリアできるものではないことを実感し，長い不登校期間に不足していた体験をとり戻すことの重要性を理解することができた。体力や基礎的な運動能力，手芸などの手先の器用さはⅠ組の生徒の方が勝っていたという事実に衝撃を受け，音楽の楽しさに魅かれ，通常学級に戻るためのリハビリテーションと考えて積極的にⅠ組の授業に参加するようになった。保護者も，体力や運動能力の向上を実感し，手芸などの手作業も少しずつ上達して作品が作れるようになったことを喜んだ。この間，通常学級の担任も配布物や教科のプリントを届けながら学習の援助や気持ちの聞き取りを行った。1学期末，Ⅰ組担任より，在籍をⅠ組に移せないかという申し出があった。「指導の成果が上がっていることを実感し，もっとZ輔にあった指導をしたいが，在籍生徒でないとどこまで指導すべきか迷う。また，Z輔も困難場面になると，自分はⅠ組の生徒ではないと課題から逃避的になってしまう」というのがその理由であった。

医療機関での査定を受ける

　中学入学後，別室登校を続けていたZ輔だが体調にも気分にも波があり不安定であった。4年生から不登校傾向が続いており，学習だけでなく生活経験も大いに不足していることが推測できた。また，面接経過から発達障害が疑われたため，査定を受ける必要性を保護者と本人に伝え，医療機関の受診を促した。受診に際しては，信頼できる医療機関を複数紹介し，予約の取り方や初診時に持参すると役立つ資料などについても助言した。また必要に応じてSCとの面接経過をまとめてレポートすることも可能であることを伝え，保護者の希望で情報提供書の作成を行った。面接経過やSCの見立てをまとめた情報提供書は医師が診断を行う際の補助資料となりうるので，できるだけコンパクトにまとめ，忙しい医師が読みやすいように工夫した。児童精神科病院受診の結果，広汎性発達障害の範疇に入る事例と思われるがそのタイプの特定はできない（PDDNOS）と診断された。身体症状や精神症状が激しいときには，服薬した方がよいとのことで処方を受けたそうであるが，薬剤名は学校側には知らされなかった。理由は，服薬管理を学校で行う必要がないことである。学校として

も家庭での管理が充分可能と判断し，学校で何らかの薬剤による不都合が生じた場合にのみ家庭と連絡を取り合って医師の判断を仰ぐことにした。発達的側面については，①知的理解力は平均以上だが個人内差が大きく，こだわりも強いため指導上の工夫が必要である，②生活体験不足もあるのでその補償も必要だろうとのことだった。

特別支援学級に籍を移す決断

　査定結果を受けて，あらためてZ輔の教育環境について検討を行った。長期間にわたる生活と学習，同年代の友人関係の経験不足があり，強いこだわりや認知の特徴があることから，①身体症状，②生活リズム，③基礎学力，④ソーシャルスキルの少なくとも4つの側面での発達促進が可能な環境を整える必要があると判断された。現在，Z輔はクラスに入れない状態であり，通常学級では上記の発達促進的指導は望めない。I組の授業への参加が発達促進的に働いていることから，I組での教育を中心にすることが望ましいと学校側も保護者も判断した。そこで，この判断についてZ輔自身の気持ちや考えを聞いてから決定することにし，SCがZ輔との定期面接の中で希望を聞いた。最初は抵抗を示したが，これまでの半年間でできなかったことができるようになったことを自覚しており，I組の方が合っているかも知れないとも思うと言う。しかし，I組が特別支援学級であることから，高等学校普通科から大学進学するという夢をかなえられないのではないかと心配していた。そこで，①心身の状態が改善すれば通常学級に戻ることが可能である，②特別支援学級からも高等学校普通科への進学は可能である，の2点を確認し，最善の策ではないが現状からは次善の策であり，実を取ることが大切ではないかと助言したところ，決断することができた。

　ところが，実際に籍を移す段階で制度上の壁が立ちはだかった。学務課によれば，I組は知的な遅れのある生徒のための特別支援学級なので，Z輔は対象生徒ではないというのである。たしかに，制度上は対象生徒として認められないかもしれないが，現在のZ輔がI組以外に次善の策であっても教育効果の望める場があるかと言うと実際にはないのである。保護者も学校側も本当に困り

果てたが，学務課との度重なる話し合いの末，超法規的対応としてⅠ組への正式な入級が認められた。

自分の特徴を受け容れ，将来への展望を描く（中学2年～3年）

　2年生からⅠ組の正式な生徒となったＺ輔は，Ⅰ組の授業を受けながら通常学級の学習も並行して行っていた。通常学級で配布された問題プリントや定期テストはⅠ組の担任が適宜Ｚ輔に届けた。Ⅰ組担任と2年生担当の教員が情報共有しながら普通科高校進学を視野に入れた取り組みを行った。

　Ｚ輔は徐々に自分自身の特徴を理解し，抵抗しながらも受容できるようになっていった。同時に，Ⅰ組の級友への偏見も薄らぎ，「失礼ですけど…Ⅰ組の人たちは，勉強はできないけど，まじめで優しい人が多いです」と肯定的な見方を示し始めた。この様に，自分の特徴を理解し受容できるようになるに従って，苦手な課題への取り組みにも積極的になり，特別支援学級の連合陸上大会や連合音楽会などで大活躍し自信をつけてきた。反面，元クラスメートと顔を合わせるのを極力避けようと腐心することは変わらなかった。また，定期考査が近付くと睡眠時間を削ってでも通常学級のテスト範囲を自学自習し，Ⅰ組のテストとは別に通常学級のテストも受けた。そのため，定期考査の前後に体調を崩すことが多かった。3年生になって学年全体が受験ムードを色濃く漂わせ始めると，希望通り高等学校普通科に進学できるかどうかの不安が大きくなり，眠れない日が増えてきた。また，めまいやふらつき，手の震えなどこれまで以上に身体症状が悪化し欠席が増え始めたが，体育祭や文化祭，修学旅行などの行事には何とか参加できた。中でも文化祭では，はじめて通常学級の生徒の前にⅠ組の一員として姿を現すこともでき，その演技力に喝采を浴びるという体験もした。それでも自尊感情は高まらず，自信が持てなくて不安なまま2学期を終了した。いよいよ高校受験が目前の3学期はじめ，ついに起き上がれなくなるまで身体症状が悪化した。Ⅰ組担任をはじめ学校関係者も保護者も設定している目標が高すぎるために生じている症状悪化と理解し目標を下げるように勧めたが，Ｚ輔は頑なに目標を変えなかった。そこで，3学期のＺ輔の目標は出席日数を維持することよりも当日受験可能な状態に体調を整えることと考え，

主治医と相談して服薬を頓用ではなく持続的に行うこと，とした。学年全体の協力体制と保護者の献身的な支援によって，受験を何とか終えることができ，希望通り都立進学校普通科に合格。関係者一同ほっと胸をなでおろした。学年教員はじめ，支援に携わった大人たちは，まさに特別支援教育を試行錯誤しながら実践したという充足感を味わった。ただ，入学後の困難さも十分予測され，本人の希望に沿って，ここまで指導してきたことは本当に間違っていなかったのかという自問も生まれた。

（3） まとめ

Z輔の支援にあたって，SCは以下の点を心がけた。

①診断名にこだわることなく，自分の感じ方や考え方の特徴に気づき，できるだけ自己制御できる力を育てる。

②家族の理解を助け，対応の工夫をともに考える。

③学習面では，本人の強みを活かしながら，苦手を克服できるような段階的な取り組みを工夫する。

④社会性の面では，学校生活で生じるさまざまな場面での指導とともに家庭での意識的な働きかけを通して一般的な社会のルールやマナーになじんでもらう工夫をする。

⑤ストレス対処法を工夫し，定期的なSCとの面接でストレスの低減を図る。

⑥自分の将来展望を具体的にイメージし，その実現に無理のない段階的な取り組みができるように支援する。

これらのポイントを意識しながら，教育相談委員会での定期的情報交換や必要に応じての随時検討を行いながら全校態勢で支援を行った。とくに，I組での生活体験がなければ，不登校のまま3年間を経過していた可能性もあり，制度上の問題を深く考えさせられた。何より，Z輔本人の頑張りと家族の熱心さが関係教員一同に何とかZ輔の頑張りの成果を形にしたいという気持ちを強く起こさせ，よい循環を生んだと言える。反面，その選択が正しいのかどうかを絶えず自問自答しながらの試行錯誤でもあった。指導の工夫の成果が現れると，

表1　乙輔との5年間の経過

学年	小4	小5	小6	中1	中2	中3
登校状態	別室登校	別室登校断続的登校	不登校ほとんど登校せず/後半断続的登校	別室登校不安定ながら登校	I組ほぼ登校	I組前半はほぼ登校/後半は体調不良で休みがち
生徒自身の状態	理由など語らず	母との会話増	母との散歩などを通して体力と生活リズムの回復を図る	クラスメイトへの不安・登校できないショックを語る	自分の特徴を自覚し、課題への取り組みを開始/楽しみを見つける	体調を崩しながらも進学を目指す/ままならない自分の心身を嘆き苦悶⇒希望校に合格/喜びとともに入学後の不安も
家族の状態	理解が困難/生活指導的な対応を検討（父）	母の理解が深まり,対話が増加/父も静観の構え/弟は同情的	母の理解良好だが父に焦り/弟は同情的だがときにぶつかる	家族もショック/理解の難しさを再認識/支援の中心は母/弟は協力的だがときにぶつかる	I組での教育効果を実感/在籍学級変更に悩む/父は仕事多忙でかかわり減となり苦悩/母は明るく支える/弟も協力的	進路決定に悩む/両親とも心身にストレス反応生じるときも/弟も一時不安定に
学校内の対応	保健室・校長室での対応	保健室・相談室での対応	登校時は保健室や相談室	（通常学級在籍）保健室・相談室・I組で対応し担任と連携	（I組在籍）I組を中心に連携	（I組在籍）I組を中心に連携
SCの対応	担任,養護教諭へのコンサルテーション/保護者面接	学校訪問によるコンサルテーション/保護者面接	家庭訪問/保護者面接	生徒と保護者への定期面接/親の会での支援/医療機関への紹介/校内体制への側面支援	生徒と保護者への定期面接/親の会での支援/医療機関への受診相談/校内体制への側面支援	生徒と保護者への定期面接/親の会での支援/医療機関への受診相談/校内体制への側面支援

選択が間違っていなかったと安堵し，その度に指導法についての学びも深まった。Z輔との5年間は，SCにとっても，教員にとってもともに学び育ち合った密度の濃い時間であった。

3　スクールカウンセラーによる発達障害支援のポイント

　SCによる発達障害児童生徒への支援のポイントは，下記のように心理臨床の知識を活かしながら，教員とともに教育的配慮を検討・実施し，二次的障害（不登校やいじめなどの対人関係上の問題等）の予防につなげることである。

（1）　見立てと査定——適切な挑戦課題の設定と支援
　児童生徒が自分の特徴を知ること（自己理解）は障害の有無にかかわらず重要なことである。とくに思春期の子どもたちには中心的な課題となる。この自己理解を助けるためにも客観的な査定を実施することは有益である。主観的な感じ方や印象だけでなく，標準化された査定の尺度を入れることで，自己客体化が可能になったり，見落としていたポイントに気づいたりできるからである。ただし，査定への導入は丁寧に行う必要がある。年齢が低くても，その年齢なりに，査定の意味を理解し，結果が児童生徒本人にとってプラスになるようにともに歩む姿勢が必要である。客観的尺度が入ると挑戦課題の適切性を確かめやすくなる。しかし，その課題達成にあたって心身の調子を崩したり，気分のひどい落ち込みが生じたりする場合は，設定した課題が当該児童生徒の現在の力や状況に比べて高すぎると判断できる。SCは，査定結果と観察結果を比較検討し，事後の指導に役立てられるように具体化していく。また，この具体化した課題への挑戦を側面的に支援し，達成した充足感を味わえるようにサポートする。

（2）　自己理解の支援——自己否定から自己受容，自尊感情の育成へ
　発達障害を疑われる児童生徒は，家庭でも学校でも自分が他の同年代の子ど

もに比べて"できない""なんとなく異なっている"と幼いときから感じていることが多い。家庭でも他の兄弟に比べて自分が注意を受ける頻度が高いことや学校でも学習内容についていけない，教師に高く評価されていないと感じる場面が多くなる。この経験の積み重ねは自尊感情の低下をもたらし，自己否定的な見方や考え方をする傾向が高まる。SCはその傷つき体験を聞き取り，寄り添いながら，①自己理解と自己制御はすべての人の課題であり，とくに思春期・青年期には中心的課題となること，②できごとの受け止め方と対処法の試行錯誤を繰り返すことでその課題は達成可能であることを伝え，多面的な支援のネットワークを作っていく。

(3) 環境調整

学習面だけでなく，対人関係においても配慮が必要なこれらの児童生徒が，できるだけ負担感や苦痛を感じないで課題に向き合えるような環境調整をすることは重要である。学習面では教員と協力して教材や授業内容および教室環境の工夫を行い，他の児童生徒の当該児童生徒理解をどう促すか，学校全体での包括的支援[1]を実現するための工夫などを特別支援教育校内委員会や教育相談委員会などのメンバーとともに検討し実践していく。

(4) 家族支援

家族も当該児童生徒に対して，幼少児期から何らかの違和感や困難感を抱えて生活してきていることが多い。保護者の中には，自分の育て方の問題や自らの遺伝的要因が影響しているのではないかと責任を感じている人もいるし，子どもの特徴を認めようとせず，周囲に責任転嫁しようとする場合もある。その結果，保護者や家族自身が不安定になり，学校や地域での孤立感を感じてしまう場合も出てくる。SCは，こういった家族への支援をどの機関，どのメンバーが，どんな形で担うのか，全体図を描きながら自らの位置取りを決めて支援する。校内支援の中心となるのは，担任や特別支援教育コーディネーターであるが，SCは側面からの微調整役・バランサー的役割を担い，外部専門機関

との調整役なども必要に応じて担当することになる。具体的には，査定結果の理解と対応について十分な説明を行い，ともに支援計画を立てて定期的な家族支援面接などを行う。

（5） 長期展望をもった支援

　Z輔の例からもわかるように，発達障害のある児童生徒は，周囲が理解や対応の難しさに気づいてから支援体制を整えるまでにかなり時間がかかることが多い。特別支援教育がスタートしてから間がない現状では仕方ないとはいえ，速やかに包括的支援態勢を整えることが望ましい。また，支援を開始しても，理解や課題設定などの困難さから行き詰まりを感じ，"困難さは当該児童生徒の特徴であり配慮すべきこと"というよりも"怠け""逃げ""弱さ"などであり，厳しく指導した方がよいのではないかという意見が聞かれることもありうる。支援の目的を当該児童生徒の「成人後の自立」におき，在学中の目標をその目的に到達するために設定していくという長期的な展望を絶えず持ち続けることが重要なポイントである。指導の成果が上がらない無力感や生徒理解が困難な自分自身へのいら立ちなど支援する側に生じやすいストレス状態を軽減するような働きかけも意識して行う必要がある。

　　〈注〉
　(1) 包括的支援；包括的スクールカウンセリングの考え方による児童生徒への支援。包括的スクールカウンセリングとは，児童生徒が学校生活や人生で成功するためには，①学習，②対人関係や社会性などの適応面，③将来展望の３側面がバランスよく発達することが必要と考え，そのための支援を個人や集団に対して意識的に行おうというものである。また，この支援は何らかの不適応が生じてから行うだけでなく，予防啓発的な視点を持って行うものと考えられている。対象は，児童生徒個人，クラスや学年集団，学校全体だけでなく，地域全体への支援も視野に入れて考える。現時点での多面的な，また即時的効果を求められる支援と同時に長期的展望をもった支援の両面を視野に入れて行おうというものである。

第II部　学校現場における支援の実際

〈文献〉
包括的スクールカウンセリング研究会（編）　2001/2002/2006　米国スクールカウンセリングと地域連携を学ぶ自主研修ツアー報告集．

索　引

あ　行

アスペルガー障害　4
アタッチメント　173, 178
アトモキセチン（ストラテラ®）　59
アミノ酸代謝異常症　7
アリピプラゾール（エビリファイ®）　61
アンダーアチーバー　94
石隈・田村式援助シート　137, 250
いじめ　142
　――の構造　146
　――の実態調査　143
　――の心理　144
異食症　110
一次的疾病利得　119
遺尿症　112
遺糞症　113
イミプラミン（アナフラニール®）　60
医療機関との連携　213
韻　81
ウェクスラー式知能検査（Wechsler Intelligence Scale for Children-Third Edition：WISC-Ⅲ）　30, 86, 95, 96, 210, 224
うつ病　54
運動性チック　115
LD児診断のためのスクリーニング・テスト（The Pupil Rating Scale-Screening for Learning Disabilities：PRS）　96
LD判断のための調査票（Learning Disabilities Inventory-Revised：LDI-R）　96
塩酸クロニジン（カタプレス®）　61
嘔吐症　111
応用行動分析的アプローチ（Applied Behavior Analysis：ABA）　43
オキシトシン　9
汚言　115
親の心理的変容　136
音韻
　――認識　83
　――表象　82
　――分解　220
音声チック　115
音節　81

か　行

解離性障害　166
過換気発作　117
学業不振児（underachiever）　171
学習障害（learning disabilities：LD）　75, 91, 92, 193, 195
家族支援　264
家族要因　133
片仮名チップ　220, 221
学級風土　202
学級崩壊　202
学校要因　132
家庭との連携　222
下頭頂小葉　83
過敏性腸症候群　112
感覚
　――遊び　116
　――異常　111
　――・知覚の障害　21
環境調整　105, 123, 264
関係性攻撃タイプ　143
漢字
　――の覚え方　228
　――の分解と合成　228
　――ビンゴ　227
　――迷路　227
間接的いじめ　145
機能的磁気共鳴画像法（functional magnetic resonance imaging：fMRI）　13, 55, 78
気分障害　54
気分変調性障害　167
逆唱　33

教育相談　217
教研式標準学力検査CRT　86
共同学習　185
共同注意（joint attention）　39
強迫神経症　130
強迫性障害　54, 166
拒食　110
起立性調節障害　114
緊張型頭痛　109
クロミプラミン（トフラニール®）　60
ケース会議　200, 239
月経関連疾患　116
結晶性知能　96
結節性硬化症　7
言語性学習障害　77, 206
言語による攻撃　142
行為障害（conduct disorder：CD）　53
抗うつ薬　60, 120
構音　83
向精神病薬　120
抗精神病薬　60, 120
抗てんかん薬　61
行動療法　56
校内支援体制　193, 203
　──の整備　204
広汎性発達障害（pervasive developmental disorder：PDD）　3, 40, 110
コーピング能力　105
心の理論（theory of mind）　32
誤信念課題　32
ことばの教室　211
子ども家庭支援センター　201
個別指導　102, 212
混合型　52
コンサルテーション　255

さ 行
サヴァン能力　18, 22
サクセスフル・セルフ　150, 152
詐病　118, 122
サポートブック　41

三環系抗うつ薬　60
磁気共鳴画像法（magnetic resonance imaging：MRI）　7, 13
自己
　──概念　147
　──教示法（self-instruction）　102
　──制御学習（self-regulated learning）　172
　──調整学習　172
　──調整学習方略　173
　──動機づけ方略　178
視床下部　106
実行機能/遂行機能（executive function）　31, 63
実態把握　219, 224
疾病利得　118
児童相談所　201
児童理解研修会　208
シナプス　11
自閉症スペクトラム障害（autism spectrum disorders：ASD）　5
自閉性障害診断基準　20
社会的要因　133
社会不安障害　162
周期性嘔吐症　112
集団反作用モデル　146
受容性言語障害　213
巡回相談　233
　──員　202
小学生の読み書きスクリーニング検査　86, 97
少食　110
情緒障害学級　183
衝動性　52
小脳　7
情報提供書　258
食欲低下　110
自律神経失調症　114
自律神経失調症状　106
しりとり　220
心因性嘔吐症　111

心因性視力障害　117, 118
心因性聴力障害　117
心因性頻尿　113
心因性歩行障害　117
神経性習癖　116
神経性大食症　111
神経性無食欲症　111
心身症　108
身体玩弄癖　116
身体表現性障害　166
心的外傷後ストレス障害（PTSD）　162
心的辞書　99
心理教育的アプローチ　150
心理社会的ストレス　106
睡眠障害　21, 117
睡眠遊行症　114
数唱　33, 36
スクールカウンセラー（SC）　197, 200, 203, 233, 249, 254, 264
　　　──（拠点校方式）　254
　　　──（巡回型）　254
頭痛　108
ストレス　108
　　　──対処　107
　　　──反応　130
ストレッサー　106, 108
摂食障害　111
摂食の問題　110
セルフモニタリング　68
セロトニン　10, 12
　　　──-ドーパミン拮抗薬（serotonin-dopamin antagonist：SDA）　10, 11
選択性緘黙　248
選択的セロトニン再取り込み阻害薬（SSRI）　10, 11, 60
選択的ノルアドレナリン再取り込み阻害薬　59
先天性語盲　91
先天風疹症候群　7
前頭眼窩野　54
前頭前野　54, 78

前頭連合野　14
双極性障害　54, 167
早朝覚醒　114
ソーシャルスキルトレーニング（social skills training）　45, 56, 71, 211
組織的支援　231

た　行

大うつ病性障害　167
体験学習　185
タイムアウト法　57
多動性　52
田中ビネーV　95
地域支援　217
チック　115
注意欠陥障害（attention-deficit disorder：ADD）　52
注意欠陥/多動性障害（attention-deficit/hyperactivity disorder：AD/HD）　50, 110, 193, 195, 199
注意の障害　52
昼間遺尿症　112
中枢神経刺激薬　57
直接的な身体的・言語的いじめ　144
直接的な身体への攻撃　142
通級学級　201
適応　105
　　　──障害（adjustment disorders）　105, 106
てんかん　4, 22
　　　──発作　7
転換性障害　117
登校刺激　140
トゥレット障害　115
トークンエコノミー　56, 71
ドーパミン　10
　　　──再取り込み　54
　　　──受容体　115
　　　──トランスポーター　54
特定不能の広汎性発達障害　20, 254
特別支援学級　212, 259

特別支援学校　217
特別支援教育　217, 231
　　——校内委員会　206
　　——校内コーディネーター　206
　　——コーディネーター　206, 217, 231
　　——のアプローチ　195

な　行

二次性徴　111
二次的疾病利得　119
二次的障害　39, 65, 206, 214, 263
二重欠陥仮説　99
認知行動療法的アプローチ　256
ネット上のいじめ　143, 145
脳の半球機能の局在　18
脳波異常　7

は　行

発達性協調運動障害（developmental coordination disorder：DCD）　22
発達性計算障害（developmental dyscalculia：DD）　77
発達性読み書き障害（developmental dyslexia）　80
抜毛癖（trichotillomania）　115
パニック障害　54, 162
パニック状態　16
Papezの情動回路　16, 17
パロキセチン（パキシル®）　60
ハロペリドール（セレネース®）　60
半球優位性　17
反抗挑戦性障害（oppositional defiant disorder：ODD）　53
反応基準の切り替え　15
反応抑制　31
反復性腹痛　112
非言語性学習障害　77
微細脳機能不全症候群（minimal brain dysfunction：MBD）　50
左大脳半球　17, 79
非中枢神経刺激薬　59

非定型自閉症　20
評価・判断　15
平仮名チップ　220, 221
不安障害　54
不安の障害　162
フェニールケトン尿症　7
腹痛　243
不定愁訴　108
不適応　243
　　——児童　231
不登校　127, 183, 254
　　——の子どもの心理的変容　135
　　——のサイン　129
　　——の要因　132
プランニング　15, 31
フルボキサミン（ルボックス®, デプロメール®）　60
フロスティッグ視知覚発達検査　224
プロラクチン　9
分離不安障害　163
ペアレントトレーニング（parent training）　45, 56, 69
併存障害　22, 23
別室登校　254, 256
辺縁系　16
偏食　21, 110
偏頭痛　108
保育園・学校との連携　222
包括的支援　264
包括的スクールカウンセリング　265
保健室　243
ポジトロン断層撮影法（positron emission tomography：PET）　13, 55, 83

ま　行

右大脳半球　17
メタ認知　102
メチルフェニデート（コンサータ®）　57
文字カルタ　220
モノアミンオキシダーゼ（MAO）阻害　58

索引

や行
夜驚症　114
薬物療法　57
夜尿症　112
養護教諭　201, 231, 243
抑うつの障害　167
抑制　16
読み書き障害（ディスレクシア）　194

ら行
らせん状視野　118
リスペリドン（リスパダール®）　60
流動性知能　96
Rey 複雑図形（Rey-Osterrieth Complex Figure Test）　33, 36

わ行
ワーキングメモリー　31, 54, 79, 99
ワークシステム　43

A to Z
AD/HD　→注意欠陥/多動性障害
Continuous Performance Test（CPT）　33, 36
DCD　→発達性協調運動障害
distance effect　78
fMRI　→機能的磁気共鳴画像法
GABA　10
K-ABC　86, 95, 224
Keio version Wisconsin card sorting test（KWCST）　32, 33
LD　→学習障害
MRI　→磁気共鳴画像法
PET　→ポジトロン断層撮影法
PTSD　→心的外傷後ストレス障害
SC　→スクールカウンセラー
SDA　→セロトニン-ドーパミン拮抗薬
SPECT　54
SSRI　→選択的セロトニン再取り込み阻害薬
Stroop Test　33, 34
TEACCH（Treatment and Education of Autistic and related Communication handicapped CHildren and adults）　42
Trail Making Test　33, 34
Wide Range Achievement Test-Third Edition　86
WISC-III　→ウェクスラー式知能検査
Woodcock Johnson III-Tests of Achievement　86

人名
Asperger　3
Bateman　97
Bleuler　4
Cruickshank　94
Goldstein　93
Kanner　3, 6
Kirk　92
Myklebust　96

《執筆者紹介》

安藤美華代（あんどう　みかよ）編者，第Ⅰ部第9章，第Ⅱ部第5章，第6章
　　岡山大学大学院教育学研究科
加戸陽子（かど　ようこ）編者，第Ⅰ部第2章，第4章
　　関西大学文学部
眞田　敏（さなだ　さとし）編者，第Ⅰ部第1章
　　岡山大学大学院教育学研究科
岡　牧郎（おか　まきお）第Ⅰ部第3章
　　岡山大学病院小児神経科
荻野竜也（おぎの　たつや）第Ⅰ部第5章
　　中国学園大学子ども学部
柳原正文（やなぎはら　まさふみ）第Ⅰ部第6章
　　岡山大学大学院教育学研究科
岡田あゆみ（おかだ　あゆみ）第Ⅰ部第7章
　　岡山大学病院小児科
藤後悦子（とうご　えつこ）第Ⅰ部第8章
　　東京未来大学こども心理学部
中田行重（なかた　ゆきしげ）第Ⅰ部第10章
　　関西大学臨床心理専門職大学院
串崎真志（くしざき　まさし）第Ⅰ部第11章
　　関西大学文学部
菊山直幸（きくやま　なおゆき）第Ⅱ部第1章
　　財団法人日本中学校体育連盟（元　東京都公立中学校）
平野雅仁（ひらの　まさひと）第Ⅱ部第2章
　　中央区立城東小学校
北　和人（きた　かずひと）第Ⅱ部第3章
　　元　八幡市立八幡第四小学校
内田直美（うちだ　なおみ）第Ⅱ部第4章
　　岡山大学教育学部附属特別支援学校
仲矢明孝（なかや　あきたか）第Ⅱ部第4章
　　岡山大学大学院教育学研究科
岡﨑由美子（おかざき　ゆみこ）第Ⅱ部第5章
　　倉敷市立倉敷東小学校
冨岡淑子（とみおか　よしこ）第Ⅱ部第6章
　　総社市立総社東中学校
植山起佐子（うえやま　きさこ）第Ⅱ部第7章
　　臨床心理士コラボオフィス目黒

子どもの発達障害・適応障害とメンタルヘルス

2010年5月30日　初版第1刷発行　　　　　　　　　　　　検印廃止

定価はカバーに
表示しています

編著者	安藤 美華代
	加戸 陽子
	眞田　敏
発行者	杉田 啓三
印刷者	田中 雅博

発行所　株式会社　ミネルヴァ書房
〒607-8494　京都市山科区日ノ岡堤谷町1
電話代表　(075)581-5191
振替口座　01020-0-8076

©安藤・加戸・眞田他, 2010　　　　　　　創栄図書印刷・兼文堂

ISBN978-4-623-05767-2
Printed in Japan

───────発達と障害を考える本───────

全12巻／AB判／各巻56頁／各巻定価（本体1800円＋税）

＊第10回学校図書館出版賞大賞受賞

　障害をもつ子どもの視点に立ち，学校や家庭での支援のポイントをオールカラーイラストでわかりやすく紹介。

① 自閉症のおともだち
　　内山登紀夫 監修　諏訪利明／安倍陽子 編

② アスペルガー症候群［高機能自閉症］のおともだち
　　内山登紀夫 監修　安倍陽子／諏訪利明 編

③ LD（学習障害）のおともだち
　　内山登紀夫 監修　神奈川LD協会 編

④ ADHD（注意欠陥多動性障害）のおともだち
　　内山登紀夫 監修　えじそんくらぶ 高山恵子 編

⑤ ダウン症のおともだち　　玉井邦夫 監修

⑥ 知的障害のおともだち　　原　仁 監修

⑦ 身体障害のおともだち　　日原信彦 監修

⑧ 言語障害のおともだち　　牧野泰美 監修　阿部厚仁 編

⑨ 聴覚障害のおともだち　　倉内紀子 監修

⑩ 視覚障害のおともだち　　千田耕基 監修　大倉滋之 編

⑪ てんかんのおともだち　　原　仁 監修

⑫ 発達って，障害ってなんだろう？　　日原信彦 監修

──────── ミネルヴァ書房 ────────
http://www.minervashobo.co.jp/